JN071169

は じ め に

　交通経済統計要覧では、わが国の交通・運輸分野の状況を把握するために有用な統計資料を収録して刊行しています。

　編集時に把握できたデータを収集・収録しておりますが、資料提供元において集計方法や指数基準年等が改定されたデータは、当該資料に基づき統計表を修正しています。

　また、統計調査の中止等により今後新しいデータが得られない統計表または項目は削除しています。

　今後とも更に使い易い要覧に改善して参りたいと存じますので、お気づきの点がございましたらご意見を賜ることができますと幸いに存じます。

　刊行するにあたって、ご監修をいただいた国土交通省総合政策局情報政策課に対しまして心から感謝申し上げます。

2022 年 7 月

一般財団法人運輸総合研究所

会 長　宿 利 正 史

2

凡　　例

1　本要覧に使用する記号は、次のとおりである。

```
…　資料がないか又は不明のもの
0　単位未満のもの
r　改定されたもの（revised figures.）
p　暫定のもの（Provisional figures.）
```

　　（注）　集計方法の改定又は指数基準年の改定により、過去の全てのデータを
　　　　修正したものは、資料名に網掛けをした。

2　「単位」に満たない数は、原則として四捨五入とした。したがって、合計欄の
　数字と内訳の集計が一致しない場合がある。

3　「暦年」は1月から12月まで、「年度」は会計年度（4月から3月まで）を示
　す。

4　トン数について
　(1)　「総トン」は、船舶の総容積を、2.83立方メートルを1トンとして算出した
　　ものである。
　(2)　「重量トン」は、船舶に積載可能な貨物、燃料、食料品、缶水等の総重量を
　　いう。
　(3)　「フレート・トン」は、運賃計算の単位となるトン数で、容積1.113立方メ
　　ートルを1トンとして計算した値と重量1,000キログラムを1トンとして計算
　　した値のうちいずれか大きい方をその貨物トン数としたものである。

5　トンキロ、人キロについて
　(1)　「トンキロ」とは、輸送した貨物トン数にそれぞれの輸送距離を乗じたもの
　　である。
　(2)　「人キロ」とは、輸送した人員にそれぞれの輸送距離を乗じたものである。

6　自動車の区分について

(1) 車種別

普通自動車　小型自動車より大きい自動車で大型・小型特殊自動車以外のもの。

小型自動車　長さ 4.7m 以下、幅 1.7m 以下、高さ 2.0m 以下、エンジンの総排気量 2,000cc 以下の自動車で、軽自動車、大型・小型特殊自動車以外のもの。

　（注）　本要覧では、**小型二輪自動車**（エンジンの総排気量が 250cc を超えるものをいう）は、小型自動車に含めない。

軽自動車　長さ 3.3m 以下、幅 1.4m 以下、高さ 2.0m 以下、エンジンの総排気量 660cc 以下の自動車で、小型特殊自動車以外のもの。

　（注）　本要覧では、**軽二輪自動車**（エンジンの総排気量が 125cc を超え、250cc 以下のものをいう）は、軽自動車に含めない。

大型特殊自動車　カタピラを有する自動車、ロードローラ等特殊な構造を有する自動車で小型特殊自動車以外のもの。

小型特殊自動車　カタピラを有する自動車、農耕作業用等特殊な構造を有する自動車で、長さ、幅、高さ、最高速度、エンジンの総排気量が一定以下のもの。

(2) 用途別

貨物車　貨物の運送の用に供する自動車で、トラック、ライトバン等いう。

旅客車　人の運送の用に供する自動車で、バスと乗用車に分けられる。

バス　乗車定員 11 人以上のもの。

乗用車　乗車定員が 10 人以下のもの。

特種用途車　消防車、クレーン車（カタピラ式のものを除く）、タンク車等特殊な用途に供する普通自動車及び小型自動車。

特種（殊）車　特殊用途車及び大型特殊自動車の総称。

(3) 業態別

営業用車　道路運送法による免許等を受けて、他人の求めに応じて貨物又は旅客を運送する自動車。

自家用車　営業用以外の自動車。

7　地域流動表の地域区分について

　地域流動表（地域相互輸送量）の地域区分は次のとおりである。

　(1) 23地域（貨物流動表）　　　　　　(2) 16地域（旅客流動表）

地位の 名　称	地域の範囲（都道府県名）	地位の 名　称	地域の範囲（都道府県名）
北海道	北海道	北海道	北海道
北東北	青森、岩手	東東北	青森、岩手、宮城、福島
東東北	宮城、福島	西東北	秋田、山形
西東北	秋田、山形	北関東	茨城、栃木、群馬
東関東	茨城、栃木	南関東	埼玉、千葉、東京、神奈川
北関東	群馬、埼玉	北　陸	新潟、富山、石川、福井
京浜葉	千葉、東京、神奈川	甲　信	山梨、長野
新　潟	新潟	東　海	岐阜、静岡、愛知、三重
北　陸	富山、石川、福井	近　畿	滋賀、京都、奈良、和歌山
甲　信	山梨、長野	阪　神	大阪、兵庫
静　岡	静岡	山　陰	鳥取、島根
中　京	岐阜、愛知、三重	山　陽	岡山、広島、山口
近　畿	滋賀、京都、奈良、和歌山	四　国	徳島、香川、愛媛、高知
阪　神	大阪、兵庫	北九州	福岡、佐賀、長崎
山　陰	鳥取、島根	南九州	熊本、大分、宮崎、鹿児島
山　陽	岡山、広島	沖　縄	沖縄
山　口	山口		
北四国	香川、愛媛		
南四国	徳島、高知		
北九州	福岡、佐賀、長崎		
中九州	熊本、大分		
南九州	宮崎、鹿児島		
沖　縄	沖縄		

8　ＪＲについて

　昭和62年4月の分割民営化以前については国鉄と読み替える。

9 自動車輸送統計の品目分類について

品　　　　目	内　　容　　例　　示
穀　　　　物	米、麦、雑穀・豆
野　菜　・　果　物	いも類、野菜類、果物類
そ　の　他　の　農　産　物	工芸作物、農産加工品、他に分類されない農産品(種子、花、苗、綿花、麻類、さとうきび、ビート、コーヒー豆、観葉・園芸植物類等)
畜　　　産　　　物	鳥獣類(主として食用のもの)、鳥獣肉・未加工乳・鳥卵、動物性粗繊維・原皮・原毛皮、他に分類されない畜産品(その他動物類、愛玩動物、虫類等)
水　　　産　　　品	魚介類(生鮮・冷凍、塩蔵・乾燥のもの)、その他の水産品(海藻類、観賞魚、淡水魚、真珠等)
木　　　　　　　材	原木、パルプ用材、製材(材木、建築・建設資材、板類等)、その他の林産品(植木、天然樹脂類、木材チップ、ゴム(天然)、樹皮等)
薪　　　　　　　炭	薪、木炭、オガライト等
石　　　　　　　炭	石炭、亜炭等
金　　　属　　　鉱	鉄鉱、その他の鉄属鉱、非鉄鉱
砂　利　・　砂　・　石　材	砂利、採石、バラスト、砂、骨材、砂袋、石製品
工　業　用　非　金　属　鉱　物	石灰石、りん鉱石、原塩、原油、天然ガス、温泉、園芸用土、その他の非金属鉱物
鉄　　　　　　　鋼	鉄、鋼(粗鋼)、鋼材、配管資材、レール等
非　　鉄　　金　　属	地金、合金、伸銅品、電線・ケーブル、貴金属(工業品)
金　　属　　製　　品	建設用金属製品、建築用金属製品、線材製品、刃物、工具、その他の金属製品(ばね類、缶類、鉄・アルミ製品、溶材、金具等)
輸　　送　　用　　機　　械	自動車、船舶、航空機、鉄道車両、自転車等
輸　送　用　機　械　部　品	輸送用機械の部品（自動車用、船舶用、航空機用、鉄道車両用、自転車用等）
そ　の　他　の　機　械	産業機械、電気機械、家電製品、その他の機械
セ　　メ　　ン　　ト	セメント、バラセメント
そ　の　他　の　窯　業　品	セメント製品、コンクリート製品、れんが、石灰、その他の窯業品(瓶類、ガラス製品、陶器類、耐火材、カーボン等)
揮　　　発　　　油	ガソリン、ベンジン等
重　　　　　　　油	重油
そ　の　他　の　石　油	石油類、軽油、灯油、ジェット燃料、潤滑油、機械油等
そ　の　他　の　石　油　製　品	アスファルト、パラフィン、合材等
LPG及びその他のガス	プロパンガス、ブタンガス、その他の石油ガス製品
コークス・その他の石炭製品	コークス類、煉炭等
化　　学　　薬　　品	硫酸、ソーダ、アルコール(食用を除く)、その他の化学薬品
化　　学　　肥　　料	窒素質肥料、りん酸質肥料、加里質肥料、その他の化学肥料
染　料　・　塗　料　・　その他の化学工業品	染料・顔料・塗料・合成樹脂、動植物性油脂、プラスチック製品、ビニール製品、他に分類されない化学工業品(火薬類、インク類、医薬品、化粧品、化学用品等)
紙　　・　　パ　　ル　　プ	用紙類、ちり紙類、ダンボール類、巻取紙、包装紙、パルプ等
繊　　維　　工　　業　　品	糸(防繊半製品を含む)、織物(繊維二次製品を含む)
製　　造　　食　　品	製造食品(肉製品、酪農製品、缶詰、菓子、調理冷凍食品)
食　　料　　工　　業　　品	飲料、その他の食料工業品(調味料類、でんぷん類、酵母、動物性製造食品、飲料水、たばこ等)
日　　　用　　　品	書籍・印刷物、衣服・身廻品・はきもの、文具・玩具・運動・娯楽用品・楽器、家具、装備品、衛生・暖房用具、台所及び食卓用品、他に分類されない日用品
ゴム製品・木製品その他の製造工業品	ゴム皮革製品(他に分類されないもの)、木製品(他に分類されないもの)、他に分類されない製造工業品
金　　属　　く　　ず	鉄・アルミ・船くず、スクラップ、解体車両等
そ　の　他　の　く　ず　も　の	粗大ごみ、廃材、廃油、古新聞、古紙、もみがら、プラスチックくず、木くず、紙くず、ガラスくず、スラグ、古タイヤ等
動　植　物　性　製　造　飼　・　肥　料	牧草、乾草、藁類、灰類、堆肥、ぬか類、酒かす、ペットフード等
廃　　　棄　　　物	その他の廃棄物(屎尿、汚泥、ごみ、廃液、枝木、コンクリート・アスファルトがら、産業廃棄物、雪等)
廃　　　土　　　砂	廃土砂(残土、瓦礫等)
輸　　送　　用　　容　　器	金属製輸送用容器(ガス容器、ドラム缶、タンク等)、その他の輸送用容器(コンテナ、樽、パレット、フレコン等)
取　　　合　　　せ　　　品	引越荷物、郵便物・鉄道便荷物・貨物、自動車特別積合せ貨物、内航船舶小口混載貨物

目　　次

Transportation Statistics Handbook in Japan

Contents

主　要　経

年　度 Fiscal Year	国　内　総　生　産 Gross Domestic Product			
	名　目 At Current Prices	実　質 (2015暦年連鎖価格) At Constant Prices		
	総　額 Total	総　額 Total	(民　間　Private Sector)	
			民間最終消費支出 Final Consumption Expenditure	民間-企業設備 Facilities Investment
	10億円　Thousand million Yen			
H7　(1995)	525,305	462,182	256,874	72,629
H12　(2000)	537,616	485,625	268,320	79,309
H17　(2005)	534,110	515,138	287,367	85,280
H19　(2007)	538,484	527,270	290,925	86,602
H20　(2008)	516,174	508,262	284,681	81,563
H21　(2009)	497,367	495,878	286,679	72,235
H22　(2010)	504,872	512,064	290,498	73,694
H23　(2011)	500,041	514,680	292,320	76,623
H24　(2012)	499,424	517,923	297,295	77,758
H25　(2013)	512,686	532,080	306,003	81,953
H26　(2014)	523,418	530,192	297,937	84,202
H27　(2015)	540,739	539,409	299,997	87,090
H28　(2016)	544,827	543,463	299,122	87,792
H29　(2017)	555,722	553,215	302,195	90,285
H30　(2018)	556,304	554,259	302,443	91,338
R1　(2019)	557,307	550,628	299,298	90,750
R2　(2020)	535,510	525,658	282,948	83,944
資　料	内閣府(国民経済計算年次推計)			

(注)　実質国内総生産の数値は基準年が2015歴年となった。

済　指　標　（その１）

Statistics（No.1）

鉱　工　業　生　産　　Mining　&　Manufacturing			
生産指数 （付加価値額） Production Index	前年度比 Radio to Preceding FY	生産者出荷指数 Producers' Shipments Indexes	生産者製品在庫指数 （平均） Producers' Inventory of Finished Goods
平成27年(2015)＝100	%	平成27年(2015)＝100	
103.3	102.1	98.4	...
107.7	104.3	105.8	...
109.3	101.6	109.8	
117.5	102.7	118.0	...
102.8	87.3	102.4	...
93.0	90.5	93.0	...
101.2	108.8	100.8	...
100.5	99.3	99.3	
97.5	97.0	97.4	...
101.1	103.7	102.3	97.1
100.5	99.4	100.6	100.8
99.8	99.3	99.6	99.6
100.6	100.8	100.2	98.6
103.5	102.9	102.4	100.3
103.8	100.3	102.6	102.2
99.9	96.2	98.9	104.3
90.4	90.5	89.2	98.0
経済産業省（鉱工業生産指数）			

（注）生産指数・出荷指数・在庫指数は、基準年が平成27年（2015暦年）となった。

主　要　経

年 度 Fiscal Yea		建設工事受注額 Constuction Orders （総計 50社） 10 億円 Thousand million yen	機械受注実績 Machiney Orders （受注総額 280社）	住宅新設着工 Newly Constructed Houses		家計消費支出 Consumption Expenditue （2人以上の世帯 のうち勤労者世帯） 1ヶ月あたり、円
				戸数 1,000戸 (1000 units)	床面積 Floor Area 1,000㎡	
S35	(1960)	752	1,201	453	26,608	...
S40	(1965)	1,450	1,745	845	50,431	
S45	(1970)	3,601	6,644	1,491	101,305	
S50	(1975)	5,945	8,605	1,428	118,068	...
S55	(1980)	9,198	14,641	1,214	114,424	...
S60	(1985)	12,158	15,958	1,251	104,016	289,489
H2	(1990)	26,817	28,395	1,665	134,487	331,595
H7	(1995)	19,756	26,132	1,485	138,140	349,663
H12	(2000)	14,968	26,549	1,213	117,523	341,896
H17	(2005)	13,454	28,967	1,249	106,651	329,499
H20	(2008)	12,377	24,705	1,039	86,344	324,929
H21	(2009)	10,616	20,080	775	67,755	319,060
H22	(2010)	10,068	24,365	819	73,876	318,315
H23	(2011)	10,783	25,023	841	75,748	308,838
H24	(2012)	11,045	23,334	893	79,413	313,874
H25	(2013)	13,268	26,370	987	87,313	319,170
H26	(2014)	14,358	28,576	880	74,007	318,755
H27	(2015)	14,225	28,396	921	75,592	315,379
H28	(2016)	14,791	26,796	974	78,705	309,591
H29	(2017)	14,896	28,477	946	75,829	313,057
H30	(2018)	15,859	29,032	952	76,573	315,314
R1	(2019)	14,929	27,391	884	73,107	323,853
R2	(2020)	14,881	26,485	812	66,299	305,811
R3	(2021)	...	...		...	309,469
資　料		国土交通省 （建設工事受注 動態統計調査）	内閣府 （機械受注 統計調査）	国土交通省 （建築着工統計調査）		総務省

(注)1. 建設工事受注額は、昭和59年度より50社(旧43社)に変更された。

　　2. 機械受注実績は、昭和63年度より280社(旧178社)に変更された。

済　指　標　（その2）

Statistics（No.2）

平均消費性向 Propensity to Consume（2人以上の世帯のうち勤労者世帯）	物価指数(暦年) Price Index Number 国内企業 Corporate Goods Price Indexes	消費者(全国) Consumer Price Indexes	有効求人倍率（年度平均）The Active Opening Rate（Fiscal Year）	賃金指数(暦年) Wage Indexes (Calendar Year)（調査産業計、現金給与総額）名目 Nominal	実質 Actual
％	平成27年(2015年)＝100	令和2年(2020)＝100	倍	平成27年(2015)＝100	
...	48.1	...	...	...	...
83	49.2	...	0.61	...	...
80	54.9	30.9	1.35		
77	83.9	53.1	0.59		
78	109.9	73.2	0.73	...	...
77	110.5	83.8	0.67	...	...
75	104.9	89.6	1.43	101.9	111.0
73	100.8	86.8	0.64	111.7	114.4
72	96.9	97.3	0.62	111.7	113.3
75	94.6	95.2	0.98	105.8	110.3
73	102.9	96.8	0.77	104.6	106.8
75	97.5	95.5	0.45	100.5	104.3
74	97.4	94.8	0.56	101.0	105.6
73	98.8	94.5	0.68	100.8	105.7
74	98.0	94.5	0.82	99.7	104.5
75	99.2	94.9	0.97	99.4	103.6
75	102.4	97.5	1.11	99.9	100.9
74	100.0	98.2	1.23	100.0	100.0
72	96.5	98.1	1.39	100.7	100.8
72	98.7	98.6	1.54	101.1	100.6
69	101.3	99.5	1.62	102.5	100.8
68	101.5	100.0	1.55	r 102.1	r 99.8
61	100.3	100.0	1.10	100.9	98.6
63	105.1	99.8	1.16	101.2	98.6
（家計調査）	日本銀行（企業物価指数）	総務省（消費者物価指数）		厚生労働省（職業安定業務統計、勤労統計調査）	

3. 消費者物価指数は基準年が令和2年となった。

4. 賃金指数は基準年が平成27年となった。

主　　要　　経

年度 Fiscal Yea	完全失業率 (暦年) Ratio of Wholly Unemployed (Calendar Year) ％	マネタリベース 平均残高(うち 日銀券発行高) Bank of Japan Notes Average issued 億円 (¥100 million)	日銀貸付金 残高 BOJ Outstanding Balance of Loans 億円 (¥100 million)	銀行貸出約定 平均金利 (暦年末) Average Contacted Inteest Rates on Loans and Discounts (All Banks)(End of calenda Year) ％	外貨準備高 Gold & Foeign Exchange Reserves (年度末) 百万ドル ($100 million)	原油輸入量 Imported Crude oil 1000kl
S35　(1960)	1.5	...	6,461	...	1,997	...
S40　(1965)	1.3	...	16,245	...	2,109	...
S45　(1970)	1.2	41,871	24,291	...	5,458	204,871
S50　(1975)	1.9	98,291	16,504	...	14,182	262,785
S55　(1980)	2.0	153,468	15,581	...	27,020	249,199
S60　(1985)	2.6	200,019	37,274	...	27,917	197,261
H2　(1990)	2.1	316,114	47,461	...	69,894	238,480
H7　(1995)	3.2	382,099	15,133	2.788	203,951	265,526
H12　(2000)	4.7	555,679	10,145	2.116	361,472	254,604
H17　(2005)	4.4	739,773	300	1.623	852,030	249,010
H20　(2008)	4.0	761,734	r　0	1.865	1,018,549	234,406
H21　(2009)	5.1	764,818	r　0	1.655	1,042,715	211,657
H22　(2010)	5.1	776,759	r　150	1.551	1,116,025	214,357
H23　(2011)	4.6	796,414	r　71	1.452	1,288,703	209,173
H24　(2012)	4.3	815,658	10	1.364	1,254,356	211,026
H25　(2013)	4.0	844,086	r　0	1.258	1,279,346	210,345
H26　(2014)	3.6	873,924	0	1.180	1,245,316	195,169
H27　(2015)	3.4	922,911	0	1.110	1,262,099	194,515
H28　(2016)	3.1	971,981	0	0.998	1,230,330	191,047
H29　(2017)	2.8	1,015,889	0	0.946	1,268,287	185,091
H30　(2018)	2.4	1,053,901	r　1	0.901	1,291,813	177,043
R1　(2019)	2.4	1,082,700	1	0.861	1,366,177	173,044
R2　(2020)	2.8	1,138,193	0	0.814	1,368,465	136,463
R3　(2021)	2.8	1,176,086	0	0.795	1,356,071	...
資　料	総務省 (労働力調査)	日本銀行(金融経済統計)		日本銀行 (貸出金利)	財務省 (外貨準備 等の状況)	経済産業省 (資源エネル ギー統計)

(注)銀行貸出約定平均金利は、当座貸越を含む。

済　指　標　（その３）

Statistics （No.3）

通　関　実　績 Customs Clearance		国　際　収　支　Balance of Payments			
輸　出 Exports	輸　入 Imports	経常収支 Current Balance	貿易・サービス収支 Goods & Services	貿易収支 Trade Balance	サービス収支 Services
億円　（¥100 million）					
4,116	4,660	...	...	...	...
8,724	8,417	...	...	...	...
20,250	19,353	...	...	...	...
56,982	58,225	...	...	...	...
138,058	143,976	...	...	...	...
407,312	290,797	...	...	...	...
418,750	341,711	...	...	...	...
420,694	329,530	22,105	9,148	24,344	△ 15,195
520,452	424,494	135,804	63,573	117,226	△ 53,653
682,902	605,113	194,128	74,072	110,677	△ 36,604
711,456	719,104	106,885	△ 8,878	26,683	△ 35,561
590,079	538,209	167,551	48,437	80,250 r	△ 31,812
677,888	624,567	182,687	55,176	80,332	△ 25,155
652,885	697,106	81,852	△ 50,306	△ 22,097	△ 28,210
639,400	720,978	42,495	△ 92,753	△ 52,474	△ 40,280
708,565	846,129	23,928	△ 144,785	△ 110,455	△ 34,330
746,670	837,948	87,031	△ 94,116	△ 66,389	△ 27,728
741,151	752,204	182,957	△ 10,141 r	2,999	△ 13,140
r 715,222	r 675,488	r 216,771	44,084	r 57,863	r △ 13,779
792,212	768,105	r 223,995	r 40,397	r 45,338	r △ 4,941
r 807,099	r 823,190	r 193,980	r △ 6,514	r 5,658	r △ 12,172
758,788	771,598	189,273	△ 12,332	4,839	△ 17,172
694,874	681,905	163,021	2,381	39,017	△ 36,636
...	...	...	...	...	...
財務省（外国貿易概況）		日本銀行（国際収支統計）			

輸 送 機 関 別 国 内
Domestic Freight Transportation

年 度 Fiscal Year	合 計 Sum Total		鉄 道 Railways					
			計 Total		J R (JR)		民 鉄 Private (ex, JR)	
	千トン (A)	対前年 度 比 (B)	千トン (A)	対前年 度 比 (B)	千トン (A)	対前年 度 比 (B)	千トン (A)	対前年 度 比 (B)
S35 (1960)	1,533,348	110.0	238,199	108.2	195,295	107.7	42,904	110.9
S40 (1965)	2,625,355	99.7	252,472	97.6	200,010	96.8	52,463	100.7
S45 (1970)	5,258,589	110.9	255,757	101.2	198,503	100.7	57,254	103.2
S50 (1975)	5,029,531	98.9	184,428	89.6	137,879	89.8	42,737	88.8
S55 (1980)	5,985,087	100.5	166,550	90.6	121,619	89.2	44,931	94.7
S60 (1985)	5,597,257	98.7	96,286	92.7	65,497	91.5	30,789	95.4
H2 (1990)	(6,776,257) 6,636,237	(104.1) 104.2	86,619	104.6	58,400	104.7	28,219	104.3
H7 (1995)	(6,643,005) 6,489,846	(…) …	76,932	97.4	51,456	97.5	25,477	97.3
H12 (2000)	(6,371,017) 6,227,012	(98.8) 98.8	59,274	101.0	39,620	101.2	19,654	100.6
H17 (2005)	(5,569,413) 5,304,361	(97.1) 97.7	52,473	100.5	36,864	100.2	15,610	101.2
H20 (2008)	(5,430,941) 5,006,606	(99.7) 95.3	46,225	90.9	32,850	91.4	13,376	89.8
H21 (2009)	(4,830,478) 4695954	(93.7) 88.6	43,251	93.6	30,849	93.9	12,401	92.7
H22 (2010)	4891581	104.2	43,628	100.9	30,790	99.8	12,857	103.7
H23 (2011)	4898784	100.1	39,827	91.4	…	…	39,827	…
H24 (2012)	4775237	97.1	42,340	106.2	…	…	42,340	…
H25 (2013)	4769232	99.2	44,101	104.2	…	…	44,101	…
H26 (2014)	4729621	99.9	43,424	98.5	…	…	43,424	…
H27 (2015)	4698745	99.3	43,210	99.5	…	…	43,210	…
H28 (2016)	4787421	101.9	44,089	102.0	…	…	44,089	…
H29 (2017)	4787544	100.0	45,170	104.5	…	…	45,170	…
H30 (2018)	4727469	98.7	42,321	93.7	…	…	42,321	…
R1 (2019)	4714115	99.7	42,660	100.8	…	…	42,660	…
R2 (2020)	4132798	87.6	39,124	91.7	…	…	39,124	…
資 料							国土交通省総合政策局情報政策課交通経済統計調査室	

(注) 1. 航空は、定期航空運送事業及び不定期航空運送事業に係る輸送の合計である。
　　 2. 平成2年度から平成21年度までの上段（ ）内は、軽自動車を含む数値である。
　　　　平成22年度以降は営業用軽自動車を含む数値のみを記載している。
　　 3. 鉄道のJRは、61年度まで無賃・有賃を含み、62年度以降は有賃のみ。
　　 4. 平成6年度の自動車の数値には、平成7年1月～3月の兵庫県の数値を含まない。

貨　物　輸　送　ト　ン　数

Tonnage by Mode of Transportation

(Unit:(A)-thousand tons,(B)-ratio to preceding year)

自動車　Motor vehicles						内航海運 Coastal Shipping		航　空 Aviation	
計 Total		営業用 Commercial use		自家用 Private use					
千トン (A)	対前年度比 (B)	千トン (A)	対前年度比 (B)	千トン (A)	対前年度比 (B)	千トン (A)	対前年度比 (B)	千トン (A)	対前年度比 (B)
1,156,291	108.9	380,728	119.4	775,563	104.4	138,849	124.2	9	...
2,193,195	99.2	664,227	109.4	1,528,968	95.4	179,654	109.1	33	106.5
4,626,069	111.1	1,113,061	113.7	3,513,008	110.3	376,647	116.6	116	111.5
4,392,859	100.4	1,251,482	101.3	3,141,377	100.0	452,054	90.2	192	103.3
5,317,950	101.1	1,661,473	102.1	3,656,477	100.7	500,258	97.2	329	104.4
5,048,048	98.7	1,891,937	101.5	3,156,111	97.1	452,385	100.5	538	108.2
(6,113,565)	(103.8)	2,427,625	(105.9)	(3,685,940)	(102.5)				
5,973,545	103.9	2,416,384	105.9	3,557,161	102.6	575,199	106.9	874	105.8
(6,016,571)	(...)	2,647,067	(...)	(3,369,504)	(...)				
5,863,412	...	2,633,277	...	3,230,135	...	548,542	98.7	957	105.2
(5,773,619)	(98.5)	2,932,696	(102.1)	(2,840,923)	(95.0)				
5,629,614	98.4	2,916,222	102.1	2,713,392	94.8	537,021	102.8	1,103	104.0
(5,075,877)	(97.0)	2,833,122	(99.6)	(2,242,755)	(93.8)				
4,824,660	97.8	2,840,686	100.9	1,983,974	93.6	426,145	96.8	1,083	101.7
(4,961,325)	(99.9)	2,899,642	(101.4)	2,061,683	(97.8)				
4,580,601	95.6	2,788,513	95.9	1,792,088	95.1	378,705	92.4	1,075	93.8
(4,454,028)	(94.4)	2,686,556	(95.7)	1,767,472	(92.6)				
4,319,503	94.3	2,666,521	95.6	1,652,982	92.2	332,175	87.7	1,025	95.3
4,480,195	103.7	3,069,416	...	1,410,779	...	366,734	110.4	1,005	98.0
4,496,954	100.4	3,153,051	...	1,343,904	...	360,983	98.4	961	95.6
4,365,927	97.1	3,011,839	...	1,354,088	...	365,992	101.4	978	101.8
4,345,753	99.5	2,989,496	...	1,356,256	...	378,334	103.4	1,044	106.8
4,315,836	99.3	2,934,361	...	1,381,475	...	369,302	97.6	1,059	102.4
4,289,000	99.4	2,916,827	...	1,372,174	...	365,486	99.0	1,049	99.1
4,377,822	102.1	3,019,328	...	1,358,494	...	364,485	99.7	1,025	97.7
4,381,246	100.1	3,031,940	...	1,349,306	...	360,127	98.8	1,001	97.7
4,329,784	98.8	3,018,819	...	1,310,965	...	354,445	98.4	919	91.8
4,329,132	100.0	3,053,766	...	1,275,366	...	341,450	96.3	873	95.0
3,786,998	92.0	2,550,515	...	1,236,483	...	306,076	89.6	600	69.0

（鉄道輸送統計年報、内航船舶輸送統計年報、自動車輸送統計年報、航空輸送統計年報）

5. 自動車の数値は平成22年度より、調査方法及び集計方法を変更した。21年度以前とは連続しない。

　　なお、原典資料の自動車輸送統計年報においては、接続係数を用いて遡及改訂をおこなっているが、本書は
　　それによらず、従前調査体系の原数値系列により掲載している。なお、22年度より営業用には軽自動車を含む。

6. 平成22、23年度の自動車の数値には、東日本大震災の影響により、北海道及び東北運輸局管内の
　　23年3、4月分の数値を含まない。

7. 鉄道は平成23年度以降、JR、民鉄の内訳については公表値がない。

輸 送 機 関 別 国 内
Ton－kilometers of Domestic Freight

年 度 Fiscal Year	合 計 Sum Total		鉄 道 Railways					
			計 Total		J　R (JR)		民 鉄 Private (ex.JR)	
	百万トン キ　ロ (A)	対前年 度 比 (B)	百万トン キ　ロ (A)	対前年 度 比 (B)	百万トン キ　ロ (A)	対前年 度 比 (B)	百万トン キ　ロ (A)	対前年 度 比 (B)
S35 (1960)	138,901	116.0	54,515	108.0	53,592	107.9	923	114.1
S40 (1965)	186,346	101.1	57,298	95.7	56,408	95.8	890	87.9
S45 (1970)	350,656	111.3	63,423	103.7	62,435	103.8	988	102.4
S50 (1975)	360,490	96.0	47,347	90.3	46,288	90.3	770	88.6
S55 (1980)	439,065	99.3	37,701	87.5	36,961	87.4	740	92.2
S60 (1985)	434,160	99.9	22,135	95.3	21,626	95.2	509	99.2
	546,785	(107.5)						
H2 (1990)	544,698	107.5	27,196	108.2	26,728	108.3	468	101.5
	559,003	(...)						
H7 (1995)	556,921	...	25,101	102.5	24,702	102.6	399	95.9
	578,000	(103.2)						
H12 (2000)	575,919	103.2	22,136	98.2	21,855	98.1	280	104.5
	570,000	(101.1)						
H17 (2005)	568,376	100.1	22,813	101.5	22,601	101.5	211	99.5
	(578,704)	(101.4)						
H20 (2008)	514,011	88.6	22,256	95.4	22,081	95.4	175	90.2
	(523,587)	(93.9)						
H21 (2009)	521,395	101.4	20,562	92.4	20,404	92.4	157	89.7
H22 (2010)	444,480	...	20,398	99.2	20,228	99.1	170	108.3
H23 (2011)	426,952	96.1	19,998	98.0	...	...	...	...
H24 (2012)	409,236	95.9	20,471	102.4	...	...	...	...
H25 (2013)	421,123	102.9	21,071	102.9	...	...	...	...
H26 (2014)	415,281	98.6	21,029	99.8	...	...	...	...
H27 (2015)	407,334	98.1	21,519	102.3	...	...	...	...
H28 (2016)	r 413,113	101.4	21,265	98.8	...	...	...	...
H29 (2017)	414,499	100.3	21,663	101.9	...	...	...	...
H30 (2018)	409,904	98.9	19,369	89.4	...	...	...	...
R1 (2019)	404,436	98.7	19,993	103.2	...	...	...	...
R2 (2020)	386,230	95.5	18,340	91.7	...	...	...	...
資 料	国土交通省総合政策局情報政策課交通経済統計調査室							

(注)1. 航空は、定期航空運送事業及び不定期航空運送事業に係る輸送の合計である。
　　2. 平成2年度から平成21年度までの上段（ ）内は、軽自動車を含む数値である。
　　　平成22年度以降は営業用軽自動車を含む数値のみを記載している。
　　3. 鉄道のJRは、61年度まで無賃・有賃を含み、62年度以降は有賃のみ。
　　4. 平成6年度の自動車の数値には、平成7年1月～3月の兵庫県の数値を含まない。

貨 物 輸 送 ト ン キ ロ
Transportation by Mode of Transportation

(Unit:(A)-million tons-km,(B)-ratio to preceding year)

| 自動車　Motor vehicles | | | | | | 内航海運 | | 航　空 | |
| 計 Total | | 営業用 Commercial use | | 自家用 Private use | | Coastal Shipping | | Aviation | |
百万トンキロ (A)	対前年度比 (B)	百万トンキロ (A)	対前年度比 (B)	百万トンキロ (A)	対前年度比 (B)	百万トンキロ (A)	対前年度比 (B)	百万トンキロ (A)	対前年度比 (B)
20,801	113.5	9,638	122.6	11,163	106.7	63,579	124.7	6	150.0
48,392	102.5	22,385	110.7	26,006	96.3	80,635	104.5	21	105.0
135,916	113.4	67,330	115.8	68,586	111.1	151,243	112.8	74	113.8
129,701	99.2	69,247	96.1	60,455	102.9	183,579	95.4	152	108.6
178,901	103.5	103,541	105.4	75,360	100.9	222,173	98.4	290	106.2
205,941	102.6	137,300	104.0	68,642	99.8	205,818	98.0	482	108.1
(274,244)	(104.3)	(194,221)	(105.4)	(80,023)	(101.8)				
272,157	104.4	193,800	105.4	78,357	102.0	244,546	111.1	799	106.1
(294,648)	(...)	(223,090)	(...)	(71,558)	(...)				
292,566	...	222,655	...	69,911	...	238,330	99.9	924	106.1
(313,118)	(101.9)	(255,533)	(104.1)	(57,585)	(93.5)				
311,037	102.0	255,011	104.1	56,026	93.3	241,671	105.3	1,073	103.5
(327,632)	(101.8)	(282,151)	(102.8)	(45,481)	(95.8)				
332,911	102.2	290,160	103.1	42,751	97.0	211,576	96.7	1076	101.6
(346,534)	(103.4)	(302,182)	(103.9)	(44,352)	(100.3)				
302,816	85.9	302,092	97.6	42,123	#REF!	187,859	92.6	1,080	94.2
334,667	(96.6)	293,227	(96.8)	41,440	(95.0)				
332,474	109.8	292,520	96.8	39,954	94.9	167,315	89.1	1,044	96.7
243,150	...	213,288	...	29,862	...	179,898	107.5	1,033	98.9
231,061	95.0	202,441	94.9	28,620	95.8	174,900	97.2	993	96.1
209,956	90.9	180,336	89.1	29,620	103.5	177,791	101.7	1,018	102.5
214,092	102.0	184,840	102.5	29,252	98.8	184,860	104.0	1,100	108.1
210,008	98.1	181,160	98.0	28,848	98.6	183,120	99.1	1,125	102.3
204,315	97.3	175,981	97.1	28,335	98.2	180,381	98.5	1,120	99.6
r 210,314	102.9	r 180,811	102.7	r 29,503	104.1	180,438	100.0	1,096	97.9
210,829	100.2	182,526	100.0	28,303	95.9	180,934	100.3	1,073	97.9
210,467	99.8	182,490	100.0	27,977	98.8	179,089	99.0	979	91.2
213,836	101.6	186,377	102.1	27,459	98.1	169,680	94.7	927	94.7
213,419	99.8	186,999	100.3	26,421	96.2	153,824	90.7	647	69.8

（鉄道輸送統計年報、内航船舶輸送統計年報、自動車輸送統計年報、航空輸送統計年報）

5. 自動車の数値は平成22年度より、調査方法及び集計方法を変更した。21年度以前とは連続しない。

　なお、原典資料の自動車輸送統計年報においては、接続係数を用いて遡及改訂をおこなっているが、本書は
　それによらず、従前調査体系の原数値系列により掲載している。なお、22年度より営業用には軽自動車を含む。

6. 平成22、23年度の自動車の数値には、東日本大震災の影響により、北海道及び東北運輸局管内の
　23年3、4月分の数値を含まない。

7. 鉄道は平成23年度より、公表項目のうちJRを秘匿項目としたため、JR、民鉄ともに内訳については公表値がない。

輸　送　機　関　別　国　内

Domestic Freight Transportation

| 年　度 Fiscal Year | 鉄　道 Railways | | | | | |
| | 計 Total | | J　R (JR) | | 民　鉄 Private (ex,JR) | |
	トン数 (A)	トンキロ (B)	トン数 (A)	トンキロ (B)	トン数 (A)	トンキロ (B)
S35 (1960)	15.5	39.2	12.7	38.6	2.8	0.7
S40 (1965)	9.6	30.7	7.6	30.3	2.0	0.5
S45 (1970)	4.9	18.1	3.8	17.8	1.1	0.3
S50 (1975)	3.7	13.1	2.8	12.9	0.8	0.2
S55 (1980)	2.8	8.6	2.0	8.4	0.8	0.2
S60 (1985)	1.8	5.1	1.2	5.0	0.5	0.1
H2 (1990)	1.3	5.0	0.9	4.9	0.4	0.1
H7 (1995)	1.2	4.5	0.8	4.4	0.4	0.1
	(0.9)	(3.8)	(0.6)	(3.8)	(0.3)	(0.0)
H12 (2000)	1.0	3.8	0.6	3.8	0.3	0.0
	(0.9)	(3.9)	(0.7)	(3.9)	(0.3)	(0.0)
H17 (2005)	1.0	4.0	0.7	4.0	0.3	0.0
	(1.0)	(4.0)	(0.7)	(4.0)	(0.3)	(0.0)
H20 (2008)	0.9	4.3	0.7	4.3	0.3	0.0
	(0.9)	(3.9)	(0.6)	(3.9)	(0.3)	(0.0)
H21 (2009)	0.9	3.9	0.7	3.9	0.3	0.0
H22 (2010)	0.9	4.6	0.6	4.5	0.3	0.0
H23 (2011)	0.8	4.7	…	…	…	…
H24 (2012)	0.9	5.0	…	…	…	…
H25 (2013)	0.9	5.0	…	…	…	…
H26 (2014)	0.9	5.1	…	…	…	…
H27 (2015)	0.9	5.3	…	…	…	…
H28 (2016)	0.9	5.2	…	…	…	…
H29 (2017)	0.9	5.2	…	…	…	…
H30 (2018)	0.9	4.7	…	…	…	…
R1 (2019)	0.9	4.9	…	…	…	…
R2 (2020)	0.9	4.7	…	…	…	…

資　料　国土交通省総合政策局情報政策課交通経済統計調査室(鉄道輸送統計年報、

(注)1. 航空は、定期航空運送事業及び不定期航空運送事業に係る輸送の合計である。

2. 平成12年度から平成21年度までの上段(　)内は、軽自動車を含む数値である。

平成22年度以降は営業用軽自動車を含む数値のみ。

3. 鉄道のJRは、61年度まで無賃・有賃を含み、62年度以降は有賃のみ。

4. 平成6年度の自動車の数値には、平成7年1月〜3月の兵庫県の数値を含まない。

貨 物 輸 送 分 担 率

Share by Mode of Transportation

単位:%(Unit:Percent(A)-ton,(B)-Tonkms)

自 動 車　Motor vehicles						内航海運		航　空	
計 Total		営業用 Commercial use		自家用 Private use		Coastal Shipping		Aviation	
トン数 (A)	トンキロ (B)	トン数 (A)	トンキロ (B)	トン数 (A)	トンキロ (B)	トン数 (A)	トンキロ (B)	トン数 (A)	トンキロ (B)
75.4	14.9	24.8	6.9	50.6	8.0	9.1	45.8	0.0	0.0
83.5	26.0	25.3	12.0	58.2	14.0	6.8	43.3	0.0	0.0
88.0	38.9	21.2	19.2	66.8	19.5	7.2	43.1	0.0	0.0
87.3	36.0	24.9	19.2	62.5	16.8	9.0	50.9	0.0	0.0
88.9	40.7	27.8	23.6	61.1	17.2	8.4	50.6	0.0	0.1
90.2	47.4	33.8	31.6	56.4	15.8	8.1	47.4	0.0	0.1
90.0	50.0	36.4	35.6	53.6	14.4	8.7	44.9	0.0	0.1
90.3	52.5	40.6	40.0	49.8	12.5	8.5	42.8	0.0	0.2
(90.6)	(54.2)	(46.0)	(44.2)	(44.6)	(10.0)	(8.4)	(41.8)	(0.0)	(0.2)
90.4	54.0	46.8	44.3	43.6	9.7	8.6	42.0	0.0	0.2
(91.1)	(57.5)	(50.9)	(49.5)	(40.3)	(8.0)	(7.9)	(38.4)	(0.0)	(0.2)
91.0	58.6	53.6	51.1	37.4	7.5	8.0	37.2	0.0	0.2
(91.4)	(59.9)	(53.3)	(52.2)	(38.0)	(7.7)	(7.7)	(35.9)	(0.0)	(0.2)
91.5	58.9	55.7	58.8	35.8	8.2	7.6	36.5	0.0	0.2
(92.4)	(63.9)	(55.7)	(56.0)	(36.7)	(7.9)	(6.7)	(32.0)	(0.0)	(0.2)
92.2	63.8	56.9	56.1	35.3	7.7	6.9	32.1	0.0	0.2
91.6	55.0	62.7	47.7	28.8	6.7	7.5	40.2	0.0	0.2
91.8	54.1	64.4	47.4	27.4	6.7	7.4	41.0	0.0	0.2
91.4	51.3	63.1	44.1	28.4	7.2	7.7	43.4	0.0	0.3
91.1	50.8	62.7	43.9	28.4	7.0	7.9	43.9	0.0	0.3
91.3	50.6	62.0	43.6	29.2	7.0	7.8	44.1	0.0	0.3
91.3	50.2	62.1	43.2	29.2	7.0	7.8	44.3	0.0	0.3
91.4	50.9	63.1	43.8	28.4	7.1	7.6	43.7	0.0	0.3
91.5	50.8	63.3	44.0	28.2	6.8	7.5	43.7	0.0	0.3
91.6	51.3	63.9	44.5	27.7	6.8	7.5	43.7	0.0	0.2
91.8	52.9	64.8	46.1	27.1	6.8	7.2	42.0	0.0	0.2
91.6	55.3	61.7	48.4	29.9	6.8	7.4	39.8	0.0	0.2

(注: r は 91.8 の行の行頭)

内航船舶輸送統計年報、自動車輸送統計年報、航空輸送統計年報)

5. 自動車の数値は平成22年度より、調査方法及び集計方法が変更され、21年度以前とは連続しない。
なお、22年度より営業用には軽自動車を含む。

6. 平成22、23年度の自動車の数値には、東日本大震災の影響により、北海道及び東北運輸局管内の
23年3、4月分の数値を含まない。

7. 鉄道は平成23年度以降、JR、民鉄を区分せず、鉄道貨物として数値を記載している。

輸 送 機 関 別 国 内
Domestic Passenger Transportation

年度 Fiscal Year	合計 Sum Total		鉄 道 Railways						自					
			計 Total		J R (JR)		民 鉄 Private (ex.JR)		計 Total		バ ス			
											計 Sub Total		営業用 Commercial use	
	百万人 (A)	対前年度比 (B)	百万人 (A)	対前年度比 (B)	百万人 (A)	対前年度比 (B)	百万人 (A)	対前年度比 (B)	百万人 (A)	対前年度比 (B)	百万人 (A)	対前年度比 (B)	百万人 (A)	対前年度比 (B)
S35 (1960)	20,291	106.9	12,290	105.3	5,124	106.5	7,166	104.5	7,901	109.4	6,291	106.0	6,179	105.0
S40 (1965)	30,793	104.8	15,798	103.7	6,722	104.9	9,076	102.8	14,863	106.0	10,557	102.3	10,029	100.5
S45 (1970)	40,606	106.9	16,384	102.2	6,534	99.9	9,850	103.8	24,032	110.3	11,812	101.2	10,255	99.5
S50 (1975)	46,195	102.4	17,588	100.0	7,048	99.1	10,540	100.6	28,411	104.0	10,731	95.8	9,293	96.0
S55 (1980)	51,720	100.6	18,005	100.9	6,825	98.5	11,180	102.5	33,515	100.4	9,903	99.4	8,300	99.0
S60 (1985)	53,961	101.7	19,085	101.8	7,036	102.2	12,048	101.5	34,679	101.9	8,780	98.6	7,230	97.8
	(77,934)	(100.9)							(55,767)	(99.9)				
H2 (1990)	64,795	101.9	21,939	103.4	8,358	104.7	13,581	102.6	42,628	101.0	8,558	99.8	6,756	99.4
	(82,758)	(...)							(59,935)	(...)				
H7 (1995)	68,253	...	22,630	100.1	8,982	101.1	13,648	99.5	45,396	...	7,619	...	6,005	...
	(84,366)	(100.3)							(61,543)	(100.4)				
H12 (2000)	67,423	100.2	21,647	99.5	8,671	99.5	12,976	99.6	45,573	100.4	6,635	96.7	5,058	97.5
	(86,516)	(102.2)							(64,590)	(102.8)				
H17 (2005)	67,625	99.9	21,963	101.3	8,683	100.8	13,280	101.6	45,464	99.3	5,889	98.2	4,545	98.2
	(88,382)	(100.3)							(65,943)	(100.0)				
H20 (2008)	67,145	99.1	22,976	100.6	8,984	100.0	13,992	101.0	43,979	98.3	5,930	99.4	4,607	101.0
	(89,500)	(101.3)							(66,600)	(99.7)				
H21 (2009)	66,306	98.8	22,724	98.9	8,841	98.4	13,884	99.2	43,407	98.7	5,733	96.7	4,476	97.2
H22 (2010)	29,077	...	22,669	99.8	8,818	99.7	13,851	99.8	6,241	...	4,458	77.8	4,458	99.6
H23 (2011)	28,784	98.9	22,632	99.8	8,837	100.2	13,795	99.6	6,074	97.3	4,414	99.0	4,414	99.0
H24 (2012)	29,292	101.8	23,042	101.8	8,963	101.4	14,079	102.1	6,077	100.1	4,437	100.5	4,437	100.5
H25 (2013)	29,940	102.2	23,606	102.4	9,147	102.1	14,459	102.7	6,153	101.2	4,505	101.5	4,505	101.5
H26 (2014)	29,838	99.7	23,600	100.0	9,088	99.4	14,512	100.4	6,057	98.4	4,500	99.9	4,500	99.9
H27 (2015)	30,505	102.2	24,290	102.9	9,308	102.4	14,982	103.2	6,031	99.6	4,565	101.4	4,565	101.4
H28 (2016)	30,817	101.0	24,598	101.3	9,392	100.9	15,206	101.5	6,034	100.0	4,582	100.4	4,582	100.4
H29 (2017)	31,248	101.4	24,973	101.5	9,488	101.0	15,485	101.8	6,085	100.8	4,640	101.3	4,640	101.3
H30 (2018)	31,498	100.8	25,269	101.2	9,556	100.7	15,714	101.5	6,037	99.2	4,646	100.1	4,646	100.1
R1 (2019)	31,172	99.0	25,190	99.7	9,503	99.4	15,687	99.8	5,800	96.1	4,532	97.5	4,532	97.5
R2 (2020)	21,704	80.8	17,670	70.1	6,707	70.6	10,963	69.9	4,000	72.0	3,262	72.0	3,262	72.0
資　料	国土交通省総合政策局情報政策課交通経済統計調査室(鉄道輸送統計年報、													

(注) 1. 平成2年度から平成21年度までの上段( )内は、軽自動車及び自家用貨物車を含む数値である。
　　　ただし、自家用貨物車の上段( )内は軽自動車のみの数値であり、下段( )内は登録車のみの数値である。
　　2. 航空は、定期航空運送事業及び不定期航空運送事業に係る輸送の合計である。
　　3. 平成6年度の自動車の数値には、平成7年1～3月の兵庫県の数値(営業用バス等を除く)を含まない。
　　4. 平成6年度の自動車の対前年度比は、平成7年1月～3月の兵庫県の数値を含まない(営業用バス等を除く)
　　　と同等の平成5年度の数値で計算した参考値である。

旅 客 輸 送 人 員
by Mode of Transportation

(Unit:(A)-million persons,(B)-ratio to preceding year)

自　　動　　車　Motor vehicles										旅　客　船		航　空	
Buses		乗 用 車　Passenger Cars						自家用貨物車		Maritime		Aviation	
自家用 Private use		計 Sub Total		営業用 Commercial use		自家用 Private use		Truck for Private use					
百万人	対前年 度 比	百万人	対前年 度 比	百万人	対前年 度 比	百万人	対前年 度 比	百万人	対前年 度 比	百万人	対前年 度 比	百万人	対前年度 比
(A)	(B)	(A)	(B)	(A)	(B)	(A)	(B)	(A)	(B)	(A)	(B)	(A)	(B)
112	211.3	1,610	125.7	1,205	123.2	405	133.7	...	...	99	103.1	1	100.0
528	154.8	4,306	116.5	2,627	113.1	1,679	122.3	...	...	126	110.5	5	100.0
1,557	114.2	12,221	120.9	4,289	105.0	7,932	131.6	...	...	174	106.1	15	125.0
1,437	94.0	17,681	109.8	3,220	99.9	14,460	112.2	...	...	170	95.5	25	100.0
1,603	101.0	23,612	100.9	3,427	97.5	20,186	101.5	...	...	160	96.5	40	97.7
1,551	103.0	25,899	103.1	3,257	99.2	22,642	103.7	...	...	153	99.1	44	97.9
		(36,204)	(102.0)			(32,980)	(102.4)	(7,551)	(92.3)				
1,802	101.6	34,070	101.4	3,223	97.6	30,847	101.8	(3,454)	(96.4)	163	101.5	65	108.5
		(41,468)	(...)			(38,646)	(...)	(7,471)	(98.1)				
1,614	97.8	37,776	...	2,758	97.1	35,018	102.1	(3,134)	(98.4)	149	98.6	78	104.8
		(43,735)	(101.6)			(41,051)	(101.9)	(7,246)	(97.1)				
1,578	94.2	38,938	101.3	2,433	98.7	36,505	101.4	(2,485)	(96.3)	110	91.7	93	101.4
		(50,007)	(104.3)			(47,663)	(104.7)	(5,629)	(97.3)				
1,343	98.1	39,575	99.4	2,217	98.8	37,358	99.5	(2,083)	(94.6)	103	102.0	95	101.1
		(52,765)	(100.1)			(50,556)	(100.1)	(5,248)	(99.9)				
1,322	94.2	38,049	98.2	2,025	94.7	36,025	100.0	1,907	95.1	99	98.2	91	95.8
		(54,172)				(52,224)	(100.8)	(4,925)	(96.4)				
1,257	95.1	37,673	99.0	1,948	96.2	35,725	99.2	1,770	92.8	92	92.9	84	92.3
...	...	1,783	...	1,783	...	...	...	...	...	85	92.4	82	97.6
...	...	1,660	93.1	1,660	93.1	...	...	...	...	84	98.8	79	96.3
...	...	1,640	98.8	1,640	98.8	...	...	...	...	87	103.6	86	108.9
...	...	1,648	100.5	1,648	100.5	...	...	...	...	88	101.1	93	108.1
...	...	1,557	94.5	1,557	94.5	...	...	...	...	86	97.7	95	102.2
...	...	1,466	94.2	1,466	94.2	...	...	...	...	88	102.3	96	101.1
...	...	1,452	99.0	1,452	99.0	...	...	...	...	87	98.9	98	102.1
...	...	1,445	99.5	1,445	99.5	...	...	...	...	88	101.1	102	104.1
...	...	1,391	96.3	1,391	96.3	...	...	...	...	88	100.0	104	102.0
...	...	1,268	91.2	1,268	91.2	...	...	...	...	80	90.9	102	98.1
...	...	738	58.2	738	58.2	...	...	...	...	...	0.0	34	33.3

自動車輸送統計年報、航空輸送統計年報)、海事局内航課

5. 平成22、23年度の自動車の数値には、平成23年3,4月の北海道及び東北6県の数値(営業用バスを除く)を含まない。
6. 自動車の数値は平成22年度より、調査方法及び集計方法を変更した。21年度以前とは連続しない。
（自家用乗用車、自家用貨物車及び軽自動車を調査対象から除外している。）
なお、原典資料の自動車輸送統計年報においては、接続係数を用いて遡及改訂をおこなっているが、
本書はそれによらず、従前調査体系の原数値系列により掲載している。
7. 令和元年度の合計には、旅客船の数値が入っていない。

輸 送 機 関 別 国 内

Passenger－Kilometers of Domestic Passenger

年 度 Fiscal Year	合 計 Sum Total		鉄　道 Railways						自					
			計 Total		J R (JR)		民 鉄 Private (ex.JR)		計 Total		バ ス			
											計 Sub Total		営業用 Commercial use	
	百万 人キロ (A)	対前年 度 比 (B)	百万 人キロ (A)	対前年 度 比 (B)	百万 人キロ (A)	対前年 度 比 (B)	百万 人キロ (A)	対前年 度 比 (B)	百万 人キロ (A)	対前年 度 比 (B)	百万 人キロ (A)	対前年 度 比 (B)	百万 人キロ (A)	対前年度 比 (B)
S35 (1960)	243,278	...	184,340	108.2	123,983	108.5	60,357	107.6	55,531	115.7	43,999	112.3	42,742	110.8
S40 (1965)	382,594	107.6	255,384	105.6	174,014	106.0	81,370	104.8	120,756	111.9	80,133	105.4	73,371	102.3
S45 (1970)	587,177	111.0	288,816	104.9	189,726	104.5	99,090	105.6	284,229	117.4	102,894	102.7	82,239	101.2
S50 (1975)	710,711	102.5	323,800	99.9	215,289	99.9	108,511	100.0	360,868	104.8	110,063	95.1	80,110	97.7
S55 (1980)	782,031	100.6	314,542	100.7	193,143	99.2	121,399	103.1	431,669	100.8	110,396	101.9	73,934	100.9
S60 (1985)	858,215	103.1	330,083	101.8	197,463	101.7	132,620	101.9	489,260	104.4	104,898	101.8	70,848	100.2
	(1,298,436)	(102.3)							(853,060)	(100.9)				
H2 (1990)	1,108,160	102.9	387,478	105.1	237,657	106.7	149,821	102.5	662,784	102.9	110,372	101.1	77,341	103.2
	(1,388,126)	(...)							(917,419)	(...)				
H7 (1995)	1,176,502	...	400,056	100.9	248,998	101.9	151,059	99.4	705,795	...	97,287	...	73,910	...
	(1,419,696)	(99.7)							(951,253)	(99.5)				
H12 (2000)	1,198,762	99.7	384,411	99.8	240,659	99.9	143,782	99.6	730,318	99.6	87,307	98.4	69,530	100.2
	(1,418,381)	(99.4)							(947,563)	(99.3)				
H17 (2005)	1,165,681	101.5	391,228	101.6	245,996	101.2	145,232	101.4	687,208	97.4	88,066	102.1	72,782	101.7
	(1,394,953)	(98.7)							(905,907)					
H20 (2008)	1,131,842	98.1	404,585	99.8	253,556	99.4	151,030	100.5	642,796	97.5	89,921	101.1	73,260	101.8
	(1,370,794)	(98.3)							(898,720)	(99.2)				
H21 (2009)	1,103,130	97.5	393,765	97.4	244,247	96.3	149,519	99.0	631,056	98.2	87,402	97.2	71,205	97.2
H22 (2010)	555,648	...	393,466	99.9	244,593	100.1	148,874	99.6	77,678	...	69,955	80.0	69,955	98.2
H23 (2011)	543,256	...	395,067	100.4	246,937	101.0	148,130	99.5	73,916	95.2	66,696	95.3	66,696	95.3
H24 (2012)	561,085	103.3	404,394	102.4	253,788	102.8	150,606	101.7	75,668	102.4	68,458	102.6	68,458	102.6
H25 (2013)	576,392	102.7	414,387	102.5	260,013	102.5	154,374	102.5	74,571	98.6	67,527	98.6	67,527	98.6
H26 (2014)	576,341	100.0	413,970	99.9	260,097	100.0	153,873	99.7	72,579	97.3	65,649	97.2	65,649	97.2
H27 (2015)	590,357	102.4	427,486	103.3	269,394	103.6	158,092	102.7	71,443	98.4	64,936	98.9	64,936	98.9
H28 (2016)	595,882	100.9	431,799	101.0	271,996	101.0	159,802	101.1	70,119	98.1	63,737	98.2	63,737	98.2
H29 (2017)	604,918	101.5	437,363	101.3	275,124	101.2	162,239	101.5	69,815	99.6	63,524	99.7	63,524	99.7
H30 (2018)	611,365	101.1	441,614	101.0	277,670	100.9	163,944	101.1	70,101	100.4	64,108	100.9	64,108	100.9
R1 (2019)	598,287	97.9	435,063	98.5	271,936	97.9	163,126	99.5	65,556	93.5	60,070	93.7	60,070	93.7
R2 (2020)	320,404	53.6	263,211	60.5	152,084	55.9	111,127	68.1	25,593	39.0	22,546	37.5	22,546	37.5
資　料														

国土交通省総合政策局情報政策課交通経済統計調査室(鉄道輸送統計年報、

(注)1. 平成2年度から平成21年度までの上段( )内は、軽自動車及び自家用貨物車を含む数値である。

　　　　ただし、自家用貨物車の上段( )内は軽自動車のみの数値であり、下段( )内は登録車のみの数値である。

　　 2. 航空は、定期航空運送事業及び不定期航空運送事業に係る輸送の合計である。

　　 3. 平成6年度の自動車の数値には、平成7年1〜3月の兵庫県の数値(営業用バス等を除く)を含まない。

　　 4. 平成6年度の自動車の対前年度比は、平成7年1月〜3月の兵庫県の数値を含まない(営業用バス等を除く)

　　　　と同等の平成5年度の数値で計算した参考値である。

旅　客　輸　送　人　キ　ロ

Transportation by Mode of Transportation

(Unit:(A)—million persons-km,(B)-ratio to preceding year)

動　　車　Motor vehicles										旅　客　船 Maritime		航　空 Aviation	
Buses		乗　用　車　Passenger Cars						自家用貨物車 Truck for Private use					
自家用 Private use		計 Sub Total		営業用 Commercial use		自家用 Private use							
百万人キロ (A)	対前年度比 (B)	百万人キロ (A)	対前年度比 (B)	百万人キロ (A)	対前年度比 (B)	百万人キロ (A)	対前年度比 (B)	百万人キロ (A)	対前年度比 (B)	百万人キロ (A)	対前年度比 (B)	百万人キロ (A)	対前年度比 (B)
1,257	213.1	11,532	130.7	5,162	120.0	6,370	140.9	...	...	2,670	...	737	150.1
6,762	156.2	40,622	127.3	11,216	111.9	29,406	134.3	...	...	3,402	110.8	2,952	107.5
20,655	109.2	181,335	127.8	19,311	104.5	162,024	131.3	...	...	4,814	108.4	9,319	133.3
29,953	88.7	250,804	109.8	15,572	99.3	235,232	110.6	...	...	6,895	88.9	19,148	108.6
36,462	104.0	321,272	100.4	16,243	98.7	305,030	100.5	...	...	6,132	95.2	29,688	98.2
34,050	105.3	384,362	105.1	15,763	100.8	368,600	105.3	...	...	5,752	99.5	33,119	98.9
		(575,507)	(103.5)			(559,868)	(103.7)	(92,523)	(90.1)				
33,031	96.6	552,412	103.2	15,639	98.2	536,773	103.4	(74,659)	(96.7)	6,275	105.2	51,624	109.5
		(664,625)	(...)			(650,829)	(...)	(81,620)	(98.0)				
23,377	103.0	608,508	...	13,796	96.2	594,712	103.1	(73,887)	(100.1)	5,637	94.8	65,014	106.1
		(741,148)	(101.1)			(729,096)	(101.1)	(63,366)	(92.2)				
17,777	92.1	643,010	99.7	12,052	99.5	630,958	99.7	59,431	91.9	4,304	96.1	79,698	100.4
		(750,518)	(99.4)			(738,933)	(99.4)	(59,023)	(100.7)				
15,284	103.8	599,142	96.7	11,485	99.1	587,657	96.7	49,742	96.1	4,025	104.0	83,220	101.7
		(713,147)				(702,575)	(98.5)	(55,930)	(98.4)				
16,661	98.1	552,875	96.9	10,572	95.2	542,304	96.9	46,910	96.4	3,510	91.6	80,951	96.0
		(711,670)	(99.8)			(701,515)	(99.8)	(55,054)	(98.4)				
16,197	97.2	543,654	98.3	10,155	96.1	533,499	98.4	44,594	95.1	3,073	87.5	75,236	92.9
...	...	7,723	...	7,723	...	...	...	...	...	3,004	97.8	73,777	98.1
...	...	7,221	93.5	7,221	93.5	...	...	...	...	3,047	101.4	71,226	96.5
...	...	7,210	99.8	7,210	99.8	...	...	...	...	3,092	101.5	77,931	109.4
...	...	7,044	97.7	7,044	97.7	...	...	...	...	3,265	105.6	84,169	108.0
...	...	6,930	98.4	6,930	98.4	...	...	...	...	2,986	91.4	86,806	103.1
...	...	6,508	93.9	6,507	93.9	...	...	...	...	3,139	105.1	88,289	101.7
...	...	6,382	98.1	6,382	98.1	...	...	...	...	3,275	104.4	90,689	102.7
...	...	6,290	98.6	6,290	98.6	...	...	...	...	3,191	97.4	94,549	104.3
...	...	5,993	95.3	5,993	95.3	...	...	...	...	3,364	105.4	96,286	101.8
...	...	5,486	91.5	5,486	91.5	...	...	...	...	3,076	91.5	94,592	98.2
...	...	3,047	55.5	3,047	55.5	...	...	...	...		0.0	31,600	33.4

自動車輸送統計年報、航空輸送統計年報)、海事局内航課

5. 平成22、23年度の自動車の数値には、平成23年3,4月の北海道及び東北6県の数値(営業用バスを除く)を含まない。

6. 自動車の数値は平成22年度より、調査方法及び集計方法を変更した。21年度以前とは連続しない。
　(自家用乗用車、自家用貨物車及び軽自動車を調査対象から除外している。)
　なお、原典資料の自動車輸送統計年報においては、接続係数を用いて遡及改訂をおこなっているが、
　本書はそれによらず、従前調査体系の原数値系列により掲載している。

7. 令和2年の合計には、旅客船の数値は入っていない。

輸 送 機 関 別 国 内

Domestic Passenger Transportation

年度 Fiscal Year	鉄 道 Railways						自					
	計 Total		J R (JR)		民 鉄 Private (ex,JR)		計 Total		バ ス			
									計 Sub Total		営業用 Commercial use	
	人数 Pax	人キロ Pax-km	人数 Pax	人キロ Pax-km	人数 Pax	人キロ Pax-km	人数 Pax	人キロ Pax-km	人数 Pax	人キロ Pax-km	人数 Pax	人キロ Pax-km
S35 (1960)	60.6	75.8	25.3	51.0	35.3	24.8	38.9	22.8	31.0	18.1	30.5	17.6
S40 (1965)	51.3	66.8	21.8	45.5	29.5	21.3	48.3	31.6	34.3	21.0	32.6	19.2
S45 (1970)	40.3	49.2	16.1	32.3	24.3	16.9	59.2	48.4	29.1	17.5	25.3	14.0
S50 (1975)	38.1	45.6	15.3	30.3	22.8	15.3	61.5	50.8	23.2	15.5	20.1	11.3
S55 (1980)	34.8	40.2	13.2	24.7	21.6	15.5	64.8	55.2	19.1	14.1	16.0	9.4
S60 (1985)	35.3	38.5	12.9	23.0	22.4	15.5	64.4	57.0	16.3	12.2	13.4	8.3
	(28.2)	(29.8)	(10.7)	(18.3)	(17.4)	(11.5)	(71.6)	(65.7)	(11.0)	(8.5)		
H2 (1990)	33.9	35.0	12.9	21.4	21.0	13.5	65.8	59.8	13.2	10.0	10.4	7.0
	(27.3)	(29.1)	(10.7)	(18.0)	(16.6)	(11.2)	(72.4)	(65.9)	(9.5)	(7.3)		
H7 (1995)	33.2	34.0	13.2	21.2	20.0	12.8	66.5	60.0	11.2	8.3	8.8	6.3
	(26.8)	(28.6)	(10.7)	(17.9)	(16.1)	(10.7)	(72.9)	(66.1)	(8.9)	(6.7)		
H12 (2000)	32.1	32.1	12.9	20.1	19.2	12.0	67.6	60.9	9.8	7.3	7.5	5.8
	(24.7)	(27.2)	(9.8)	(17.1)	(14.9)	(10.1)	(75.1)	(66.8)	(6.8)	(6.1)		
H17 (2005)	32.5	33.6	12.8	21.1	19.6	12.5	67.2	59.0	8.7	7.6	6.7	6.2
	(25.2)	(28.2)	(9.9)	(17.7)	(15.2)	(10.5)	(74.6)	(65.4)	(6.7)	(6.3)		
H20 (2008)	34.2	35.7	13.4	22.4	20.8	13.3	65.5	56.8	8.8	7.9	6.9	6.5
	(25.4)	(28.7)	(9.9)	(17.8)	(15.5)	(10.9)	(74.4)	(65.6)	(6.4)	(6.4)	(0.0)	(0.0)
H21 (2009)	34.3	35.7	13.3	22.1	20.9	13.6	65.5	57.2	8.6	7.9	6.8	6.5
H22 (2010)	78.0	71.8	30.3	44.6	47.6	27.2	21.5	14.2	15.3	12.8	15.3	12.8
H23 (2011)	78.4	72.7	30.6	45.5	47.8	27.3	21.0	13.6	15.3	12.3	15.3	12.3
H24 (2012)	78.7	72.1	30.6	45.2	48.1	26.8	20.7	13.5	13.5	12.2	15.1	12.2
H25 (2013)	78.8	71.9	30.6	45.1	48.3	26.8	20.6	31.6	12.9	11.7	15.0	11.7
H26 (2014)	79.1	71.8	30.5	45.1	48.6	26.7	20.3	12.6	12.6	11.4	15.1	11.4
H27 (2015)	79.6	72.4	30.5	45.6	49.1	26.8	19.8	12.1	12.1	11.0	15.0	11.0
H28 (2016)	79.8	72.5	30.5	45.6	49.3	26.8	19.6	11.8	11.8	10.7	14.9	10.7
H29 (2017)	79.9	72.3	30.4	45.5	49.6	26.8	19.5	11.5	11.5	10.5	14.8	10.5
H30 (2018)	80.2	72.2	30.3	45.4	49.9	26.8	19.2	11.5	11.5	10.5	14.8	10.5
R1 (2019)	80.8	72.7	30.5	45.5	50.3	27.3	18.6	11.0	11.0	10.0	14.5	10.0
R2 (2020)	81.4	82.1	30.9	47.5	50.5	34.7	18.4	8.0	8.0	7.0	15.0	7.0
資 料	国土交通省総合政策局情報政策課交通経済統計調査室（鉄道輸送統計年報、											

(注) 1. 平成2年度から平成21年度までの上段（ ）内は、軽自動車及び自家用貨物車を含む数値である。
ただし、自家用貨物車の上段（ ）内は軽自動車のみの数値であり、下段（ ）内は登録車のみの数値である。

旅 客 輸 送 分 担 率

Share by Mode of Transportation

単位:%(Unit : Percent)　Pax＝Passenger

動車 Motor vehicles									旅客船 Maritime		航空 Aviation	
Buses 自家用 Private use		乗用車 Passenger Cars						自家用貨物車 Truck for Private use				
		計 Sub Total		営業用 Commercial use		自家用 Private use							
人数 Pax	人キロ Pax-km	人数 Pax	人キロ Pax-km	人数 Pax	人キロ Pax-km	人数 Pax	人キロ Pax-km	人数 Pax	人キロ Pax-km	人数 Pax	人キロ Pax-km	人数 Pax	人キロ Pax-km
0.6	0.5	7.9	4.7	5.9	2.1	2.0	2.6	...	...	0.5	1.1	0.0	0.3
1.7	1.8	14.0	10.6	8.5	2.9	5.5	7.7	...	...	0.4	0.9	0.0	0.8
3.8	3.5	30.1	30.9	10.6	3.3	19.5	27.6	...	...	0.4	0.8	0.0	1.6
3.1	4.2	38.3	35.3	7.0	2.2	31.3	33.1	...	...	0.4	1.0	0.1	2.7
8.1	4.7	45.7	41.1	6.6	2.1	39.1	39.0	...	...	0.3	0.8	0.1	3.8
2.9	4.0	48.1	44.8	6.0	1.8	42.0	43.0	...	...	0.3	0.7	0.1	3.9
		(46.5)	(44.3)			(42.3)	(43.1)	(9.7)	(7.1)	(0.2)	(0.5)	(0.1)	(4.0)
2.8	3.0	52.6	49.8	5.0	1.4	47.6	48.4	(5.3)	(6.7)	0.3	0.6	0.1	4.7
		(50.1)	(47.0)			(46.7)	(46.0)	(9.0)	(6.1)	(0.2)	(0.4)	(0.1)	(4.5)
2.4	2.0	55.3	51.7	4.0	1.2	51.3	50.6	(4.6)	(6.3)	0.2	0.5	0.1	5.5
		(51.8)	(48.6)			(48.7)	(47.6)	(8.6)	(5.6)	(0.2)	(0.4)	(0.1)	(4.9)
2.3	1.5	57.8	53.6	3.6	1.0	54.1	52.6	(2.9)	(4.2)	0.2	0.4	0.1	6.6
		(59.5)	(52.9)			(57.0)	(52.1)	(6.2)	(4.2)	(0.1)	(0.3)	(0.1)	(5.8)
2.0	1.3	58.5	51.4	3.3	1.0	55.2	50.4	(3.1)	(4.3)	0.2	0.3	0.1	7.1
		(59.7)	(51.6)			(57.2)	(50.8)	(5.9)	(4.1)	(0.1)	(0.3)	(0.1)	(6.1)
2.0	1.5	56.7	48.8	3.0	0.9	53.7	47.9	(2.8)	(4.1)	0.1	0.3	0.1	7.2
(0.0)	(0.0)	(60.5)	(51.9)	(0.0)	(0.0)	(58.4)	(51.2)	(5.5)	(4.0)	(0.1)	(0.2)	(0.1)	(5.5)
1.9	1.5	56.8	49.3	2.9	0.9	53.9	48.4	(2.7)	(4.0)	0.1	0.3	0.1	6.8
...	...	6.1	1.4	6.1	1.4	...	...	...	...	0.3	0.5	0.3	13.5
...	...	5.7	1.3	5.7	1.3	...	...	...	...	0.3	0.6	0.3	13.2
...	...	5.6	1.3	5.6	1.3	...	...	...	...	0.3	0.6	0.3	13.9
...	...	5.5	1.2	5.5	1.2	...	...	...	...	0.3	0.6	0.3	14.6
...	...	5.2	1.2	5.2	1.2	...	...	...	...	0.3	0.5	0.3	15.1
...	...	4.8	1.1	4.8	1.1	...	...	...	...	0.3	0.5	0.3	15.0
...	...	4.7	1.1	4.7	1.1	...	...	...	...	0.3	0.5	0.3	15.2
...	...	4.6	1.0	4.6	1.0	...	...	...	...	0.3	0.5	0.3	15.6
...	...	4.4	1.0	4.4	1.0	...	...	...	...	0.3	0.6	0.3	15.7
...	...	4.1	0.9	4.1	0.9	...	...	...	...	0.3	0.5	0.3	15.8
...	...	3.4	1.0	3.4	1.0	...	...	...	...	...	...	0.2	9.9

自動車輸送統計年報、航空輸送統計年報)

2. 国鉄の61年度は、JR各社が発足した62年4月以降に整合する接続値である。

3. 平成6年度の自動車の数値には、平成7年1〜3月の兵庫県の数値(営業用バス等を除く)を含まない。

国 際 貨 物 輸 送 量

Volume of International Freight Transportation

暦　年 Calendar Year (CY)	海　運 Shipping		定　期　航　空 Scheduled Air Transport			
	千トン Thousand tons	対前年度比(%) Ratio to Preceding FY	千トン Thousand tons	対前年度比(%) Ratio to Preceding FY	百万トンキロ Million tons-km	対前年度比(%) Ratio to Preceding FY
S45　(1970)	343,937	127.4	49	114.1	362	105.8
S50　(1975)	517,958	99.7	114	120.9	825	115.9
S55　(1980)	552,614	96.6	232	116.0	1,542	114.8
S60　(1985)	549,065	102.1	361	107.8	2,649	110.1
H2　(1990)	597,822	100.9	620	99.5	4,288	98.1
H7　(1995)	703,606	105.1	857	110.1	5,596	108.5
H12　(2000)	739,377	100.0	1,188	106.4	7,389	106.0
H15　(2003)	772,057	110.1	1,219	102.9	7,103	101.5
H16　(2004)	776,099	105.2	1,333	109.3	7,616	107.2
H17　(2005)	779,108	100.2	1,319	100.0	7,711	101.2
H18　(2006)	803,050	103.1	1,309	99.2	8,097	105.0
H19　(2007)	833,217	103.8	1,350	103.2	8,600	106.2
H20　(2008)	877,002	105.3	1,314	97.3	7,451	86.6
H21　(2009)	823,850	93.9	1,165	88.7	6,065	81.4
H22　(2010)	819,075	99.4	1,323	113.5	6,658	109.8
H23　(2011)	966,697	118.0	1,057	79.9	5,627	84.5
H24　(2012)	1,001,130	103.6	1,140	107.9	6,096	108.3
H25　(2013)	1,026,984	102.6	1,204	91.0	6,535	98.2
H26　(2014)	1,035,238	100.8	1,389	115.4	7,697	117.8
H27　(2015)	1,056,143	102.0	1,402	100.9	7,947	103.2
H28　(2016)	1,018,441	96.4	1,529	109.1	8,412	105.9
H29　(2017)	997,068	97.9	1,750	114.5	9,700	115.3
H30　(2018)	1,032,337	103.5	1,537	87.8	8,415	86.8
H31・R1 (2019)	959,693	93.0	1,444	93.9	8,071	95.9
R2　(2020)	889,365	92.7	1,282	88.8	7,272	90.1
資　料	国土交通省海事局外航課、 総合政策局情報政策課　交通経済統計調査室（航空輸送統計年報）					

(注)　1. 海運の貨物には、外国用船による輸送を含む。
　　　2. 定期航空は、定期航空運送事業に係る輸送である。

国 際 旅 客 輸 送 量
Volume of International Passenger Transportation

暦　年 Calendar Year （CY）	海　運 Shipping		定　期　航　空 Scheduled Air Transport			
	千　人 Thousand Persons	対前年度比(%) Ratio to Preceding FY	千　人 Thousand Persons	対前年度比(%) Ratio to Preceding FY	百万人キロ Million Persons-km	対前年度比(%) Ratio to Preceding FY
S45　(1970)	98	107.8	1,628	123.9	6,638	114.5
S50　(1975)	76	105.2	2,555	111.2	13,888	115.4
S55　(1980)	76	119.3	4,831	101.8	23,151	101.5
S60　(1985)	95	113.1	6,496	106.4	32,165	106.6
H2　(1990)	126	111.5	9,433	116.4	45,486	114.7
H7　(1995)	242	95.7	11,029	98.1	52,316	98.9
H12　(2000)	318	95.5	15,959	100.9	82,462	101.6
H15　(2003)	508	98.4	14,593	81.6	72,817	84.9
H16　(2004)	548	107.8	17,704	121.3	83,209	114.3
H17　(2005)	580	100.0	17,909	100.0	83,127	100.0
H18　(2006)	633	109.1	17,390	97.1	80,293	96.6
H19　(2007)	673	106.4	17,756	102.1	78,726	98.0
H20　(2008)	649	96.3	16,425	92.5	72,805	92.5
H21　(2009)	530	81.6	15,388	93.7	67,200	92.3
H22　(2010)	630	118.9	14,565	94.7	63,352	94.3
H23　(2011)	…	…	12,158	83.5	53,039	83.7
H24　(2012)	…	…	13,997	115.1	61,361	115.7
H25　(2013)	…	…	14,858	106.2	65,610	106.9
H26　(2014)	…	…	16,355	110.1	73,608	112.2
H27　(2015)	…	…	18,254	111.6	82,105	111.5
H28　(2016)	…	…	20,505	112.3	r 90,401	110.1
H29　(2017)	…	…	22,144	108.0	r 97,527	r 105.0
H30　(2018)	…	…	r 23,300	r 105.2	r 102,440	r 105.1
H31・R1　(2019)	…	…	23,455	100.7	105,074	102.6
R2　(2020)	…	…	4,364	18.6	22,545	21.5
資　料	国土交通省海事局外航課、 総合政策局情報政策課交通経済統計調査室(航空輸送統計年報)					

(注)　1. 海運は、邦船社による輸送である。
　　　2. 定期航空は、定期航空運送事業に係る輸送である。

輸送機関別品目別輸送量 （平成28年度）(FY2016)

Volume of Items Carried by Mode of Transportation

単位：千トン（Unit：thousand tons

品　目　区　分 Items		合　計 Sum Total	自　動　車　Motor Vehicles			内航海運 Coastal Shipping
			計 Total	営業用 Commercial use	自家用 Private use	
合　　　　計	Sum Total	r 4,742,307	r 4,377,822	r 3,019,328	1,358,494	364,48
穀　　　物	Cereals	r 46,380	r 43,870	r 31,049	r 12,821	2,51
野　菜・果　物	Vegetables, Fruit	r 60,903	r 60,903	r 42,440	r 18,463	
その他の農産物	Other Crops	r 25,026	r 24,977	r 18,003	r 6,974	4
畜　産　品	Stock Products	r 45,433	r 45,433	r 31,243	14,190	
水　産　品	Maline Products	r 46,829	r 46,824	r 37,219	r 9,605	
木　　　材	Lumber	r 137,785	r 136,236	89,145	47,091	1,54
薪　　　炭	Firewood	659	659	531	128	
石　　　炭	Coal	r 37,997	23,726	23,606	r 120	14,27
金　属　鉱	Metallic minarals	r 13,028	10,280	9,978	r 302	2,74
砂利・砂・石材	Gravel,Sands & Stones	r 569,804	549,003	201,328	347,675	20,80
非金属鉱物(工業用)	Non-ferrous Metals & Minerals	r 120,325	50,114	29,203	r 20,911	70,21
金　　　属	Metals	r 242,457	199,958	162,629	37,329	42,49
金　属　製　品	Metal Products	r 117,473	r 117,124	78,713	38,411	34
輸　送　用　機　械	Transportation machinery	r 61,004	55,172	r 30,607	24,564	5,83
輸　送　機　械　部　品	Parts for Transportation Machinery	r 163,421	162,459	151,898	10,561	96
機　　　　械	Machinery	r 141,534	139,590	94,071	r 45,519	1,94
セ　メ　ン　ト	Cement	r 82,988	48,054	r 34,434	r 13,620	34,93
その他の窯業品	Other Ceramics	r 231,261	228,842	93,852	r 134,990	2,4
石　油　製　品	Petroleum-Products	r 240,643	161,472	114,506	r 46,967	79,17
コークス・その他の石炭製品	Coke,Other Coal Products	13,925	6,074	5,972	102	7,85
化　学　薬　品	Chemicals	r 59,319	r 36,114	32,147	r 3,967	23,20
化　学　肥　料	Chemicals Fertilizers	13,459	12,769	10,063	2,705	69
染料・塗料その他の化学工業品	Dyes,Paints,Other Chemicals	r 95,995	93,339	82,311	r 11,028	2,65
紙・パ　ル　プ	Paper,Pulp	r 135,544	133,819	119,375	14,445	1,72
繊　維　工　業　品	Textile Products	r 16,498	16,498	11,647	r 4,850	
製　造　食　品	Manufactured food	r 231,674	231,674	215,495	r 16,178	r
食　料　工　業　品	Foodstuff	r 254,973	253,767	228,465	r 25,302	1,20
日　用　品	Daily Necessaries	r 295,950	295,950	281,503	14,447	
ゴム製品・木製品・その他の製造工業品	Rubber,Wood Products	r 72,763	r 48,253	38,263	r 9,990	24,51
特　種　品・そ　の　他	Parcels & Others Products	r 1,166,588	r 1,144,868	719,630	425,235	21,72
分　類　不　能　の　も　の	Others	664	0	0	0	66
資　　料		国土交通省総合政策局情報政策本部情報政策課交通経済統計調査室(自動車輸送統計年報、内航船舶輸送統計年報)				

(注)　1. 内航海運は、営業用・自家用の合計である。

　　　2. 自動車は、平成22年度より調査方法及び集計方法を変更した。21年度以前の数値とは連続しない。

　　　　　特に、22年度からは自家用軽自動車を対象から除外している。

輸送機関別品目別輸送量（平成29年度）(FY2017)

Volume of Items Carried by Mode of Transportation

単位：千トン（Unit：thousand tons）

品　目　区　分 Items	合　計 Sum Total	自　動　車　Motor Vehicles			内航海運 Coastal Shipping
		計 Total	営業用 Commercial use	自家用 Private use	
合　　　　計　Sum Total	4,741,373	4,381,246	3,031,940	1,349,306	360,127
穀　　　　物　Cereals	41,281 r	38,368	28,195	10,172	2,913
野　菜　・　果　物　Vegetables, Fruit	68,328	68,316	47,969	20,347	12
その他の農産物　Other Crops	22,656	22,623	15,267	7,356	33
畜　　産　　品　Stock Products	45,548	45,548	34,426	11,122	-
水　　産　　品　Maline Products	52,919	52,915	44,844	8,071	4
木　　　　材　Lumber	136,327	135,391	93,028	42,363	936
薪　　　　炭　Firewood	716	709	336	374	7
石　　　　炭　Coal	36,172	22,697	22,089	608	13,475
金　属　鉱　Metallic minarals	9,088	7,241	6,443	798	1,847
砂利・砂・石材　Gravel,Sands & Stones	522,217	502,682	188,196	314,485	19,535
非金属鉱物（工業用）　Non-ferrous Metals & Minerals	124,369	54,727	41,533	13,194	69,642
金　　　　属　Metals	262,361	217,004	181,645	35,358	45,357
金　属　製　品　Metal Products	130,039	129,684	87,122	42,561	355
輸　送　用　機　械　Transportation machinery	65,193	59,254	38,870	20,384 r	5,939
輸送用機械部品　Parts for Transportation Machinery	192,214	191,231	178,984	12,247	983
機　　　　械　Machinery	141,397	140,263	90,743	49,520	1,134
セ　メ　ン　ト　Cement	91,742	57,284	43,864	13,420	34,458
その他の窯業品　Other Ceramics	257,871	255,983	115,852	140,132	1,888
石　油　製　品　Petroleum-Products	248,245	168,329	115,488	52,839	79,916
コークス・その他の 石　炭　製　品　Coke,Other Coal Products	14,121	8,222	7,710	512	5,899
化　学　薬　品　Chemicals	53,856	30,165	27,798 r	2,367	23,691
化　学　肥　料　Chemicals Fertilizers	12,394	11,616	8,795 r	2,821	778
染料・塗料その他の 化　学　工　業　品　Dyes,Paints,Other Chemicals	111,649	109,151	97,216	11,935	2,498
紙　・　パ　ル　プ　Paper,Pulp	123,534	121,711	103,264	18,447	1,823
繊　維　工　業　品　Textile Products	21,209	21,209	14,924	6,285	-
製　造　食　品　Manufactured food	r 165,328	r 165,328	r 146,440	r 18,888	r -
食　料　工　業　品　Foodstuff	r 255,883	r 254,339	r 226,004	r 28,335	1,544
日　用　品　Daily Necessaries	295,725	295,725	281,313	14,413	-
ゴム製品・木製品・ その他の製造工業品　Rubber,Wood Products	56,572	34,108	22,966	11,142	22,464
特種品・その他　Parcels & Others Products	1,182,411	1,159,426	720,615	438,809	22,985
分類不能のもの　Others	12	0	0	0	12
資　　料		国土交通省総合政策局情報政策課交通経済統計調査室（自動車輸送統計年報、内航船舶輸送統計年報）			

《注》　1. 内航海運は、営業用・自家用の合計である。

　　　　2. 自動車は、平成22年度より調査方法及び集計方法を変更した。21年度以前の数値とは連続しない。

　　　　　特に、22年度からは自家用軽自動車を対象から除外している。

輸送機関別品目別輸送量 （平成30年度）(FY2018)

Volume of Items Carried by Mode of Transportation

単位：千トン（Unit：thousand tons）

品 目 区 分 Items	合 計 Sum Total	自 動 車 Motor Vehicles 計 Total	営業用 Commercial use	自家用 Private use	内航海運 Coastal Shipping
合 計 Sum Total	4,684,229	4,329,784	3,018,819	1,310,965	354,44
穀 物 Cereals	46,273	43,091	33,804	9,288	3,18
野 菜 ・ 果 物 Vegetables, Fruit	68,408	68,407	48,047	20,360	
その他の農産物 Other Crops	19,321	19,267	12,128	7,138	5
畜 産 品 Stock Products	39,693	39,693	26,364	13,329	
水 産 品 Maline Products	43,577	43,574	36,664	6,910	
木 材 Lumber	138,834	138,125	91,313	46,813	70
薪 炭 Firewood	1,113	1,111	223	888	
石 炭 Coal	45,177	31,733	31,635	98	13,44
金 属 鉱 Metallic minarals	12,753	12,197	11,645	552	55
砂 利・砂・石 材 Gravel,Sands & Stones	492,738	472,394	150,243	322,151	20,34
非金属鉱物（工業用） Non-ferrous Metals & Minerals	120,130	54,624	35,696	18,928	65,50
金 属 Metals	229,049	185,797	151,939	33,857	43,25
金 属 製 品 Metal Products	129,515	129,112	85,979	43,133	40
輸 送 用 機 械 Transportation machinery	62,925	56,831	32,194	24,637	6,09
輸 送 用 機 械 部 品 Parts for Transportation Machinery	225,274	224,457	215,764	8,693	81
機 械 Machinery	150,316	149,022	102,332	46,690	1,29
セ メ ン ト Cement	90,198	55,082	39,676	15,406	35,11
その他の窯業品 Other Ceramics	223,566	222,265	99,773	122,492	1,30
石 油 製 品 Petroleum-Products	212,425	132,509	82,717	49,793	79,91
コークス・その他の石炭製品 Coke,Other Coal Products	11,611	6,231	5,987	244	5,38
化 学 薬 品 Chemicals	54,341	35,242	32,053	3,189	19,09
化 学 肥 料 Chemicals Fertilizers	13,275	12,577	10,730	1,847	69
染料・塗料その他の化学工業品 Dyes,Paints,Other Chemicals	112,373	110,341	98,271	12,070	2,03
紙 ・ パ ル プ Paper,Pulp	146,148	144,197	127,891	16,306	1,95
繊 維 工 業 品 Textile Products	15,802	15,802	11,958	3,844	
製 造 食 品 Manufactured food	r 212,762	r 212,762	r 192,733	r 20,029	r
食 料 工 業 品 Foodstuff	r 241,085	r 239,680	r 211,527	r 28,153	1,40
日 用 品 Daily Necessaries	320,012	320,012	306,991	13,021	
ゴム製品・木製品・その他の製造工業品 Rubber,Wood Products	64,868	39,530	30,212	9,318	25,33
特 種 品 ・ そ の 他 Parcels & Others Products	1,144,067	1,114,119	702,329	411,789	29,94
分 類 不 能 の も の Others	0	0	0	0	

資 料　国土交通省総合政策局情報政策課交通経済統計調査室（自動車輸送統計年報、内航船舶輸送統計年報）

(注) 1. 内航海運は、営業用・自家用の合計である。

2. 自動車は、平成22年度より調査方法及び集計方法を変更した。21年度以前の数値とは連続しない。

特に、22年度からは自家用軽自動車を対象から除外している。

輸送機関別品目別輸送量 （令和元年度）(FY2019)

Volume of Items Carried by Mode of Transportation

単位：千トン（Unit：thousand tons）

品 目 区 分 Items		合 計 Sum Total	自 動 車 Motor Vehicles			内航海運 Coastal Shipping
			計 Total	営業用 Commercial use	自家用 Private use	
合 計	Sum Total	4,670,582	4,329,132	3,053,766	1,275,366	341,450
穀 物	Cereals	42,113	39,429	31,016	8,413	2,684
野 菜 ・ 果 物	Vegetables, Fruit	68,761	68,761	50,924	17,837	-
その他の農産物	Other Crops	20,362	20,010	13,331	6,680	352
畜 産 品	Stock Products	49,377	49,377	36,470	12,908	-
水 産 品	Maline Products	40,536	40,532	33,272	7,260	4
木 材	Lumber	147,830	147,192	93,759	53,433	638
薪 炭	Firewood	413	409	253	156	4
石 炭	Coal	43,806	29,719	29,653	66	14,087
金 属 鉱	Metallic minarals	14,623	14,238	13,398	840	385
砂利・砂・石材	Gravel,Sands & Stones	445,087	426,866	139,643	287,223	18,221
非金属鉱物（工業用）	Non-ferrous Metals & Minerals	118,895	50,857	33,574	17,284	68,038
金 属	Metals	245,275	206,115	171,366	34,749	39,160
金 属 製 品	Metal Products	147,225	146,856	100,510	46,345	369
輸 送 用 機 械	Transportation machinery	62,144	56,310	31,508	24,803	5,834
輸 送 用 機 械 部 品	Parts for Transportation Machinery	292,465	291,744	277,147	14,596	721
機 械	Machinery	147,953	146,546	95,641	50,905	1,407
セ メ ン ト	Cement	78,891	44,906	36,374	8,533	33,985
その他の窯業品	Other Ceramics	234,869	233,597	108,419	125,178	1,272
石 油 製 品	Petroleum-Products	212,318	141,755	99,001	42,754	70,563
コークス・その他の 石 炭 製 品	Coke,Other Coal Products	15,004	10,156	9,306	850	4,848
化 学 薬 品	Chemicals	64,650	46,369	42,099	4,270	18,281
化 学 肥 料	Chemicals Fertilizers	14,326	13,694	8,986	4,708	632
染料・塗料その他の 化 学 工 業 品	Dyes,Paints,Other Chemicals	126,753	124,939	111,966	12,973	1,814
紙 ・ パ ル プ	Paper,Pulp	128,865	126,826	109,061	17,764	2,039
繊 維 工 業 品	Textile Products	15,540	15,540	11,013	4,527	-
製 造 食 品	Manufactured food	220,245	220,245	204,625	15,619	-
食 料 工 業 品	Foodstuff	225,301	224,046	196,146	27,901	1,255
日 用 品	Daily Necessaries	333,032	333,032	321,331	11,700	-
ゴム製品・木製品・ その他の製造工業品	Rubber,Wood Products	58,836	33,557	23,603	9,953	25,279
特種品・その他	Parcels & Others Products	1,055,087	1,025,509	620,372	405,138	29,578
分 類 不 能 の も の	Others	0	0	0	0	0
資 料	国土交通省総合政策局情報政策課交通経済統計調査室（自動車輸送統計年報、内航船舶輸送統計年報）					

(注) 1. 内航海運は、営業用・自家用の合計である。

2. 自動車は、平成22年度より調査方法及び集計方法を変更した。21年度以前の数値とは連続しない。

特に、22年度からは自家用軽自動車を対象から除外している。

輸送機関別品目別輸送量 （令和2年度）(FY2020)

Volume of Items Carried by Mode of Transportation

単位：千トン（Unit：thousand tons)

品 目 区 分 Items	合 計 Sum Total	自 動 車 Motor Vehicles			内航海運 Coastal Shipping
		計 Total	営業用 Commercial use	自家用 Private use	
合　　　　　計　Sum Total	4,093,074	3,786,998	2,550,515	1,236,483	306,076
穀　　　　　物　Cereals	41,883	39,427	29,304	10,123	2,456
野 菜・果 物　Vegetables, Fruit	1	6j0070	41,703	18,367	1
その他の農産物　Other Crops	25,343	25,316	19,185	6,131	27
畜　産　品　Stock Products	44,796	44,796	34,040	10,756	
水　産　品　Maline Products	28,394	28,393	21,984	6,409	1
木　　　　材　Lumber	119,123	118,368	73,458	44,910	755
薪　　　　炭　Firewood	529	529	240	289	
石　　　　炭　Coal	32,191	18,885	18,801	84	13,306
金 属 鉱　Metallic minarals	9,184	8,970	7,807	1,163	214
砂利・砂・石材　Gravel,Sands & Stones	588,501	570,629	280,687	289,941	17,872
非金属鉱物（工業用）　Non-ferrous Metals & Minerals	93,865	34,299	25,707	8,591	59,566
金　　　　属　Metals	180,143	146,952	116,126	30,826	33,191
金 属 製 品　Metal Products	109,095	108,763	65,985	42,778	332
輸 送 用 機 械　Transportation machinery	82,186	75,813	54,067	21,745	6,373
輸送用機械部品　Parts for Transportation Machinery	19,573	13,883	130,585	7,597	5,690
機　　　　械　Machinery	128,815	128,542	90,199	38,343	273
セ メ ン ト　Cement	119,074	87,353	71,081	16,273	31,721
その他の窯業品　Other Ceramics	285,694	283,912	136,026	147,886	1,782
石 油 製 品　Petroleum-Products	224,615	160,958	110,144	50,814	63,657
コークス・その他の石 炭 製 品　Coke,Other Coal Products	6,492	3,304	2,719	585	3,188
化 学 薬 品　Chemicals	53,048	32,915	30,957	1,958	20,133
化 学 肥 料　Chemicals Fertilizers	10,701	10,088	7,597	2,491	613
染料・塗料その他の化 学 工 業 品　Dyes,Paints,Other Chemicals	90,680	89,492	79,018	10,474	1,188
紙 ・ パ ル プ　Paper,Pulp	97,398	95,442	79,120	16,322	1,956
繊 維 工 業 品　Textile Products	13,339	13,338	7,949	5,388	1
製 造 食 品　Manufactured food	121,789	121,789	109,541	12,248	
食 料 工 業 品　Foodstuff	197,871	196,769	176,684	20,084	1,102
日 用 品　Daily Necessaries	171,386	171,386	160,661	10,725	
ゴム製品・木製品・その他の製造工業品　Rubber,Wood Products	51,760	27,415	21,571	5,844	24,345
特 種 品 ・ そ の 他　Parcels & Others Products	967,200	944,901	547,569	397,334	22,299
分 類 不 能 の も の　Others	0	0	0	0	0
資　　料	国土交通省総合政策局情報政策課交通経済統計調査室(自動車輸送統計年報、内航船舶輸送統計年報)				

(注) 1. 内航海運は、営業用・自家用の合計である。

　　 2. 自動車は、平成22年度より調査方法及び集計方法を変更した。21年度以前の数値とは連続しない。

　　　　特に、22年度からは自家用軽自動車を対象から除外している。

少 量 物 品 輸 送 量

Volume of Baggage and Parcels Transportation

単位 : 万個(Unit : Ten Thousand Parcels)

年　度 Fiscal Year	国　　鉄　　JNR			宅配便 Private Parcels	郵便小包 Postal Parcels	メール便 Printed Matter Parcels
	小計 Sub Total	手荷物 Baggage	普通小荷物 Ordinary Parcels			
S40 (1965)	7,890	998	6,892	...	13,777	...
S45 (1970)	7,540	730	6,810	...	19,572	...
S50 (1975)	7,935	463	7,471	...	15,649	...
S55 (1980)	4,152	203	3,949	...	18,392	...
S60 (1985)	1,230	10	1,220	49,303	15,098	...
H2 (1990)	...	...	...	110,050	35,143	...
H7 (1995)	...	...	...	141,933	40,018	...
H12 (2000)	...	...	...	257,379	31,048	...
H17 (2005)	...	...	...	292,784	207,498	206,823
H22 (2010)	...	...	...	321,983	...	524,264
H23 (2011)	...	...	...	340,096	...	533,892
H24 (2012)	...	...	...	352,600	...	547,135
H25 (2013)	...	...	...	363,668	...	563,772
H26 (2014)	...	...	...	361,379	...	546,425
H27 (2015)	...	...	...	374,493	...	526,394
H28 (2016)	...	...	...	397,780	...	528,960
H29 (2017)	...	...	...	425,134	...	527,599
H30 (2018)	...	...	...	430,701	...	502,112
R1 (2019)	...	...	...	432,349	...	470,192
R2 (2020)	...	...	...	483,647	...	423,870
資　料	日本国有鉄道(鉄道統計年報)			国土交通省 自動車局	情報通信白書	国土交通省 自動車局

注: 1)国鉄による手荷物・小荷物輸送は、昭和61年(1986年)廃止

2)郵便小包は、郵政民営化により貨物自動車運送事業法に基づく荷物となり、
平成19年度より宅配便(普通小包)とメール便(冊子小包)にそれぞれ含まれる。

地 域 相 互 間

Volume of Inter-area

平成30年度 （FY2018）

着地域 発地域	全 国	北海道	北東北	東東北	西東北	東関東
全 国	4,868,656,212	425,060,235	137,325,418	194,283,874	96,748,600	203,753,944
北海道	419,217,425	392,658,332	2,446,001	2,781,079	1,258,104	3,741,447
北東北	138,842,398	3,992,912	113,310,855	7,954,374	4,451,448	1,492,932
東東北	194,306,954	4,448,620	9,037,489	146,392,833	7,172,854	5,185,484
西東北	88,199,529	612,391	1,737,020	3,492,804	74,487,678	538,147
東関東	226,614,412	6,340,289	1,598,459	7,540,224	927,393	136,789,356
北関東	270,208,926	509,097	864,596	4,123,460	1,094,047	16,323,827
京浜葉	625,183,878	9,338,972	4,770,935	10,589,580	4,498,373	29,322,672
新 潟	105,500,796	311,017	425,729	1,294,485	1,311,800	846,559
北 陸	208,296,693	1,139,036	90,036	293,582	126,420	451,251
甲 信	115,244,246	60,777	173,979	189,616	183,554	710,270
静 岡	134,343,869	378,914	297,342	553,018	91,565	2,357,817
中 京	413,493,695	2,955,289	1,195,052	4,860,341	206,007	1,318,279
近 畿	193,603,478	154,538	147,064	468,446	59,293	524,799
阪 神	365,361,828	554,698	678,000	1,224,544	201,329	1,558,736
山 陰	69,922,483	8,824	9,260	10,441	3,225	31,537
山 陽	252,833,157	307,554	114,173	601,662	164,699	165,336
山 口	122,126,077	175,859	107,103	156,840	120,553	554,692
北四国	217,739,537	166,330	93,628	210,963	52,745	518,697
南四国	79,121,928	59,471	16,693	234,446	8,175	480,966
北九州	300,113,599	290,907	188,391	770,700	208,617	487,881
中九州	145,157,850	124,293	19,508	16,003	104,311	340,175
南九州	133,759,865	12,193	4,105	524,433	16,410	13,084
沖 縄	49,463,589	459,922	0	0	0	0
資料						国土交通省総合政策局情報政策課

（注）地域の区分けは、4頁の凡例7(1)による。

貨　物　輸　送　量　（その1）

Freight　Transportation　(No.1)

単位：トン (Unit : tons)

北関東	京浜葉	新　潟	北　陸	甲　信	静　岡
282,029,097	646,889,152	107,759,660	215,043,379	114,548,393	138,053,722
625,836	7,465,459	1,283,512	1,844,723	53,947	176,000
551,073	4,871,732	105,874	121,424	97,935	115,281
4,616,755	7,666,831	1,736,595	412,325	248,100	542,281
1,592,666	3,839,493	768,321	123,315	97,273	176,427
22,805,142	36,104,165	973,214	470,324	1,457,208	1,964,851
175,835,697	50,918,308	3,288,393	803,342	4,644,140	2,143,984
54,263,294	437,921,123	3,492,145	1,657,017	7,619,725	9,224,029
3,202,066	2,614,040	87,276,792	1,480,893	1,428,889	716,810
1,038,838	1,688,814	1,589,450	188,886,132	692,480	803,995
4,526,341	8,164,234	1,338,198	759,472	89,895,871	3,261,423
2,765,456	3,857,691	321,207	691,946	2,765,348	99,962,815
4,174,380	17,214,042	969,146	4,990,473	3,412,455	11,684,083
1,426,145	3,723,628	484,193	2,284,173	469,290	742,896
2,221,542	12,603,333	1,229,532	4,216,810	750,761	1,712,357
139,933	392,071	2,077	277,795	2,430	99,861
262,007	5,419,221	856,254	1,964,200	40,049	905,079
201,188	6,384,086	799,722	1,503,446	4,506	602,267
1,139,643	4,525,810	368,518	585,019	224,791	993,115
139,530	7,743,723	46,731	40,806	172,256	74,118
334,693	11,891,965	325,919	1,030,278	415,074	852,338
117,100	2,444,145	499,444	639,076	53,363	1,237,534
49,772	9,108,416	4,423	260,390	2,502	62,178
0	326,822	0	0	0	0

（貨物・旅客地域流動調査）

地　域　相　互　間

Volume of Inter-area

平成30年度（FY2018）

発地域＼着地域	中　京	近　畿	阪　神	山　陰	山　陽	山　口
全　国	414, 229, 659	198, 900, 773	372, 677, 634	74, 043, 938	234, 776, 176	112, 089, 588
北海道	2, 114, 510	240, 981	1, 275, 304	122, 464	146, 088	301, 732
北東北	594, 117	129, 135	573, 411	58, 922	121, 909	91, 709
東東北	4, 279, 410	264, 657	857, 382	1, 630	383, 872	152, 102
西東北	135, 932	102, 787	276, 563	9, 887	82, 228	11, 548
東関東	2, 798, 271	908, 668	3, 231, 766	46, 450	494, 109	301, 116
北関東	3, 107, 133	867, 784	3, 068, 827	42, 711	408, 597	90, 606
京浜葉	13, 783, 809	1, 751, 765	12, 801, 166	115, 426	3, 751, 483	2, 910, 771
新　潟	1, 070, 330	540, 747	1, 517, 497	128, 544	366, 570	76640
北　陸	4, 536, 236	2, 499, 729	3, 082, 432	97, 000	537, 589	116, 039
甲　信	2, 774, 074	696, 321	1, 791, 693	22, 823	238, 212	5, 258
静　岡	12, 410, 439	773, 600	2, 157, 775	52, 305	694, 930	71, 879
中　京	315, 014, 638	12, 720, 937	10, 408, 543	243, 358	5, 968, 270	2, 116, 469
近　畿	9, 680, 622	137, 986, 222	26, 415, 809	350, 142	2, 142, 591	689, 554
阪　神	13, 722, 364	29, 476, 951	240, 315, 801	2, 222, 027	14, 384, 011	2, 814, 534
山　陰	191, 028	301, 210	1, 864, 475	63, 027, 881	2, 154, 434	378, 691
山　陽	8, 799, 928	3, 532, 995	16, 832, 937	4, 509, 529	172, 337, 941	10, 274, 788
山　口	3, 162, 550	695, 251	10, 034, 205	1, 768, 164	9, 767, 595	68, 501, 365
北四国	3, 561, 370	1, 688, 425	8, 696, 173	369, 219	8, 901, 346	1, 342, 844
南四国	1, 893, 378	1, 957, 558	4, 261, 238	31, 838	1, 164, 399	245, 015
北九州	6, 054, 488	720, 700	10, 217, 403	559, 223	3, 846, 663	7, 265, 976
中九州	3, 635, 056	219, 658	5, 202, 682	232, 173	5, 342, 857	8, 457, 491
南九州	718, 115	822, 783	7, 447, 695	32, 222	1, 537, 710	5, 873, 461
沖　縄	191, 861	1, 909	346, 857	0	2, 772	0
資料				国土交通省総合政策局情報政策課		

(注)地域の区分分けは、4頁の凡例7(1)による。

貨　物　輸　送　量　（その2）

Freight　Transportation　(Continued　No.2)

単位：トン（Unit：tons）

北四国	南四国	北九州	中九州	南九州	沖　縄
217,584,241	77,317,685	294,786,690	132,035,453	122,167,344	56,551,557
118,098	62,364	350,545	98,656	44,052	8,191
11,281	19,780	70,758	16,707	87,442	1,387
140,236	295,032	361,005	76,314	29,507	5,640
16,905	4,375	63,581	26,481	3,707	0
336,742	105,397	1,029,989	305,320	85,959	0
552,653	66,048	1,260,959	64,556	130,161	0
3,652,844	478,277	10,109,333	924,976	812,875	1,393,288
462,496	38,602	289,004	57,310	43,976	0
214,926	41,846	215,728	122,410	32,724	0
158,742	30,922	253,132	4,985	4,349	0
1,089,796	40,153	969,536	1,982,903	40,824	16,610
3,448,473	1,478,112	6,751,057	712,048	1,107,560	544,683
1,828,284	1,101,916	2,212,025	482,977	152,582	76,289
12,085,814	2,908,842	12,040,767	5,308,853	1,234,173	1,896,049
317,898	67,838	193,338	10,164	1,378	436,694
11,270,758	3,372,402	7,922,912	1,507,371	1,408,554	262,808
2,532,568	1,364,194	10,303,298	1,782,319	1,233,467	370,839
169,066,975	10,233,414	3,116,370	603,874	847,494	432,774
4,818,798	54,103,488	1,198,143	313,455	117,703	0
1,787,356	1,008,499	218,744,114	20,938,703	9,766,496	2,407,215
2,724,545	355,797	13,255,742	94,503,381	5,376,097	257,419
920,891	140,387	3,538,138	2,182,385	99,524,422	963,750
27,162	0	537,216	9,305	81,842	47,477,921

（貨物・旅客地域流動調査）

地 域 相 互 間

Volume of Inter-area

令和元年度 (FY2019)

発地域＼着地域	全 国	北海道	北東北	東東北	西東北	東関東
全 国	4,858,057,101	424,037,317	147,328,385	192,314,119	61,303,374	217,692,617
北海道	417,854,932	392,358,569	111,900	206,316	1,115,900	4,114,925
北東北	143,393,151	4,009,887	118,188,648	2,342,562	4,451,448	2,342,562
東東北	200,354,738	4,761,456	12,052,352	149,654,747	9,395,966	4,771,020
西東北	91,607,472	46,232	4,343,086	3,348,993	75,829,031	458,536
東関東	228,650,954	5,926,437	2,508,987	5,889,051	879,576	147,182,353
北関東	250,270,603	1,134,871	934,609	3,572,487	983,178	17,237,528
京浜葉	620,289,526	8,750,611	4,227,654	10,070,479	3,926,463	31,502,679
新 潟	107,899,620	374,897	95,603	1,588,705	2,589,207	859,046
北 陸	184,290,784	1,193,699	46,136	98,839	42,770	579,877
甲 信	91,837,513	150,768	355,316	396,387	48,566	984,448
静 岡	133,587,691	289,321	374,177	520,992	54,456	1,272,921
中 京	445,796,232	2,232,204	1,206,490	4,285,341	192,604	2,119,607
近 畿	79,631,725	48,025	18,133	78,689	13,964	524,799
阪 神	341,257,082	549,585	384,680	704,235	73,314	865,317
山 陰	75,036,034	7,496	11,139	8,452	5,144	33,007
山 陽	267,131,603	432,380	138,281	667,491	144,682	432,823
山 口	132,572,754	210,649	122,116	297,855	186,263	359,245
北四国	207,879,356	254,153	114,136	205,929	63,433	601,372
南四国	86,400,565	52,718	31,411	216,505	7,235	516,151
北九州	314,004,064	331,924	172,218	1,221,316	301,474	439,195
中九州	146,273,832	105,788	29,455	19,147	98,495	381,141
南九州	135,140,253	13,285	10,690	158,245	7,606	88,102
沖 縄	50,279,117	95,635	0	881	0	2,352
資料						国土交通省総合政策局情報政策課

(注) 地域の区分けは、4頁の凡例7(1)による。

貨　物　輸　送　量　（その1）

Freight　Transportation　(No.1)

単位：トン（Unit：tons）

北関東	京浜葉	新　潟	北　陸	甲　信	静　岡
270,324,657	615,473,899	108,607,093	193,304,083	95,583,232	134,768,365
913,808	7,565,708	720,801	1,679,071	51,317	219,708
917,676	4,130,908	169,437	250,025	108,327	235,733
4,050,972	6,737,678	1,522,621	165,771	248,257	217,525
1,383,568	3,704,198	1,144,315	35,505	26,588	83,733
22,761,967	28,981,047	1,216,634	564,306	1,170,519	1,643,567
164,758,689	44,750,025	3,291,847	792,635	3,627,965	1,342,998
55,495,326	432,150,873	3,191,585	1,664,164	7,856,674	13,014,200
2,730,145	2,136,348	88,000,911	2,401,156	2,486,405	353,221
1,313,562	1,368,305	2,258,297	165,010,716	562,316	1,074,117
3,120,495	6,579,426	1,165,082	714,989	72,155,716	1,554,891
4,132,357	7,171,309	314,269	1,145,010	2,316,771	94,267,594
3,426,531	18,003,665	1,394,217	5,410,127	3,715,248	13,721,923
164,536	988,254	133,462	182,062	49,572	284,262
2,187,851	12,794,856	684,297	3,880,802	633,965	1,593,457
123,498	257,557	6,271	117,821	550	64,044
291,014	5,335,555	740,643	1,670,257	29,715	677,662
656,506	6,294,917	897,609	1,432,728	5,762	826,362
592,068	2,389,698	426,217	635,046	35,074	302,232
64,270	6,913,548	52,889	179,048	82,813	277,331
372,924	9,204,623	380,222	1,314,784	266,884	607,715
58,872	2,574,113	573,214	754,007	51,176	1,905,639
53,527	3,965,194	55,556	42,748	6,052	28,272
0	343,474	0	1,500	0	0

（貨物・旅客地域流動調査）

地 域 相 互 間

Volume of Inter-area

令和元年度 (FY2019)

発地域＼着地域	中 京	近 畿	阪 神	山 陰	山 陽	山 口
全 国	452,311,440	189,195,410	354,784,827	81,444,959	252,528,717	115,336,927
北海道	895,243	102,511	575,451	101,355	148,662	86,807
北東北	594,117	129,135	573,411	58,922	121,909	91,709
東東北	4,192,021	227,524	970,143	3,785	494,609	139,355
西東北	79,289	70,211	108,929	1,160	64,287	28,654
東関東	3,984,194	591,909	1,737,658	66,193	903,026	424,196
北関東	14,772,156	1,642,218	10,809,083	136,491	3,176,116	2,768,156
京浜葉	13,783,809	1,751,765	12,801,166	115,426	3,751,483	2,910,771
新 潟	1,449,371	279,740	1,220,978	99,881	148,405	82453
北 陸	5,195,136	1,216,140	2,647,172	99,611	547,289	192,446
甲 信	2,424,244	567,929	1,220,644	450	79,731	3,800
静 岡	13,845,588	824,863	1,842,110	43,144	512,260	150,873
中 京	349,479,272	9,561,079	10,686,054	204,083	4,487,769	3,081,781
近 畿	4,541,021	52,011,908	12,029,362	69,273	1,040,022	211,337
阪 神	12,851,855	25,370,597	223,234,202	2,203,544	13,629,187	2,253,985
山 陰	333,014	363,463	1,614,773	68,762,643	2,048,034	535,192
山 陽	7,543,896	3,297,952	18,211,160	6,255,246	189,243,066	7,457,906
山 口	3,708,789	418,305	10,549,988	1,667,624	11,699,488	71,876,977
北四国	3,245,961	1,678,757	8,087,552	592,966	7,678,346	1,172,476
南四国	1,970,425	2,242,919	4,226,397	55	861,359	230,310
北九州	5,896,086	693,996	15,558,046	562,194	5,756,281	8,219,398
中九州	4,665,814	422,636	5,040,141	220,446	4,883,405	8,783,196
南九州	415,766	1,679,937	8,725,194	52,293	3,854,528	6,634,348
沖 縄	189,443	0	425,244	0	3,917	2,000
資料	国土交通省総合政策局情報政策課				

(注)地域の区分けは、4頁の凡例7(1)による。

貨 物 輸 送 量 （その2）

Freight Transportation （Continued No.2）

北四国	南四国	北九州	中九州	南九州	沖　縄
214,396,718	79,961,170	308,589,815	131,102,001	121,465,128	58,342,848
15,919	42,858	190,114	36,201	6,703	0
11,281	19,780	70,758	16,707	87,442	1,387
16,323	227,696	433,548	48,509	9,390	13,470
10,521	4,445	70,361	28,666	23,110	148,342
305,485	137,300	1,437,733	285,820	52,154	842
2,403,811	290,664	14,981,522	833,731	682,198	1,265,566
3,652,844	478,277	10,109,333	924,976	812,875	1,393,288
241,844	57,747	604,864	87,049	10,580	1,064
121,354	29,741	603,047	38,916	29,908	21,390
37,542	71,135	170,515	31,137	4,302	0
532,706	263,768	867,623	2,769,548	61,811	14,220
3,435,720	1,454,349	5,501,612	799,223	918,107	479,226
263,032	342,149	519,015	95,724	126,405	3,411
12,276,830	3,834,719	12,414,045	5,540,308	1,404,267	1,891,184
234,715	124,404	268,951	114,021	1,845	0
12,028,374	2,321,273	6,836,093	1,474,921	1,633,147	268,066
2,690,842	1,571,869	12,008,047	2,650,744	1,189,652	1,250,417
166,540,269	8,234,217	2,997,062	829,352	595,182	607,858
7,958,355	59,000,445	1,155,296	279,146	13,455	68,484
1,401,370	1,222,570	232,433,498	18,234,228	7,543,100	2,591,300
2,421,836	342,311	13,703,354	93,951,511	5,046,116	242,019
503,896	19,527	3,439,552	2,600,255	101,813,433	972,247
25,713	520	672,485	10,599	87,917	48,417,437

（貨物・旅客地域流動調査）

地 域 相 互 間
Volume of Inter-area

令和2年度　(FY2020)

発地域 ＼ 着地域	全　国	北海道	北東北	東東北	西東北	東関東
全　国	4,265,535,253	415,041,697	156,991,051	267,574,548	110,701,765	225,151,410
北海道	406,305,668	384,867,092	1,386,288	2,042,684	858,929	4,085,840
北東北	158,541,170	3,614,684	132,363,755	7,407,812	4,821,121	2,325,661
東東北	268,853,481	4,328,627	10,006,523	218,514,448	7,661,440	6,694,577
西東北	102,769,697	532,507	2,274,924	3,886,501	91,020,934	531,287
東関東	238,078,887	5,647,000	2,628,489	8,375,062	1,143,943	154,886,037
北関東	265,103,490	663,034	1,476,194	4,020,412	757,062	16,371,020
京浜葉	625,003,522	8,537,541	4,276,729	13,014,328	2,027,323	32,329,531
新　潟	107,019,182	370,993	141,860	1,659,529	1,166,453	793,903
北　陸	113,604,018	1,269,856	102,207	233,129	81,496	332,425
甲　信	113,409,247	85,776	16,336	96,662	155,530	685,249
静　岡	113,726,522	319,091	168,630	834,271	88,193	1,464,697
中　京	368,686,986	2,659,068	1,151,809	3,192,622	151,969	1,862,688
近　畿	145,451,915	240,241	150,407	431,887	73,410	274,791
阪　神	302,052,948	456,095	295,314	956,809	166,512	952,081
山　陰	55,323,036	5,507	7,859	7,486	2,415	18,356
山　陽	172,301,968	424,173	171,924	757,321	218,788	277,561
山　口	82,734,232	373,202	107,202	252,634	82,860	216,032
北四国	84,389,008	125,234	89,462	155,124	24,936	109,423
南四国	58,783,798	40,188	10,325	226,440	6,555	307,418
北九州	215,324,555	215,709	143,258	653,301	147,849	269,436
中九州	128,159,090	142,515	14,709	56,471	41,961	310,942
南九州	106,454,713	123,134	6,847	799,614	2,086	52,455
沖　縄	33,458,120	430	0	1	0	0
資料	国土交通省総合政策局情報政策課					

(注)地域の区分けは、4頁の凡例7(1)による。

貨 物 輸 送 量　（その1）

Freight　Transportation　(No.1)

単位：トン（Unit：tons）

北関東	京浜葉	新　潟	北　陸	甲　信	静　岡
285, 080, 672	616, 831, 092	108, 716, 863	121, 453, 281	112, 050, 376	121, 401, 893
482, 682	5, 653, 870	360, 898	1, 681, 737	51, 749	174, 412
1, 292, 984	4, 343, 892	260, 544	185, 625	42, 152	106, 488
4, 030, 185	8, 108, 945	1, 760, 428	195, 346	144, 455	697, 576
1, 199, 745	1, 400, 583	748, 284	98, 826	120, 938	167, 498
25, 015, 010	29, 267, 411	1, 208, 346	472, 487	674, 066	1, 528, 219
178, 238, 806	48, 263, 248	2, 807, 059	463, 222	3, 048, 208	2, 356, 716
59, 096, 212	445, 274, 067	3, 018, 729	676, 129	5, 904, 765	9, 811, 807
2, 873, 782	2, 088, 558	90, 973, 094	1, 504, 393	2, 750, 545	232, 875
665, 023	540, 953	1, 436, 289	103, 019, 569	135, 393	224, 638
3, 095, 432	5, 752, 525	1, 719, 017	528, 425	94, 524, 751	2, 808, 476
2, 179, 834	8, 343, 875	107, 532	188, 341	972, 861	84, 879, 591
2, 960, 387	15, 689, 724	607, 464	3, 075, 862	2, 819, 058	12, 334, 531
854, 103	2, 042, 138	275, 054	2, 192, 828	333, 544	1, 019, 307
1, 683, 590	9, 097, 995	928, 756	2, 699, 223	274, 000	1, 405, 536
144, 255	280, 642	28, 491	66, 574	485	48, 897
442, 503	4, 306, 863	689, 303	1, 343, 623	134, 063	644, 412
156, 087	4, 463, 699	867, 629	998, 265	6, 416	370, 500
92, 683	1, 847, 378	160, 670	225, 685	1, 715	197, 852
38, 946	6, 050, 044	5, 536	89, 159	30, 397	127, 147
365, 924	6, 875, 989	230, 375	1, 177, 107	69, 845	556, 117
61, 367	2, 374, 322	519, 656	558, 516	9, 180	1, 695, 294
111, 132	4, 399, 529	3, 709	12, 339	1, 790	14, 004
0	364, 842	0	0	0	0

（貨物・旅客地域流動調査）

地 域 相 互 間

Volume of Inter-area

令和2年度 （FY2020）

着地域 発地域	中 京	近 畿	阪 神	山 陰	山 陽	山 口
全 国	366,519,719	150,145,240	309,189,053	58,639,121	161,295,740	71,910,108
北海道	1,906,665	217,263	1,266,414	124,218	166,109	172,942
北東北	613,931	113,403	622,455	48,365	163,450	67,150
東東北	3,791,104	216,831	1,129,769	1,455	515,305	140,819
西東北	147,976	37,085	348,090	2,572	74,768	29,249
東関東	2,899,293	614,915	1,435,818	63,945	736,623	258,433
北関東	2,603,725	647,164	2,164,070	55,773	429,377	41,483
京浜葉	12,801,224	1,415,489	9,286,239	93,298	2,931,471	1,767,969
新 潟	553,469	169,862	835,263	110,519	160,451	156352
北 陸	1,982,399	777,239	1,725,667	97,640	188,995	21,080
甲 信	2,692,768	224,017	641,461	565	229,786	2,975
静 岡	7,635,516	875,016	1,752,828	71,540	550,244	77,951
中 京	289,575,425	6,593,710	10,737,240	274,443	3,736,358	1,659,233
近 畿	6,444,937	110,147,673	16,730,993	435,197	1,439,486	415,703
阪 神	10,894,714	20,455,382	214,600,101	1,647,577	9,782,358	2,193,344
山 陰	415,584	222,134	1,177,226	50,206,255	1,836,208	395,587
山 陽	6,538,646	2,027,788	13,061,882	3,339,526	116,496,961	4,912,215
山 口	2,189,329	428,254	8,875,321	1,139,914	6,714,329	41,980,614
北四国	1,090,880	363,385	5,194,740	98,363	2,949,293	821,486
南四国	1,337,821	1,165,492	2,585,556	69,964	1,116,839	198,265
北九州	4,715,052	425,949	5,067,696	546,957	2,704,565	4,387,242
中九州	5,121,682	260,824	3,868,541	167,969	4,617,040	8,371,478
南九州	397,334	2,733,659	5,719,594	43,066	3,750,982	3,838,209
沖 縄	170,245	12,706	362,089	0	4,742	329
資 料					国土交通省総合政策局情報政策課	

(注) 地域の (注)地域の区分けは、4頁の凡例7(1)による。

貨 物 輸 送 量　（その2）

Freight Transportation (Continued No.2)

北四国	南四国	北九州	中九州	南九州	沖　縄
89,744,182	53,005,891	220,958,765	109,345,549	93,186,565	40,600,672
118,708	29,200	331,326	244,640	51,983	30,019
14,247	4,610	98,577	18,066	9,200	2,998
37,231	179,871	579,799	85,494	26,330	6,923
9,372	23,871	95,251	16,716	2,720	0
246,616	36,990	561,646	327,951	49,851	736
112,649	35,930	501,617	36,850	9,871	0
2,022,207	254,648	7,856,958	779,940	545,422	1,281,496
139,247	18,720	252,348	53,579	13,187	200
12,837	70,530	577,632	74,273	34,748	0
30,816	2,510	107,406	4,862	3,902	0
118,284	47,213	339,303	2,625,755	72,976	12,980
1,842,871	567,374	4,960,044	713,828	1,052,727	468,551
301,090	382,020	884,442	241,611	138,683	2,370
8,098,999	1,916,796	6,687,134	4,265,502	816,724	1,778,406
154,381	5,209	284,640	8,504	6,341	0
5,351,086	1,092,299	6,362,923	1,989,372	1,388,835	329,901
1,907,560	1,287,617	7,390,290	1,865,253	795,839	265,386
63,580,754	3,508,451	2,125,486	455,108	473,064	697,836
1,885,040	42,600,726	587,912	252,511	21,517	30,000
1,093,709	704,397	166,584,952	12,419,433	3,435,756	2,533,937
2,108,173	208,212	11,292,167	80,412,489	5,684,345	261,237
534,957	27,051	1,963,553	2,444,655	78,492,633	982,381
23,348	1,646	533,359	9,157	59,911	31,915,315

（貨物・旅客地域流動調査）

地 域 相 互 間

Volume of Inter-area

平成30年度 （FY2018）

発地域＼着地域	全国	北海道	東東北	西東北	北関東	南関東	北 陸	甲 信
全 国	31,309,220.4	778,067.3	510,905.2	86,506.5	388,626.4	18,731,698.2	325,276.2	192,703.9
北海道	778,102.2	765,793.7	1,311.7	97.1	105.6	7,690.7	180.1	25.8
東東北	511,421.9	1,310.5	487,178.3	3,630.4	2,230.1	13,908.2	535.8	133.9
西東北	85,943.1	93.1	3,295.5	78,861.2	92.7	3,065.7	146.0	23.9
北関東	390,403.9	103.8	1,863.2	92.8	290,872.4	93,996.3	790.6	768.5
南関東	18,729,254.4	7,692.8	14,042.7	3,175.3	91,963.2	18,491,134.6	11,008.8	16,433.0
北 陸	325,089.7	167.5	581.3	260.4	580.6	10,986.7	304,454.8	1,271.8
甲 信	191,708.9	26.2	135.1	23.3	1,020.1	16,950.5	1,194.6	169,705.8
東 海	1,992,678.9	911.1	729.8	142.1	914.4	37,425.2	2,324.3	3,501.4
近 畿	1,295,867.0	11.0	156.6	23.1	201.1	8,950.7	1,414.1	169.6
阪 神	4,780,099.1	1,483.1	1,208.5	188.9	428.4	22,274.6	2,667.5	532.2
山 陰	64,670.2	2.5	19.2	0.0	4.3	981.6	11.3	3.
山 陽	541,367.2	104.3	116.1	9.8	87.5	5,871.1	199.2	60.5
四 国	180,276.3	17.5	11.9	0.6	11.4	3,128.1	32.5	10.5
北九州	1,058,920.3	301.3	183.7	1.5	67.3	7,456.5	237.7	59.1
南九州	277,669.0	0.1	1.2	0.0	2.3	4,078.1	24.6	4.0
沖 縄	105,748.4	48.7	70.4	0.0	45.1	3,799.4	54.3	0.0
資料						国土交通省総合政策局情報政策課		

(注)地域の区分けは、4頁の凡例7(2)による。

旅　客　輸　送　量

Passenger　Transportation

単位：千人 (Unit : Thousand Persons)

東海	近畿	阪神	山陰	山陽	四国	北九州	南九州	沖縄
1,989,757.7	1,298,229.6	4,779,268.3	64,192.5	541,409.8	180,150.1	1,058,768.3	277,920.0	105,740.4
916.5	9.6	1,488.7	2.5	107.9	17.8	305.9	0.1	48.6
731.5	162.6	1,197.7	19.9	116.2	12.1	183.8	1.3	69.6
143.1	24.0	185.5	0.0	9.8	0.9	1.6	0.0	0.0
1,030.9	221.0	444.6	4.0	89.8	11.5	67.1	2.4	45.0
37,561.5	8,733.8	22,231.5	993.9	5,887.2	3,117.9	7,424.2	4,074.6	3,779.2
1,935.6	1,591.1	2,691.6	11.4	206.7	33.5	240.3	24.1	52.3
1,885.2	177.2	450.9	3.6	62.8	10.8	58.3	4.6	0.0
1,921,081.8	8,280.8	12,506.5	135.1	1,513.1	313.0	1,520.2	663.5	716.6
7,684.9	1,074,660.4	199,644.8	386.0	1,162.3	548.3	703.4	150.5	0.0
11,847.4	201,439.4	4,516,277.8	1,677.5	8,114.2	3,663.7	4,423.8	2,286.2	1,586.0
135.2	118.6	2,006.4	59,715.9	1,430.4	136.0	89.9	15.5	0.0
1,422.5	1,395.1	8,034.6	1,002.2	511,079.0	4,366.1	6,980.7	496.4	142.1
469.9	553.8	3,831.1	135.4	4,151.1	167,327.0	321.7	179.6	94.1
1,533.8	711.2	4,418.3	89.5	6,845.1	314.5	1,025,784.7	9,872.1	1,043.9
666.7	150.9	2,280.7	15.5	491.4	182.5	9,622.1	259,902.5	245.8
711.1	0.0	1,577.7	0.0	142.8	94.5	1,040.4	246.7	97,917.2

（貨物・旅客地域流動調査）

輸

送

地 域 相 互 間

Volume of Inter-area

令和元年度 （FY2019）

着地域／発地域	全国	北海道	東東北	西東北	北関東	南関東	北 陸	甲 信
全 国	30,950,364.1	740,024.0	492,392.3	81,604.5	372,605.2	18,622,243.0	318,146.8	179,755.4
北海道	740,046.0	727,977.8	1,256.5	96.7	108.1	7,439.0	181.6	28.5
東東北	492,048.3	1,269.8	469,126.9	3,479.1	1,819.7	13,454.8	340.6	120.6
西東北	81,227.9	91.8	3,124.1	74,299.7	227.6	2,956.6	152.6	22.3
北関東	374,386.1	106.1	2,325.3	227.9	278,376.0	90,878.2	466.3	641.2
南関東	18,619,780.8	7,439.3	13,702.2	2,982.7	89,237.1	18,390,118.1	10,109.5	15,328.6
北 陸	318,483.3	172.0	292.9	140.6	660.9	10,125.1	299,987.2	781.9
甲 信	179,578.6	28.5	122.3	22.1	810.0	15,969.7	617.3	159,244.9
東 海	1,959,322.8	927.1	739.1	135.4	542.6	36,539.4	1,661.5	2,980.4
近 畿	1,279,481.6	12.9	140.1	21.4	187.6	8,809.0	1,367.2	155.6
阪 神	4,715,514.6	1,505.9	1,182.4	187.4	423.1	21,454.9	2,712.6	318.6
山 陰	64,925.2	2.6	19.6	0.0	3.4	959.5	12.0	3.8
山 陽	534,175.8	115.3	104.8	9.0	83.5	5,682.9	188.3	57.2
四 国	173,290.4	17.4	16.0	0.9	10.7	2,994.0	35.8	9.1
北九州	1,034,598.3	308.3	177.4	1.3	65.0	7,229.7	234.4	57.1
南九州	281,189.8	0.6	1.5	0.1	3.6	3,857.1	24.1	4.2
沖 縄	102,314.7	48.4	66.1	0.0	46.5	3,775.0	55.9	0.0
資料	国土交通省総合政策局情報政策課							

(注) 地域の区分分けは、4頁の凡例7(2)による。

旅　客　輸　送　量

Passenger　Transportation

単位：千人 (Unit : Thousand　Persons)

東海	近畿	阪神	山陰	山陽	四国	北九州	南九州	沖縄
1,958,743.6	1,280,849.3	4,713,518.4	65,366.6	532,991.7	173,378.1	1,035,217.1	281,235.1	102,292.8
927.9	11.2	1,518.5	2.6	120.4	17.9	310.7	0.2	48.4
738.3	152.1	1,163.3	20.7	105.2	11.5	178.5	2.0	65.1
135.7	22.3	183.5	0.0	9.3	0.8	1.5	0.0	0.0
503.4	206.5	437.1	3.8	88.4	11.2	65.4	2.8	46.6
36,498.2	8,381.8	21,471.9	969.2	5,702.8	3,004.6	7,216.4	3,863.9	3,754.6
1,517.0	1,520.7	2,724.2	11.7	197.3	36.1	238.5	23.3	53.9
2,130.8	173.1	324.9	3.6	59.8	10.2	57.0	4.4	0.0
1,891,927.7	7,169.6	12,003.5	133.6	1,341.5	316.4	1,535.1	645.8	724.2
7,387.0	1,062,033.9	197,029.8	112.6	1,114.1	312.8	658.0	139.6	0.0
12,290.7	198,833.4	4,455,403.8	1,611.1	7,886.9	3,389.4	4,471.8	2,199.5	1,643.1
133.6	113.1	1,492.7	61,248.9	806.5	21.5	92.2	15.8	0.0
1,329.3	1,114.9	7,719.1	1,120.7	503,623.0	4,991.2	7,415.0	479.4	142.3
307.5	320.6	3,736.4	21.2	4,560.0	160,627.5	323.7	218.1	95.3
1,542.7	655.9	4,468.2	91.3	6,760.0	311.7	1,002,250.0	9,409.1	1,035.3
650.0	140.2	2,201.0	15.4	473.6	219.3	9,370.7	263,985.6	242.9
723.8	0.0	1,640.7	0.0	142.9	96.0	1,032.7	245.8	94,441.0

（貨物・旅客地域流動調査）

地 域 相 互 間

Volume of Inter-area

令和2年度 （FY2020）

着地域 発地域	全国	北海道	東東北	西東北	北関東	南関東	北 陸	甲 信
全 国	21,631,878.6	574,287.7	364,487.9	66,202.9	265,789.1	12,930,321.7	205,505.3	125,811.4
北海道	574,280.6	570,320.2	449.3	21.9	36.7	2,408.7	35.0	11.4
東東北	364,415.6	458.4	356,523.3	1,385.1	915.4	4,146.7	131.5	32.7
西東北	66,270.3	22.1	1,462.1	63,855.6	30.5	713.6	82.6	4.9
北関東	266,331.5	35.3	916.1	30.2	211,134.9	53,207.1	220.4	297.4
南関東	12,929,919.5	2,413.8	4,177.4	689.7	52,681.5	12,828,704.6	3,101.2	6,172.1
北 陸	205,459.3	31.5	101.1	89.1	220.1	3,071.8	199,559.2	337.5
甲 信	125,848.2	11.3	33.5	5.1	259.8	6,283.6	300.8	118,239.9
東 海	1,414,449.7	274.3	234.0	69.3	203.0	13,733.1	414.3	472.0
近 畿	870,039.9	2.9	33.8	4.5	56.1	3,006.3	649.4	66.1
阪 神	3,423,419.2	569.1	413.9	51.1	183.9	7,440.6	841.7	132.9
山 陰	26,514.6	0.8	5.9	0.0	0.0	246.9	3.0	1.0
山 陽	366,227.0	16.9	40.2	1.2	29.0	1,584.8	55.3	16.6
四 国	94,317.7	4.1	2.5	0.0	4.0	768.6	9.6	2.5
北九州	705,843.5	111.3	73.2	0.0	24.0	2,395.2	83.1	23.9
南九州	156,405.3	1.6	0.0	0.1	0.0	1,093.0	8.5	0.5
沖 縄	42,136.6	14.1	21.6	0.0	10.4	1,517.2	9.7	0.0
資料							国土交通省総合政策局情報政策課	

(注) 地域の区分分けは、4頁の凡例7(2)による。

旅　客　輸　送　量

Passenger Transportation

単位：千人 (Unit : Thousand Persons)

東海	近畿	阪神	山陰	山陽	四国	北九州	南九州	沖縄
1,414,492.9	870,165.8	3,422,996.3	26,525.1	366,080.9	94,843.0	705,904.9	156,342.0	42,121.8
274.3	2.4	570.5	0.8	16.9	6.1	112.2	0.0	14.4
234.5	34.2	412.2	6.2	39.3	2.4	72.6	0.0	21.2
40.7	4.8	52.1	0.0	1.4	0.0	0.0	0.0	0.0
178.9	57.0	186.3	0.1	29.6	3.8	24.2	0.1	10.0
13,804.0	2,979.3	7,610.4	255.6	1,590.3	768.8	2,368.7	1,095.7	1,506.4
403.9	665.8	809.2	2.6	54.9	10.0	84.5	8.7	9.5
455.2	87.4	127.0	1.0	17.1	2.5	23.5	0.5	0.0
1,389,481.9	3,285.1	4,617.4	47.2	481.5	102.2	573.5	213.4	247.5
3,270.5	726,307.4	135,794.6	30.0	375.6	113.1	283.1	46.4	0.0
4,686.8	135,917.3	3,265,114.9	473.5	3,806.3	799.6	1,629.2	715.7	642.8
48.0	30.9	464.6	25,389.6	279.2	8.2	31.9	4.5	0.0
472.8	370.2	3,477.7	271.4	353,432.6	2,670.4	3,575.6	176.9	35.2
101.9	94.8	751.5	11.4	2,223.7	90,117.7	104.5	103.4	17.5
577.7	282.9	1,641.3	31.0	3,520.4	102.9	692,580.8	4,014.1	381.7
214.7	46.1	722.0	4.7	176.4	117.4	4,059.3	149,888.6	72.4
247.0	0.0	644.6	0.0	35.8	18.0	381.1	74.0	39,163.2

（貨物・旅客地域流動調査）

三 大 都 市 交 通 圏 内 輸

Volume of Passenger Transportation in Three Major

都市圏	年 度 Fiscal Year		合 計 Sum Total	J R (JR)			私 鉄 Private	
				計 Total	定期外 Other than Season Tickets	定 期 Season Tickets	計 Total	定期外 Other than Season Tickets
首都交通圏	S50	(1975)	15,875	4,066	1,378	2,688	3,594	1,164
	S55	(1980)	17,046	3,938	1,320	2,619	3,929	1,299
	S60	(1985)	18,700	4,283	1,485	2,798	4,265	1,432
	H2	(1990)	22,752	5,109	1,739	3,370	4,878	1,650
	H7	(1995)	24,021	5,374	1,819	3,555	5,135	1,749
	H12	(2000)	23,411	5,252	1,869	3,383	4,896	1,859
	H17	(2005)	23,866	5,381	2,026	3,355	5,123	2,039
	H22	(2010)	16,438	5,555	2,088	3,467	5,434	2,167
	H24	(2012)	16,174	5,630	2,156	3,473	5,499	2,218
	H25	(2013)	16,479	5,728	2,186	3,542	5,618	2,243
	H26	(2014)	16,510	5,709	2,203	3,505	5,629	2,245
	H27	(2015)	16,939	5,850	2,758	3,592	5,778	2,303
中京交通圏	S50	(1975)	3,085	199	124	74	493	168
	S55	(1980)	3,639	185	107	78	485	169
	S60	(1985)	3,781	198	115	84	478	162
	H2	(1990)	4,637	271	153	118	496	165
	H7	(1995)	4,892	221	74	147	497	167
	H12	(2000)	4,734	215	76	139	437	150
	H17	(2005)	5,205	230	85	146	487	197
	H22	(2010)	1,373	239	81	158	454	164
	H24	(2012)	1,340	242	83	159	465	164
	H25	(2013)	1,379	248	85	163	480	168
	H26	(2014)	1,378	248	85	163	477	167
	H27	(2015)	1,419	255	88	167	493	172
京阪神交通圏	S50	(1975)	7,975	1,148	468	680	2,410	856
	S55	(1980)	8,555	1,086	413	673	2,456	918
	S60	(1985)	8,903	1,074	408	666	2,575	948
	H2	(1990)	10,303	1,229	448	781	2,715	1,009
	H7	(1995)	10,587	1,381	506	875	2,590	1,010
	H12	(2000)	10,108	1,353	500	853	2,324	979
	H17	(2005)	9,786	1,354	490	864	2,138	932
	H22	(2010)	5,228	1,344	477	867	2,052	957
	H24	(2010)	5,234	1,368	497	871	2,062	960
	H25	(2013)	5,320	1,402	513	888	2,099	974
	H26	(2014)	5,324	1,390	513	877	2,112	983
	H27	(2015)	5,447	1,422	528	894	2,172	1,023
資料							(一財)運輸総合研究所	

(注)1. 首都交通圏は東京駅中心半径50km、中京交通圏は名古屋駅中心半径40km、京阪神交通圏は
大阪駅中心半径50km範囲で、特に交通不便な地域及びその大半が圏外にある行政区域を除く。

送 機 関 別 旅 客 輸 送 量
Urban　Commuting　Areas　by　Mode　of　Transportation

単位：百万人（Unit：Million　Persons）

Railways	地 下 鉄　Subway			路面電車	乗合バス	ハイヤー	自家用
定 期	計	定期外	定 期			タクシー	乗用車
Season Tickets	Total	Other than Season Tickets	Season Tickets	Streetcars	Buses	Hired cars & Taxis	Private Passenger Cars
2,430	1,761	593	1,167	49	2,509	821	3,074
2,630	2,021	733	1,288	44	2,257	891	3,965
2,833	2,370	884	1,486	42	2,116	892	4,731
3,228	2,768	1,024	1,744	44	2,197	820	6,936
3,386	2,771	1,042	1,730	40	2,025	748	7,928
3,036	2,792	1,134	1,659	39	1,769	725	7,937
3,084	3,031	1,318	1,713	40	1,685	688	7,918
3,267	3,369	1,439	1,930	38	1,447	595	—
3,282	3,440	1,459	1,981	37	992	577	—
3,376	3,586	1,513	2,073	37	935	534	—
3,385	3,635	1,528	2,107	36	940	561	—
3,475	3,769	1,589	2,180	37	952	553	—
325	260	114	146	11	579	142	1,403
316	304	130	174	9	491	151	2,012
316	319	141	179	7	421	144	2,213
331	352	168	184	6	388	146	2,978
330	381	195	187	5	341	127	3,320
287	361	197	164	4	266	94	3,357
290	419	241	178	—	187	98	3,784
290	422	224	197	—	182	78	—
301	433	217	216	—	124	77	
313	448	219	229	—	127	76	—
310	451	218	233	—	128	74	—
321	466	223	243	—	132	73	—
1,554	759	338	421	150	1,207	445	1,858
1,538	918	420	421	32	1,129	477	2,457
1,627	960	428	532	64	1,039	445	2,745
1,706	1,157	520	637	60	1,020	445	3,677
1,580	1,158	537	621	53	973	364	4,069
1,345	1,080	518	563	33	806	293	4,219
1,206	1,051	529	522	31	749	298	4,165
1,095	1036	635	401	24	612	159	—
1,101	1,052	671	381	24	474	253	—
1,124	1,070	684	386	24	477	248	—
1,129	1,075	681	394	25	481	240	—
1,149	1,102	707	395	25	492	234	—

（都市・地域交通年報）

2. 路面電車には無軌条電車を含む。

3. 自家用乗用車の値については、平成22年10月の自動車輸送統計調査の調査方法変更により公表が
　行われなくなったため、公表値がない。このため、合計値の値は前年度まで連続しない。

鉄 道 貨 物
Volume of Freight

年 度 Fiscal Year		輸 送 ト ン 数 （千トン） Tonnage Carried (Thousand tons)					民
	総 計 Sum Total	J R （JR）					合 計 Total
		合 計 Total	車 扱 Wagon	コンテナ Container	小口扱 LCL		
S35 (1960)	238,199	195,295	192,236	(322)	3,059		42,904
S40 (1965)	252,472	200,010	196,994	(1,906)	3,015		52,463
S45 (1970)	255,757	198,503	189,538	(8,715)	8,965		57,254
S50 (1975)	184,428	141,691	129,577	12,114	...		42,737
S55 (1980)	166,550	121,619	111,664	9,955	...		44,931
S60 (1985)	99,341	68,552	56,368	12,184	...		30,790
H2 (1990)	86,619	58,400	38,239	20,161	...		28,219
H7 (1995)	76,932	51,456	30,886	20,570	...		25,477
H12 (2000)	59,274	39,621	18,976	20,644	...		19,654
H17 (2005)	52,474	36,864	14,536	22,328	...		15,610
H22 (2010)	43,646	30,790	10,344	20,446	...		12,856

年度	総 計	車 扱
H24 (2012)	42,340 (100.0)	19,183 (45.3)
H25 (2013)	44,101 (100.0)	19,905 (45.1)
H26 (2014)	43,424 (100.0)	19,241 (44.3)
H27 (2015)	43,210 (100.0)	18,454 (42.7)
H28 (2016)	44,089 (100.0)	19,431 (44.1)
H29 (2017)	45,170 (100.0)	19,971 (44.2)
H30 (2018)	42,321 (100.0)	19,271 (45.5)
R1 (2019)	42,660 (100.0)	19,154 (44.9)
R2 (2020)	39,124 (100.0)	17,850 (45.6)

資 料 　'86まで国鉄…国鉄情報システム部（鉄道統計年報・月報）、民鉄…運輸省情報管理部統計課（民営鉄道

(注)1. 小口扱はJRについては49年10月より、民鉄については50年4月よりコンテナ及び一般の小口扱に分離され、後者は小荷物に統合された。従って、JRのコンテナは49年度までは小口扱の内数であり、民鉄の50年4月からの小口扱はコンテナのみである。

輸　送　量

Transportation by Railways

| 鉄（Private） | | 総計
Sum total | J　R　（JR） | | | | 民　鉄
Private |
車　扱 Wagon	コンテナ （小口扱） Container		合　計 Total	車　扱 Wagon	コンテナ Container	小口扱 LCL	
42,533	371	54,515	53,592	52,449	...	1,144	923
52,311	152	57,299	56,408	54,819	(1,197)	1,590	890
57,167	86	63,423	62,435	56,087	(6,301)	6,348	988
42,553	184	47,347	46,577	37,199	9,378	...	770
44,745	187	37,701	36,961	28,764	8,197	...	740
30,347	443	22,135	21,626	10,906	10,720	...	509
27,198	1,021	27,196	26,728	8,231	18,497	...	468
23,914	1,563	25,101	24,072	5,481	19,221	...	399
17,465	2,189	22,136	21,855	3,341	18,515	...	280
12,774	2,836	22,812	22,601	2,654	19,947	...	211
10,158	2,698	20,398	20,227	1,773	18,454	...	170
コ　ン　テ　ナ		総　計	車　扱		コ　ン　テ　ナ		
23,157		20,471	1,774		18,697		
(54.7)		(100.0)	(8.7)		(91.3)		
24,196		21,071	1,730		19,341		
(54.9)		(100.0)	(8.2)		(91.8)		
24,183		21,029	1,579		19,450		
(55.7)		(100.0)	(7.5)		(92.5)		
24,756		21,519	1,568		19,951		
(57.3)		(100.0)	(7.3)		(92.7)		
24,657		21,265	1,614		19,652		
(55.9)		(100.0)	(7.6)		(92.4)		
25,199		21,663	1,696		19,966		
(55.8)		(100.0)	(7.8)		(92.2)		
23,050		19,369	1,645		17,724		
(54.5)		(100.0)	(8.5)		(91.5)		
23,506		19,993	1,610		18,382		
(55.1)		(100.0)	(8.1)		(91.9)		
21,274		18,340	1,502		16,838		
(54.4)		(100.0)	(8.2)		(91.8)		

輸送統計月報）、'87から国土交通省総合政策局情報政策課交通経済統計調査室（鉄道輸送統計年報）

2. JRは61年度までは無賃・有賃を含み、62年度以降は有賃のみ。

3. 平成23年度より、JRと民鉄の数値の公表を取り止めたため、鉄道貨物輸送全体の総計とコンテナ及び車扱の計の数値を公表する。

鉄 道 旅 客

Volume of Passengers

年 度 Fiscal Year	輸 送 人 員 （千人） Number of Passengers （Thousand Persons）					
	合 計 Sum Total	国鉄およびJR （JNR&JR）			民 鉄 （Private）	
		計 Total	定期外 Other than Season Tickets	定期 Season Tickets	計 Total	定期外 Other than Season Tickets
S35 (1960)	12,290,380	5,123,901	1,783,867	3,340,034	7,166,479	2,988,500
S40 (1965)	15,798,168	6,721,827	2,042,674	4,679,153	9,076,341	3,484,350
S45 (1970)	16,384,035	6,534,477	2,173,598	4,360,879	9,849,557	3,644,636
S50 (1975)	17,587,925	7,048,013	2,557,703	4,490,310	10,539,912	3,848,812
S55 (1980)	18,004,958	6,824,813	2,376,381	4,448,432	11,180,145	4,203,919
S60 (1985)	18,989,703	6,941,358	2,443,542	4,497,816	12,048,345	4,546,258
H2 (1990)	21,938,609	8,357,583	3,052,828	5,304,757	13,581,026	5,150,308
H7 (1995)	22,630,439	8,982,284	3,284,437	5,697,847	13,648,155	5,365,819
H12 (2000)	21,646,751	8,670,971	3,259,053	5,411,918	12,975,780	5,453,292
H17 (2005)	21,963,020	8,683,062	3,330,585	5,352,477	13,279,958	5,893,777
H22 (2010)	22,669,011	8,818,311	3,324,801	5,493,510	13,850,700	6,197,609
H24 (2012)	23,041,856	8,962,809	r 3,451,145	r 5,511,664	14,079,047	6,319,724
H25 (2013)	23,606,390 (100.0)	9,146,991 (38.7)	3,514,570 (14.9)	5,632,421 (23.9)	14,459,399 (61.3)	6,442,266 (27.2)
H26 (2014)	23,599,839 (100.0)	9,088,121 (38.5)	3,537,041 (15.0)	5,551,080 (23.5)	14,511,718 (61.5)	6,445,789 (27.2)
H27 (2015)	24,289,880 (100.0)	9,308,375 (38.3)	3,634,587 (15.0)	5,673,788 (23.4)	14,981,505 (61.7)	6,669,569 (27.5)
H28 (2016)	24,598,365 (100.0)	9,392,177 (38.2)	3,663,487 (14.9)	5,728,487 (23.3)	15,206,188 (61.8)	6,744,566 (27.4)
H29 (2017)	24,972,593 (100.0)	9,488,030 (38.0)	3,714,203 (14.9)	5,773,827 (23.1)	15,484,563 (62.0)	6,837,839 (27.4)
H30 (2018)	25,269,494 (100.0)	9,555,915 (37.8)	3,738,779 (14.8)	5,817,136 (23.0)	15,713,564 (62.2)	6,903,314 (27.3)
R1 (2019)	25,189,733 (100.0)	9,503,181 (37.7)	3,627,328 (14.4)	5,875,853 (23.3)	15,686,552 (62.3)	6,765,110 (26.9)
R2 (2020)	17,669,659 (100.0)	6,706,603 (38.0)	2,098,657 (11.9)	4,607,946 (26.1)	10,963,056 (62.0)	4,319,050 (24.4)

資 料　1986年まで国鉄…国鉄情報システム部（鉄道統計年報・月報）、民鉄…運輸省情報管理部統計課

(注)定期とは、通勤・通学定期乗車券で一定区間を往復する旅客をいう。

輸 送 量

Carried by Railways

		輸 送 人 キ ロ （百万人キロ）					
		Passengers-kilometers （million person-km）					
(ex.JR)		国鉄およびJR （JNR&JR）			民 鉄 （Private） (ex.JR)		
定期	合 計 Sum Total	計	定期外	定期	計	定期外	定期
Season Tickets		Total	Other than Season Tickets	Season Tickets	Total	Other than Season Tickets	Season Tickets
4,177,979	184,340	123,983	66,888	57,095	60,357	22,607	37,750
5,591,991	255,384	174,014	95,334	78,680	81,370	27,709	53,661
6,204,921	288,816	189,726	118,772	70,954	99,090	33,622	65,468
6,691,100	323,800	215,289	139,304	75,985	108,511	36,652	71,859
6,976,226	314,542	193,143	115,152	77,992	121,399	41,689	79,710
7,502,087	330,083	197,463	117,235	80,227	132,620	44,871	87,749
8,430,718	387,478	237,657	140,097	97,560	149,821	50,311	99,510
8,282,336	400,056	248,998	138,951	110,046	151,059	52,126	98,933
7,522,489	384,441	240,659	132,834	107,825	143,783	52,977	90,806
7,386,181	391,227	245,996	138,051	107,945	145,231	56,384	88,847
7,653,079	393,465	244,592	134,632	109,960	148,873	58,865	r 90,009
7,759,324	404,396	253,788	143,959	109,829	150,608	r 60,129	r 90,479
8,017,133 (34.0)	414,387 (100.0)	260,013 (62.7)	148,057 (35.7)	111,955 (27.0)	154,374 (37.3)	61,383 (14.8)	92,991 (22.4)
8,065,929 (34.2)	413,970 (100.0)	260,097 (62.8)	150,619 (36.4)	109,478 (26.4)	153,873 (37.2)	61,303 (14.8)	92,570 (22.4)
8,311,936 (34.2)	427,486 (100.0)	269,394 (63.0)	157,783 (36.9)	111,611 (26.1)	158,092 (37.0)	63,298 (14.8)	94,795 (22.2)
8,461,622 (34.4)	431,799 (100.0)	271,996 (63.0)	159,762 (37.0)	112,233 (26.0)	159,802 (37.0)	63,681 (14.7)	96,121 (22.3)
8,646,724 (34.6)	437,363 (100.0)	275,124 (62.9)	162,388 (37.1)	112,736 (25.8)	162,239 (37.1)	64,625 (14.8)	97,614 (22.3)
8,810,250 (34.9)	441,614 (100.0)	277,670 (62.9)	164,493 (37.2)	113,177 (25.6)	163,944 (37.1)	65,066 (14.7)	98,878 (22.4)
8,921,424 (35.4)	435,063 (100.0)	271,936 (62.5)	158,029 (36.3)	113,907 (26.2)	163,126 (37.5)	63,523 (14.6)	99,604 (22.9)
6,643,986 (37.6)	263,211 (100.0)	152,084 (57.8)	64,216 (24.4)	87,868 (33.4)	111,127 (42.2)	38,447 (14.6)	72,680 (27.6)

（民営鉄道輸送統計月報）、1987年より国土交通省総合政策局情報政策課交通経済統計調査室（鉄道輸送統計年報）

新 幹 線 輸 送 実 績
Volume of Passengers Carried by SHINKANSEN

年 度 Fiscal Year	列車キロ Trains-km 千キロ 1000km	車両キロ Wagons-km 千キロ 1000km	輸送人員 Number of Passengers 千人 (Thousand)	人キロ Passengers- km 百万人キロ (Million-km)	平均 輸送人員 Daily Mean Passengers 人(Person)	平均 乗車キロ Daily Mean Passengers-km キ ロ(km)
S40 (1965)	14,545	180,291	30,967	10,651	84,841	344
S45 (1970)	34,553	472,499	84,628	27,890	231,855	330
S50 (1975)	53,505	857,690	157,218	53,318	429,557	339
S55 (1980)	57,016	914,900	125,636	41,790	344,209	333
S60 (1985)	80,864	1,144,292	179,833	55,422	492,693	308
H2 (1990)	102,642	1,381,642	260,053	72,173	712,474	278
H7 (1995)	111,125	1,498,920	275,896	70,826	755,879	257
H12 (2000)	114,171	1,495,930	280,612	71,154	768,800	254
H17 (2005)	134,443	1,718,428	301,405	77,908	825,767	258
H20 (2008)	130,254	1,712,768	310,290	81,660	850,110	264
H21 (2009)	137,798	1,821,611	288,880	76,040	791,452	263
H22 (2010)	134,294	1,813,455	292,094	77,430	800,257	265
H23 (2011)	142,746	1,886,532	307,046	81,420	841,222	265
H24 (2012)	145,735	1,932,724	355,862	85,994	974,964	242
H25 (2013)	146,610	1,957,641	334,337	89,168	915,992	267
H26 (2014)	144,830	1,950,108	339,928	91,002	931,310	268
H27 (2015)	155,231	2,102,088	365,705	97,398	1,001,932	266
H28 (2016)	156,054	2,118,241	372,663	99,637	1,020,995	267
H29 (2017)	158,543	2,147,514	378,449	101,393	1,036,847	268
H30 (2018)	160,368	2,175,795	386,249	103,640	1,058,216	268
R1 (2019)	162,040	2,195,787	370,451	99,332	1,014.934	268
R2 (2020)	150,368	2,019,910	156,296	34,936	428.208	224
資 料	国土交通省総合政策局情報政策課　交通経済統計調査室(鉄道輸送統計年報)					

車 両 キ ロ

Volume of Wagon-km Carried (Railways)

単位 ： 千キロ(Unit : Thousand km)

年 度 Fiscal Year	国鉄およびJR （JNR & JR）		民 鉄 （Private）	
	旅客車 Passenger	貨 車 Freight	旅客車 Passenger	貨 車 Freight
S40 (1965)	3,091,381	5,272,920	1,312,976	102,313
S45 (1970)	3,877,839	5,447,070	1,578,822	86,124
S50 (1975)	4,304,782	4,088,084	1,754,686	58,292
S55 (1980)	4,427,193	3,076,453	1,957,442	50,350
S60 (1985)	4,092,244	1,505,187	2,163,922	29,729
H2 (1990)	4,696,929	1,453,888	2,479,446	29,415
H7 (1995)	4,865,866	1,318,303	2,813,058	23,738
H12 (2000)	4,818,878	1,145,834	2,941,792	16,158
H17 (2005)	4,968,346	1,178,144	3,120,370	11,768
H20 (2008)	5,180,243	1,157,126	3,195,911	10,294
H21 (2009)	5,282,910	1,039,904	3,231,158	9,198
H22 (2010)	5,096,024	1,056,674	3,211,265	10,036
H23 (2011)	5,122,934	1,037,718	3,204,597	…
H24 (2012)	5,175,267	1,048,589	3,229,974	…
H25 (2013)	5,142,844	1,090,030	3,222,457	…
H26 (2014)	5,234,268	1,095,489	3,299,302	…
H27 (2015)	5,275,865	1,108,776	3,265,890	…
H28 (2016)	5,276,275	1,078,201	3,279,577	
H29 (2017)	5,329,268	1,095,467	3,306,646	…
H30 (2018)	5,314,166	971,144	3,303,593	
R1 (2019)	5,362,326	1,020,833	3,323,363	…
R2 (2020)	5,121,300	949,464	3,301,396	…
資 料	国土交通省総合政策局情報政策課　交通経済統計調査室(鉄道輸送統計年報)			

(注)1. 車両キロとは、営業キロに通過客車(貨車)数を乗じた実績キロをいう。

2. 国鉄およびJR欄の1986年度以前は、空車・無賃を含む。

3. 2011年度より貨物輸送に関してはJRと民鉄の数値の公表を取り止めたため、両者の総計をJR欄に記

鉄 道 主 要 品 目 別 輸 送
Tonnage of Commodities

品 目 区 分 Items		H2 (1990FY)		H7 (1995FY)		H12 (2000FY)	
		合計 Total	うちJR貨物 JNR	合計 Total	うちJR貨物 JRF	合計 Total	うちJR貨物 JRF
合	計 Sum-Total	65,396	38,239	54,718	30,886	36,912	18,976
穀 物	Cereals	398	293	246	161	0	0
野 菜 ・ 果 物	Vegetables, Fruit	33	33	0	0	...	...
そ の 他 の 農 産 物	Other Crops	661	488	330	190	0	0
畜 産 品	Stock Products	11	7	1	1	0	0
水 産 品	Maline Products	93	...	80	...	18	...
木 材	Lumber	334	331	300	297	177	174
薪 炭	Firewood	0	0	...	...	...	...
石 炭	Coal	3,681	1,011	3,203	646	1,989	279
金 属 鉱	Metallic minerals	553	335	443	239	416	207
砂 利 ・ 砂 ・ 石 材	Gravel,Sands & Stones	377	162	86	74	1,232	1,227
非金属鉱物（工業用）	Non-ferrous Metals & Minerals	15,415	5,863	13,243	4,551	8,600	749
金 属	Metals	563	357	489	178	106	66
金 属 製 品	Metal Products	300	0	92	0	69	...
機 械	Machinery	3,787	3,240	3,112	2,638	1,924	1,619
セ メ ン ト	Cement	13,333	7,952	9,405	5,794	4,385	2,581
そ の 他 の 窯 業 品	Other Ceramics	186	164	243	82	135	...
石 油 製 品	Petroleum-Products	16,743	11,802	17,363	12,027	14,055	9,978
コークス・その他の石炭製品	Coke,Others Coal Products	39	36	5	5	...	...
化 学 薬 品	Chemicals	3,664	2,370	2,778	1,749	1,890	1,030
化 学 肥 料	Chemicals Fertilizers	80	44	6	4	...	...
染料・塗料その他の化学工業品	Dyes,Paints,Others Chemicals	269	198	359	86	235	22
紙 ・ パ ル プ	Paper,Pulp	3,172	2,620	2,005	1,618	1,161	895
繊 維 工 業 品	Textile Products	13	9	...	...	...	...
食 料 工 業 品	Foodstuff	611	423	210	181	1	1
日 用 品	Daily Necessaries	0	...	0	...	0	...
ゴ ム 製 品・木 製 品・ その他の製造工業品	Rubber,Wood Products	95	94	152	150	9	8
特 種 品 ・ そ の 他	Parcels & Others Products	283	157	202	198	280	137
分 類 不 能 の も の	Others	702	250	368	17	61	...
資 料		国土交通省鉄道局監修					

(注)1. 有賃のみ

2. 特種品には、「くずもの」「動植物性飼肥料」「廃棄物」「運送用容器」「取り合わせ品」等を含む

ト ン 数 の 推 移 （車 扱）

Carried by Freight Wagons

単位：千トン（Unit：Thousand tons）

H17 (2005FY) 合計 Total	うちJR貨物 JRF	H22 (2010FY) 合計 Total	うちJR貨物 JRF	H27 (2015FY) 合計 Total	うちJR貨物 JRF	H28 (2016FY) 合計 Total	うちJR貨物 JRF	H29 (2017FY) 合計 Total	うちJR貨物 JRF	H30 (2018FY) 合計 Total	うちJR貨物 JRF	R1 (2019FY) 合計 Total	うちJR貨物 JRF
27,790	14,536	r 20,091	r 10,344	18,631	8,661	19,459	8,945	20,141	9,205	19,423	8,949	19,338	8,774
…	…	…	…	…	…	…	…	…	…	…	…	…	…
…	…	…	…	…	…	…	…	…	…	…	…	…	…
0	…	0	…	0	…	r 0	…	0	…	0	…	0	…
0	0	0	…	…	…	…	…	…	…	…	…	…	…
…	…	…	…	…	…	…	…	…	…	…	…	…	…
104	102	2	…	1	…	1	…	3	…	1	…	1	…
…	…	…	…	…	…	…	…	…	…	…	…	…	…
1,156	220	767	163	582	145	713	140	762	137	373	115	250	120
334	173	365	r 193	345	179	375	199	372	200	322	170	305	164
45	42	95	93	3	2	1	…	1	…	2	…	1	…
6,138	673	5,383	612	5,915	626	r 6,128	r 655	6,316	653	6,338	648	6,231	603
218	38	52	40	165	32	172	29	174	26	170	25	175	24
57	…	14	…	28	…	30	…	31	…	27	…	23	…
1,524	1,353	992	913	918	853	956	894	964	905	935	877	933	875
2,310	1,274	1,301	674	1,496	747	1,594	795	1,444	721	1,514	757	1,582	790
139	…	117	…	138	…	141	…	139	…	124	…	139	…
13,097	9,482	10,021	7,192	8,349	5,794	8,635	5,944	9,136	6,250	8,876	6,071	8,968	5,914
…	…	…	…	…	…	…	…	…	…	…	…	…	…
946	549	158	158	145	145	146	146	175	175	161	161	146	146
…	…	…	…	…	…	…	…	…	…	…	…	…	…
303	4	r 263	…	294	…	296	…	355	…	327	…	296	…
586	481	r 232	185	…	…	…	…	…	…	…	…	…	…
…	…	…	…	…	…	…	…	…	…	…	…	…	…
r …	r …	r …	…	…	…	…	…	…	…	…	…	…	…
2	…	2	…	0	…	r 0	…	0	…	0	…	0	…
6	6	r 3	3	…	…	…	…	…	…	…	…	…	…
307	139	r 234	120	235	138	255	141	242	139	227	124	263	139
517	…	r 92	…	15	…	17	…	29	…	27	…	26	…

（鉄道統計年報）

車 扱 貨 物 主 要 品 目 別

Volume of Commodities

事業者名 Names of Railway Company	合計 Total トン	農 水 産 品 Agricultural & Aquastic Products					林 産 品 Forestry Products	
		農 産 品			畜産品	水産品	木材	薪炭
		穀物 Cereals トン	野菜 Vegetables トン	その他 Others トン	Stock Products トン	Marine Products トン	Lumber トン	Firewood トン
(貨)太平洋石炭販売輸送	275,760	0	0	0	0	0	0	0
(貨)岩手開発鉄道	2,058,156	0	0	0	0	0	0	0
(貨)仙台臨海鉄道	541,584	0	0	0	0	0	0	0
(貨)福島臨海鉄道	183,604	0	0	0	0	0	0	0
(貨)秩父鉄道	1,927,301	0	0	0	0	0	0	0
(貨)京葉臨海鉄道	1,315,918	0	0	0	0	0	0	0
(貨)神奈川臨海鉄道	972,636	0	0	0	0	0	0	0
(貨)西濃鉄道	626,042	0	0	0	0	0	0	0
(貨)名古屋臨海鉄道	704,727	0	0	0	0	0	0	0
(貨)衣浦臨海鉄道	297,070	0	0	0	0	0	0	0
その他の鉄道	1,066,970	0	0	110	0	0	875	0
合計(民鉄) Total (Local Rail)	9,969,768	0	0	110	0	0	875	0
日本貨物鉄道 JR Freight	8,660,999	0	0	0	0	0	0	0
資　料	国土交通省鉄道局監修							

(注)　「平成31年・令和元年版」から鹿島臨海鉄道を秩父鉄道に入れ替えた。

輸 送 実 績（平成27年）（FY2015）（その１）

Carried by Wagon Load Freight（No.1）

単位 ： トン（Unit: tons）

鉱　産　品 Mining Products					金属・機械工業品 Fabricated Metals Products & Machinery			
石炭 Coal	金属鉱 Metallic minerals	砂利 Gravel	石灰石 Limestone	その他 Others	鉄鋼 Iron & Steel	非鉄金属 Non-ferrous metals	金属製品 Metal Products	機械 Machinery
トン	トン	トン	トン	トン	トン	トン	トン	トン
275,760	0	0	0	0	0	0	0	0
0	0	0	2,058,156	0	0	0	0	0
0	0	0	0	0	8,739	0	0	49,224
0	166,060	0	0	0	0	0	17,544	0
161,880	0	0	1,763,240	0	0	0	0	0
0	0	0	0	0	0	123,944	0	800
0	0	0	626,042	0	0	0	0	0
0	0	0	699,656	0	0	0	0	0
0	0	0	0	142,135	0	0	0	0
0	0	624	0	0	0	0	10,599	14,850
437,640	166,060	624	5,147,094	142,135	8,739	123,944	28,143	64,874
144,840	179,004	1,920	626,042	43	32,302	0	0	853,108

（鉄道統計年報）

車 扱 貨 物 主 要 品 目 別

Volume of Commodities

事業者名 Names of Railway Company	化 学 工 業 品 Chemical Industrial Products						
	窯 業 品 Ceramics Products		石油製品 Petroleum Products	石炭製品 Coal Products	化学薬品 Chemicals	化学肥料 Chemical Fertilizers	その他 Others
	セメント Cement トン	その他 Others トン	トン	トン	トン	トン	トン
(貨)太平洋石炭販売輸送	0	0	0	0	0	0	0
(貨)岩手開発鉄道	0	0	0	0	0	0	0
(貨)仙台臨海鉄道	0	0	483,621	0	0	0	0
(貨)福島臨海鉄道	0	0	0	0	0	0	0
(貨)秩父鉄道	0	0	0	0	0	0	0
(貨)京葉臨海鉄道	0	0	1,191,174	0	0	0	0
(貨)神奈川臨海鉄道	0	0	879,944	0	0	0	0
(貨)西濃鉄道	0	0	0	0	0	0	0
(貨)名古屋臨海鉄道	0	0	0	0	0	0	0
(貨)衣浦臨海鉄道	0	0	0	0	0	0	149,275
その他の鉄道	749,083	138,040	591	0	0	0	145,220
総合計(民鉄) Total (Local Rail)	749,083	138,040	2,555,330	0	0	0	294,495
日本貨物鉄道 JR Freight	746,624	0	5,794,100	0	144,976	0	0
資 料	国土交通省鉄道局監修						

(注) 「平成31年・令和元年版」から鹿島臨海鉄道を秩父鉄道に入れ替えた。

輸 送 実 績（平成27年）（FY2015）（その 2 ）

Carried by Wagon Load Freight（Continued No.2）

単位: トン(Unit: tons)

軽工業品 Light Manufacturing Products			雑工業品 Miscellaneous Products		特 殊 品 Special Products			分類不能
紙・パルプ Paper Pulp	繊 維 工業品 Textile Products	食 料 工業品 Food Stuff	日用品 Daily Necessities	その他 Others	金属屑 Metallic Scrap	動植物性 飼 料 Foodstuff & Fertilizers	その他 Others	Others
トン	トン	トン	トン	トン	トン	トン	トン	トン
0	0	0	0	0	0	0	0	0
0	0	0	0	0	0	0	0	0
0	0	0	0	0	0	0	0	0
0	0	0	0	0	0	0	0	0
0	0	0	0	0	0	0	0	2,181
0	0	0	0	0	0	0	0	0
0	0	0	0	0	0	0	92,692	0
0	0	0	0	0	0	0	0	0
0	0	0	0	0	0	0	0	5,071
0	0	0	0	0	0	0	0	5,660
0	0	0	195	0	0	0	4,308	2,475
0	0	0	195	0	0	0	97,000	15,387
0	0	0	0	0	0	0	138,040	0

（鉄道統計年報）

輸

送

車 扱 貨 物 主 要 品 目 別
Volume of Commodities

事業者名 Names of Railway Company	合計 Total	農 水 産 品 Agricultural & Aquastic Products					林 産 品 Forestry Products	
		農 産 品			畜産品 Stock Products	水産品 Marine Products	木材 Lumber	薪炭 Firewood
		穀物 Cereals	野菜 Vegetables	その他 Others				
	トン	トン	トン	トン	トン	トン	トン	トン
(貨)太平洋石炭販売輸送	416,040	0	0	0	0	0	0	0
(貨)岩手開発鉄道	2,171,376	0	0	0	0	0	0	0
(貨)仙台臨海鉄道	552,644	0	0	0	0	0	0	0
(貨)福島臨海鉄道	193,850	0	0	0	0	0	0	0
(貨)秩父鉄道	1,933,388	0	0	0	0	0	0	0
(貨)京葉臨海鉄道	1,431,675	0	0	0	0	0	0	0
(貨)神奈川臨海鉄道	1,006,000	0	0	0	0	0	0	0
(貨)西濃鉄道	654,432	0	0	0	0	0	0	0
(貨)名古屋臨海鉄道	739,992	0	0	0	0	0	0	0
(貨)衣浦臨海鉄道	301,168	0	0	0	0	0	0	0
その他の鉄道	1,113,972	0	0	137	0	0	1,074	0
合計(民鉄) Total (Local Rail)	10,514,537	0	0	137	0	0	1,074	0
日本貨物鉄道 JR Freight	8,944,737	0	0	0	0	0	0	0
資　料						国土交通省鉄道局監修		

(注)「平成31年・令和元年版」から鹿島臨海鉄道を秩父鉄道に入れ替えた。

輸 送 実 績（平成28年度）（FY2016）（その１）

Carried by Wagon Load Freight (No.1)

鉱　産　品 Mining Products					金属・機械工業品 Fabricated Metals Products & Machinery			
石炭 Coal	金属鉱 Metallic minerals	砂利 Gravel	石灰石 Limestone	その他 Others	鉄鋼 Iron & Steel	非鉄金属 Non-ferrous metals	金属製品 Metal Products	機械 Machinery
トン	トン	トン	トン	トン	トン	トン	トン	トン
416,040	0	0	0	0	0	0	0	0
0	0	0	2,171,376	0	0	0	0	0
0	0	0	0	0	9,709	0	0	50,327
0	175,370	0	0	0	0	0	18,480	0
156,578	0	0	1,770,720	0	0	0	0	0
0	0	0	0	0	0	133,014	0	800
0	0	0	0	0	0	0	0	0
0	0	0	654,432	0	0	0	0	0
0	0	0	731,440	0	0	0	0	4,400
0	0	0	0	145,600	0	0	0	0
0	0	831	0	0	0	0	11,323	5,948
572,618	175,370	831	5,327,968	145,600	9,709	133,014	29,803	61,475
140,080	199,488	0	654,432	301	29,161	0	0	894,364

（鉄道統計年報）

車 扱 貨 物 主 要 品 目 別

Volume of Commodities

事業者名 Names of Railway Company	化 学 工 業 品 Chemical Industrial Products						
	窯 業 品 Ceramics Products		石油製品 Petroleum Products	石炭製品 Coal Products	化学薬品 Chemicals	化学肥料 Chemical Fertilizers	その他 Others
	セメント Cement	その他 Others					
	トン	トン	トン	トン	トン	トン	トン
(貨)太平洋石炭販売輸送	0	0	0	0	0	0	0
(貨)岩手開発鉄道	0	0	0	0	0	0	0
(貨)仙台臨海鉄道	0	0	492,608	0	0	0	0
(貨)福島臨海鉄道	0	0	0	0	0	0	0
(貨)秩父鉄道	0	0	0	0	0	0	0
(貨)京葉臨海鉄道	0	0	1,297,861	0	0	0	0
(貨)神奈川臨海鉄道	0	0	897,564	0	0	0	0
(貨)西濃鉄道	0	0	0	0	0	0	0
(貨)名古屋臨海鉄道	0	0	0	0	0	0	0
(貨)衣浦臨海鉄道	0	0	0	0	0	0	150,080
その他の鉄道	798,626	141,440	2,113	0	0	0	146,103
総合計（民鉄） Total (Local Rail)	798,626	141,440	2,690,146	0	0	0	296,183
日本貨物鉄道 JR Freight	795,264	0	5,944,372	0	145,835	0	0
資　料	国土交通省鉄道局監修						

(注)　「平成31年・令和元年版」から鹿島臨海鉄道を秩父鉄道に入れ替えた。

輸 送 実 績（平成28年度）（FY2016）（その２）

Carried by Wagon Load Freight (Continued No.2)

単位: トン(Unit: tons)

軽工業品 Light Manufacturing Products			雑工業品 Miscellaneous Products		特 殊 品 Special Products			分類不能
紙・パルプ Paper Pulp	繊維工業品 Textile Products	食料工業品 Food Stuff	日用品 Daily Necessities	その他 Others	金属屑 Metallic Scrap	動植物性飼料 Foodstuff & Fertilizers	その他 Others	Others
トン	トン	トン	トン	トン	トン	トン	トン	トン
0	0	0	0	0	0	0	0	0
0	0	0	0	0	0	0	0	0
0	0	0	0	0	0	0	0	0
0	0	0	0	0	0	0	0	0
0	0	0	0	0	0	0	0	6,090
0	0	0	0	0	0	0	0	0
0	0	0	0	0	0	0	108,436	0
0	0	0	0	0	0	0	0	0
0	0	0	0	0	0	0	0	4,152
0	0	0	0	0	0	0	0	5,488
0	0	0	65	0	0	0	5,064	1,248
0	0	0	65	0	0	0	113,500	16,978
0	0	0	0	0	0	0	141,440	0

（鉄道統計年報）

車 扱 貨 物 主 要 品 目 別

Volume of Commodities

事業者名 Names of Railway Company	合計 Total	農 水 産 品 Agricultural & Aquastic Products					林 産 品 Forestry Products	
		農 産 品			畜産品	水産品	木材	薪炭
		穀物 Cereals	野菜 Vegetables	その他 Others	Stock Products	Marine Products	Lumber	Firewood
	トン	トン	トン	トン	トン	トン	トン	トン
(貨)太平洋石炭販売輸送	473,040	0	0	0	0	0	0	0
(貨)岩手開発鉄道	2,331,108	0	0	0	0	0	0	0
(貨)仙台臨海鉄道	580,793	0	0	0	0	0	0	0
(貨)福島臨海鉄道	190,654	0	0	0	0	0	0	0
(貨)秩父鉄道	1,968,106	0	0	0	0	0	0	0
(貨)京葉臨海鉄道	1,497,029	0	0	0	0	0	0	0
(貨)神奈川臨海鉄道	1,104,751	0	0	0	0	0	0	0
(貨)西濃鉄道	653,412	0	0	0	0	0	0	0
(貨)名古屋臨海鉄道	732,525	0	0	0	0	0	0	0
(貨)衣浦臨海鉄道	328,895	0	0	0	0	0	0	0
その他の鉄道	1,075,813	0	0	90	0	0	2,811	0
合計(民鉄) Total (Local Rail)	10,936,126	0	0	90	0	0	2,811	0
日本貨物鉄道 JR Freight	9,205,373	0	0	0	0	0	0	0
資 料						国土交通省鉄道局監修		

(注) 「平成31年・令和元年版」から鹿島臨海鉄道を秩父鉄道に入れ替えた。

輸 送 実 績（平成29年度）（FY2017）（その1）

Carried by Wagon Load Freight (No.1)

単位 ： トン(Unit：tons)

鉱　産　品 Mining Products					金属・機械工業品 Fabricated Metals Products & Machinery			
石炭 Coal	金属鉱 Metallic minerals	砂利 Gravel	石灰石 Limestone	その他 Others	鉄鋼 Iron & Steel	非鉄金属 Non-ferrous metals	金属製品 Metal Products	機械 Machinery
トン	トン	トン	トン	トン	トン	トン	トン	トン
473,040	0	0	0	0	0	0	0	0
0	0	0	2,331,108	0	0	0	0	0
0	0	0	0	0	8,587	0	0	52,848
0	172,482	0	0	0	0	0	18,172	0
152,000	0	0	1,804,720	0	0	0	0	0
0	0	0	0	0	0	138,698	0	1,200
0	0	0	0	0	0	0	0	0
0	0	0	653,412	0	0	0	0	0
0	0	0	730,284	0	0	0	0	0
0	0	0	0	142,940	0	0	0	0
0	0	1,139	0	0	0	0	13,025	5,501
625,040	172,482	1,139	5,519,524	142,940	8,587	138,698	31,197	59,549
136,680	199,896	0	653,412	0	26,265	0	0	904,804

（鉄道統計年報）

車 扱 貨 物 主 要 品 目 別

Volume of Commodities

事業者名 Names of Railway Company	化 学 工 業 品 Chemical Industrial Products						
	窯 業 品 Ceramics Products		石油製品 Petroleum Products	石炭製品 Coal Products	化学薬品 Chemicals	化学肥料 Chemical Fertilizers	その他 Others
	セメント Cement	その他 Others					
	トン	トン	トン	トン	トン	トン	トン
(貨)太平洋石炭販売輸送	0	0	0	0	0	0	0
(貨)岩手開発鉄道	0	0	0	0	0	0	0
(貨)仙台臨海鉄道	0	0	519,358	0	0	0	0
(貨)福島臨海鉄道	0	0	0	0	0	0	0
(貨)秩父鉄道	0	0	0	0	0	0	0
(貨)京葉臨海鉄道	0	0	1,357,131	0	0	0	0
(貨)神奈川臨海鉄道	0	0	1,007,593	0	0	0	0
(貨)西濃鉄道	0	0	0	0	0	0	0
(貨)名古屋臨海鉄道	0	0	0	0	0	0	0
(貨)衣浦臨海鉄道	0	0	0	0	0	0	179,795
その他の鉄道	722,872	138,856	1,849	0	0	0	174,962
総合計(民鉄) Total (Local Rail)	722,872	138,856	2,885,931	0	0	0	354,757
日本貨物鉄道 JR Freight	720,784	0	6,249,932	0	174,744	0	0
資 料						国土交通省鉄道局監修	

(注) 「平成31年・令和元年版」から鹿島臨海鉄道を秩父鉄道に入れ替えた。

輸 送 実 績 （平成29年度） （FY2017） （その２）

Carried by Wagon Load Freight (Continued No.2)

単位：トン（Unit: tons）

軽工業品 Light Manufacturing Products			雑工業品 Miscellaneous Products		特殊品 Special Products			分類不能
紙・パルプ Paper Pulp	繊維工業品 Textile Products	食料工業品 Food Stuff	日用品 Daily Necessities	その他 Others	金属屑 Metallic Scrap	動植物性飼料 Foodstuff & Fertilizers	その他 Others	Others
トン	トン	トン	トン	トン	トン	トン	トン	トン
0	0	0	0	0	0	0	0	0
0	0	0	0	0	0	0	0	0
0	0	0	0	0	0	0	0	0
0	0	0	0	0	0	0	0	0
0	0	0	0	0	0	0	0	11,386
0	0	0	0	0	0	0	0	0
0	0	0	0	0	0	0	97,158	0
0	0	0	0	0	0	0	0	2,241
0	0	0	0	0	0	0	0	6,160
0	0	0	66	0	0	0	5,510	9,132
0	0	0	66	0	0	0	102,668	28,919
0	0	0	0	0	0	0	138,856	0

（鉄道統計年報）

車 扱 貨 物 主 要 品 目 別
Volume of Commodities

事業者名 Names of Railway Company	合計 Total	農 水 産 品 Agricultural & Aquastic Products					林 産 品 Forestry Products	
		農 産 品			畜産品 Stock Products	水産品 Marine Products	木材 Lumber	薪炭 Firewood
		穀物 Cereals	野菜 Vegetables	その他 Others				
	トン	トン	トン	トン	トン	トン	トン	トン
(貨)太平洋石炭販売輸送	128,580	0	0	0	0	0	0	0
(貨)岩手開発鉄道	2,422,262	0	0	0	0	0	0	0
(貨)仙台臨海鉄道	580,150	0	0	0	0	0	0	0
(貨)福島臨海鉄道	167,846	0	0	0	0	0	0	0
(貨)秩父鉄道	1,904,378	0	0	0	0	0	0	0
(貨)京葉臨海鉄道	1,466,472	0	0	0	0	0	0	0
(貨)神奈川臨海鉄道	1,054,154	0	0	0	0	0	0	0
(貨)西濃鉄道	648,414	0	0	0	0	0	0	0
(貨)名古屋臨海鉄道	726,337	0	0	0	0	0	0	0
(貨)衣浦臨海鉄道	300,862	0	0	0	0	0	0	0
その他の鉄道	1,074,606	0	0	85	0	0	1,013	0
合計(民鉄) Total (Local Rail)	10,474,061	0	0	85	0	0	1,013	0
日本貨物鉄道 JR Freight	8,949,358	0	0	0	0	0	0	0
資　料							国土交通省鉄道局監修	

(注)「平成31年・令和元年版」から鹿島臨海鉄道を秩父鉄道に入れ替えた。

輸 送 実 績（平成30年度）（FY2018）（その１）

Carried by Wagon Load Freight（No.1）

単位 ： トン（Unit：tons）

鉱　産　品 Mining Products					金属・機械工業品 Fabricated Metals Products & Machinery			
石炭 Coal	金属鉱 Metallic minerals	砂利 Gravel	石灰石 Limestone	その他 Others	鉄鋼 Iron & Steel	非鉄金属 Non-ferrous metals	金属製品 Metal Products	機械 Machinery
トン	トン	トン	トン	トン	トン	トン	トン	トン
128,580	0	0	0	0	0	0	0	0
0	0	0	2,422,262	0	0	0	0	0
0	0	0	0	0	7,447	0	0	52,446
0	151,810	0	0	0	0	0	16,036	0
129,136	0	0	1,766,640	0	0	0	0	0
0	0	0	0	0	0	137,398	0	800
0	0	0	0	0	0	0	0	0
0	0	0	648,414	0	0	0	0	0
0	0	0	724,702	0	0	0	0	0
0	0	0	0	127,960	0	0	0	0
0	0	2,064	0	0	0	0	10,929	4,185
257,716	151,810	2,064	5,562,018	127,960	7,447	137,398	26,965	57,431
115,498	170,228	0	648,448	0	24,883	0	0	877,498

（鉄道統計年報）

車 扱 貨 物 主 要 品 目 別

Volume of Commodities

事業者名 Names of Railway Company	化 学 工 業 品 Chemical Industrial Products						
	窯 業 品 Ceramics Products		石油製品 石油製品 Petroleum Products	石炭製品 Coal Products	化学薬品 Chemicals	化学肥料 Chemical Fertilizers	その他 Others
	セメント Cement	その他 Others					
	トン	トン	トン	トン	トン	トン	トン
(貨)太平洋石炭販売輸送	0	0	0	0	0	0	0
(貨)岩手開発鉄道	0	0	0	0	0	0	0
(貨)仙台臨海鉄道	0	0	520,257	0	0	0	0
(貨)福島臨海鉄道	0	0	0	0	0	0	0
(貨)秩父鉄道	0	0	0	0	0	0	0
(貨)京葉臨海鉄道	0	0	1,328,274	0	0	0	0
(貨)神奈川臨海鉄道	0	0	955,873	0	0	0	0
(貨)西濃鉄道	0	0	0	0	0	0	0
(貨)名古屋臨海鉄道	0	0	0	0	0	0	0
(貨)衣浦臨海鉄道	0	0	0	0	0	0	165,550
その他の鉄道	757,300	124,304	657	0	0	0	161,064
総合計(民鉄) Total (Local Rail)	757,300	124,304	2,805,061	0	0	0	326,614
日本貨物鉄道 JR Freight	756,656	0	6,070,937	0	160,906	0	0
資 料	国土交通省鉄道局監修						

(注) 「平成31年・令和元年版」から鹿島臨海鉄道を秩父鉄道に入れ替えた。

輸　送　実　績（平成30年度）（FY2018）（その２）

Carried by Wagon Load Freight (Continued No.2)

単位：トン（Unit: tons）

軽工業品 Light Manufacturing Products			雑工業品 Miscellaneous Products		特　殊　品 Special Products			分類不能
紙・パルプ Paper Pulp	繊維工業品 Textile Products	食料工業品 Food Stuff	日用品 Daily Necessities	その他 Others	金属屑 Metallic Scrap	動植物性飼料 Foodstuff & Fertilizers	その他 Others	Others
トン	トン	トン	トン	トン	トン	トン	トン	トン
0	0	0	0	0	0	0	0	0
0	0	0	0	0	0	0	0	0
0	0	0	0	0	0	0	0	0
0	0	0	0	0	0	0	0	0
0	0	0	0	0	0	0	0	8,602
0	0	0	0	0	0	0	0	0
0	0	0	0	0	0	0	98,281	0
0	0	0	0	0	0	0	0	0
0	0	0	0	0	0	0	0	1,635
0	0	0	0	0	0	0	0	7,352
0	0	0	51	0	0	0	3,970	8,984
0	0	0	51	0	0	0	102,251	26,573
0	0	0	0	0	0	0	124,304	0

（鉄道統計年報）

輸

送

車 扱 貨 物 主 要 品 目 別
Volume of Commodities

事業者名 Names of Railway Company	合計 Total トン	農 水 産 品 Agricultural & Aquastic Products					林 産 品 Forestry Products	
		農 産 品 Cereals		その他 Others	畜産品 Stock Products	水産品 Marine Products	木材 Lumber	薪炭 Firewood
		穀物 Cereals トン	野菜 Vegetables トン	トン	トン	トン	トン	トン
岩手開発鉄道	2,345,796	0	0	0	0	0	0	0
仙台臨海鉄道	564,208	0	0	0	0	0	0	0
福島臨海鉄道	156,214	0	0	0	0	0	0	0
黒部峡谷鉄道	24,390	0	0	161	0	0	980	0
秩父鉄道	2,001,418	0	0	0	0	0	0	0
京葉臨海鉄道	1,529,686	0	0	0	0	0	0	0
神奈川臨海鉄道	1,280,434	0	0	0	0	0	0	0
名古屋鉄道	3,200	0	0	0	0	0	0	0
大井川鐵道	793	0	0	0	0	0	0	0
三岐鉄道	1,079,888	0	0	0	0	0	0	0
西濃鉄道	602,956	0	0	0	0	0	0	0
名古屋臨海鉄道	676,568	0	0	0	0	0	0	0
衣浦臨海鉄道	297,730	0	0	0	0	0	0	0
合計(民鉄) Total (Local Rail)	10,563,281	0	0	161	0	0	980	0
日本貨物鉄道 JR Freight	8,774,244	0	0	0	0	0	0	0
資 料	国土交通省鉄道局監修							

輸　送　実　績（令和元年度）（FY2019）（その１）

Carried　by　Wagon　Load　Freight　(No.1)

単位 ： トン(Unit: tons)

鉱　産　品 Mining　Products					金属・機械工業品 Fabricated Metals Products & Machinery			
石炭 Coal	金属鉱 Metallic minerals	砂利 Gravel	石灰石 Limestone	その他 Others	鉄鋼 Iron & Steel	非鉄金属 Non-ferrous metals	金属製品 Metal Products	機械 Machinery
トン	トン	トン	トン	トン	トン	トン	トン	トン
0	0	0	2,345,796	0	0	0	0	0
0	0	0	0	0	6,611	0	0	50,713
0	141,398	0	0	0	0	0	14,816	0
0	0	1,332	0	0	0	0	3,033	3,666
129,880	0	0	1,862,520	0	0	0	0	0
0	0	0	0	0	0	144,834	0	400
0	0	0	0	0	0	0	0	0
0	0	0	0	0	0	0	0	0
0	0	0	0	0	0	0	4,832	0
0	0	0	602,956	0	0	0	0	0
0	0	0	673,892	0	0	0	0	0
0	0	0	0	142,940	0	0	0	0
129,880	141,398	1,332	5,485,164	142,940	6,611	144,834	22,681	57,979
119,680	163,506	0	602,956	86	23,581	0	0	875,226

（鉄道統計年報）

車 扱 貨 物 主 要 品 目 別

Volume of Commodities

事業者名 Names of Railway Company	化 学 工 業 品 Chemical Industrial Products						
	窯 業 品 Ceramics Products		石油製品 Petroleum Products	石炭製品 Coal Products	化学薬品 Chemicals	化学肥料 Chemical Fertilizers	その他 Others
	セメント Cement	その他 Others					
	トン	トン	トン	トン	トン	トン	トン
岩手開発鉄道	0	0	0	0	0	0	0
仙台臨海鉄道	0	0	506,884	0	0	0	0
福島臨海鉄道	0	0	0	0	0	0	0
黒部峡谷鉄道	870	0	740	0	0	0	215
秩父鉄道	0	0	0	0	0	0	0
京葉臨海鉄道	0	0	1,384,452	0	0	0	0
神奈川臨海鉄道	0	0	1,161,338	0	0	0	0
名古屋鉄道	0	0	0	0	0	0	0
大井川鐵道	80	0	0	0	0	0	0
三岐鉄道	790,476	138,856	0	0	0	0	145,724
西濃鉄道	0	0	0	0	0	0	0
名古屋臨海鉄道	0	0	0	0	0	0	0
衣浦臨海鉄道	0	0	0	0	0	0	150,010
総合計(民鉄) Total (Local Rail)	791,426	138,856	3,053,414	0	0	0	295,949
日本貨物鉄道 JR Freight	790,476	0	5,914,153	0	145,724	0	0
資 料	国土交通省鉄道局監修						

輸 送 実 績 （令和元年度）（FY2019）（その２）

Carried by Wagon Load Freight (Continued No.2)

単位: トン(Unit: tons)

軽工業品 Light Manufacturing Products			雑工業品 Miscellaneous Products		特 殊 品 Special Products			分類不能
紙・パルプ Paper Pulp	繊 維 工業品 Textile Products	食 料 工業品 Food Stuff	日用品 Daily Necessities	その他 Others	金属屑 Metallic Scrap	動植物性 飼 料 Foodstuff & Fertilizers	その他 Others	Others
トン	トン	トン	トン	トン	トン	トン	トン	トン
0	0	0	0	0	0	0	0	0
0	0	0	0	0	0	0	0	0
0	0	0	0	0	0	0	0	0
0	0	0	40	0	0	0	4,905	8,448
0	0	0	0	0	0	0	0	9,018
0	0	0	0	0	0	0	0	0
0	0	0	0	0	0	0	119,096	0
0	0	0	0	0	0	0	0	0
0	0	0	0	0	0	0	0	713
0	0	0	0	0	0	0	0	0
0	0	0	0	0	0	0	0	0
0	0	0	0	0	0	0	0	2,676
0	0	0	0	0	0	0	0	4,780
0	0	0	40	0	0	0	124,001	25,635
0	0	0	0	0	0	0	138,856	0

（鉄道統計年報）

貨 物 自 動 車
Tonnage Carried

| 年 度
Fiscal
Year | 合 計
Sum Total | 営　業　用 Commercial use | | | |
		計 Total	普通車 Ordinary Size	小型車 Small Size	特種用途車 Special Purpose Vehicles
S35 (1960)	1,156,291	380,728	256,450	110,359	13,919
S40 (1965)	2,193,195	664,227	462,599	130,591	71,037
S45 (1970)	4,626,069	1,113,061	861,602	100,790	150,669
S50 (1975)	4,392,859	1,251,482	1,023,632	57,146	170,704
S55 (1980)	5,317,950	1,661,473	1,378,692	48,731	234,050
S60 (1985)	5,048,048	1,891,937	1,612,536	45,571	233,830
H2 (1990)	6,113,565	2,427,625	2,092,641	40,596	283,147
SH7 (1995)	6,016,571	2,647,067	2,216,118	33,608	383,551
H12 (2000)	5,773,619 (100.0)	2,932,696 (50.8)	2,462,354 (42.6)	27,897 (0.5)	425,971 (7.4)
H17 (2005)	4,965,874 (100.0)	2,858,258 (49.5)	2,386,335 (48.1)	25,108 (0.5)	429,243 (8.6)
H22 (2010)	4,480,195 (100.0)	3,069,416 (68.5)	2,525,115 (56.4)	21,843 (0.5)	503,518 (11.2)
H24 (2012)	4,365,927 (100.0)	3,011,839 (69.0)	2,447,819 (56.1)	23,029 (0.5)	517,849 (11.9)
H25 (2013)	4,345,753 (100.0)	2,989,496 (68.8)	2,421,931 (55.7)	21,875 (0.5)	524,139 (12.1)
H26 (2014)	4,315,836 (100.0)	2,934,361 (68.0)	2,387,773 (55.3)	22,026 (0.5)	502,892 (11.7)
H27 (2015)	4,289,000 (100.0)	2,916,827 (68.0)	2,370,305 (55.3)	21,730 (0.5)	503,338 (11.7)
H28 (2016)	4,378,268 (100.0)	3,019,313 (69.0)	2,477,718 (56.6)	20,379 (0.5)	501,001 (11.4)
H29 (2017)	4,381,246 (100.0)	3,031,940 (69.2)	2,494,933 (57.0)	20,850 (0.5)	495,919 (11.3)
H30 (2018)	4,329,784 (100.0)	3,018,819 (69.7)	2,489,532 (57.5)	20,509 (0.5)	488,782 (11.3)
R1 (2019)	4,329,132 (100.0)	3,053,766 (70.5)	2,527,436 (58.4)	20,426 (0.5)	485,527 (11.2)
R2 (2020)	3,786,998 (100.0)	2,550,515 (67.3)	2,023,309 (53.4)	13,850 (0.4)	493,705 (13.0)
資 料					国土交通省総合政策局

(注) 1. 区分は、凡例6参照
　　 2. 特種用途車の輸送トン数は、タンク車・コンクリートミキサー車等の貨物輸送を目的とする車の輸送トン数のみである。
　　 3. 昭和62年度より軽自動車を含む。平成22年度より自家用軽自動車を対象から除外した。

輸　送　ト　ン　数

by Trucks

単位：千トン(Unit : Thousand tons)

軽自動車 Light Motor Vehicles	計 Total	自 家 用 Private use			
		普通車 Ordinary Size	小型車 Small Size	特種用途車 Special Purpose Vehicles	軽自動車 Light Motor Vehicles
...	775,563	422,009	336,178	17,376	...
...	1,528,978	781,004	690,524	57,440	...
...	3,513,008	1,811,750	1,531,272	169,986	...
...	3,141,377	2,106,926	757,659	276,792	...
...	3,656,477	2,466,643	797,176	392,658	...
...	3,156,111	2,114,946	655,819	385,346	...
11,241	3,685,940	2,529,224	561,625	466,312	128,779
13,790	3,369,504	2,307,007	443,678	479,450	139,369
16,474 (0.3)	2,840,923 (49.2)	1,970,648 (34.1)	336,845 (5.8)	405,899 (7.0)	127,531 (2.2)
17,572 (0.4)	2,107,616 (42.4)	1,458,046 (29.4)	250,493 (5.0)	275,435 (5.5)	123,642 (2.5)
18,940 (0.4)	1,410,779 (31.5)	1,004,710 (22.4)	167,702 (3.7)	238,367 (5.3)	...
23,143 (0.5)	1,354,088 (31.0)	896,524 (20.5)	189,806 (4.3)	267,758 (6.1)	...
21,551 (0.5)	1,356,256 (31.2)	898,140 (20.7)	184,146 (4.2)	273,971 (6.3)	...
21,670 (0.5)	1,381,475 (32.0)	918,690 (21.3)	190,612 (4.4)	272,174 (6.3)	...
21,454 (0.5)	1,372,174 (32.0)	913,769 (21.3)	188,278 (4.4)	270,127 (6.3)	...
20,216 (0.5)	1,358,955 (31.0)	935,231 (21.4)	173,985 (4.0)	249,739 (5.7)	...
20,238 (0.5)	1,349,306 (30.8)	923,209 (21.1)	167,811 (3.8)	258,286 (5.9)	...
19,996 (0.5)	1,310,965 (30.3)	897,907 (20.7)	162,897 (3.8)	250,161 (5.8)	...
20,377 (0.5)	1,275,366 (29.5)	882,778 (20.4)	153,102 (3.5)	239,486 (5.5)	...
19,650 (0.5)	1,236,483 (32.7)	820,230 (21.7)	155,958 (4.1)	260,296 (6.9)	...

情報政策課交通経済統計調査室　（自動車輸送統計年報）

4. 平成22年度の数値には、平成23年3月の北海道及び東北6県の数値を含まない。

5. 平成23年度の数値には、平成23年4月の北海道及び東北6県の数値を含まない。

6. 平成22年度調査報告より、調査方法及び集計方法を変更した。これにより、過去の数値とは連続しない。

貨　物　自　動　車

Tonnage－km

年　度 Fiscal Year	合　計 Sum Total	営　業　用 Commercial use			
		計 Total	普通車 Ordinary Size	小型車 Small Size	特種用途車 Special Purpose Vehicles
S35 (1960)	20,801	9,639	8,220	1,128	291
S40 (1965)	48,392	22,385	18,582	1,885	1,918
S45 (1970)	135,916	67,330	61,222	1,774	4,335
S50 (1975)	129,701	69,247	62,327	1,592	5,328
S55 (1980)	178,901	103,541	93,046	1,469	8,999
S60 (1985)	205,941	137,299	123,177	1,642	12,479
H2 (1990)	274,244	194,221	172,834	1,391	19,575
H7 (1995)	294,648	223,090	192,153	1,060	29,443
H12 (2000)	313,118 (100.0)	255,533 (81.6)	217,398 (69.4)	928 (0.3)	36,686 (11.7)
H17 (2005)	334,979 (100.0)	290,773 (86.8)	243,193 (72.6)	908 (0.3)	46,059 (13.7)
H22 (2010)	243,150 (100.0)	213,288 (87.7)	171,365 (70.5)	663 (0.3)	40,804 (16.8)
H24 (2012)	209,956 (100.0)	180,336 (85.9)	140,293 (66.8)	626 (0.3)	38,945 (18.5)
H25 (2013)	214,092 (100.0)	184,840 (86.3)	146,336 (68.4)	612 (0.3)	37,412 (17.5)
H26 (2014)	210,008 (100.0)	181,160 (86.3)	143,611 (68.4)	607 (0.3)	36,502 (17.4)
H27 (2015)	204,316 (100.0)	175,981 (86.1)	140,121 (68.6)	582 (0.3)	34,855 (17.1)
H28 (2016)	210,316 (100.0)	180,810 (86.0)	146,547 (69.7)	538 (0.3)	33,307 (15.8)
H29 (2017)	210,829 (100.0)	182,526 (86.6)	148,858 (70.6)	543 (0.3)	32,712 (15.5)
H30 (2018)	210,467 (100.0)	182,490 (86.7)	149,101 (70.8)	536 (0.3)	32,449 (15.4)
R1 (2019)	213,836 (100.0)	186,377 (87.2)	153,280 (71.7)	543 (0.3)	32,144 (15.0)
R2 (2020)	213,419 (100.0)	186,999 (87.6)	146,084 (68.4)	415 (0.2)	40,146 (18.8)
資　料					国土交通省総合政策局

(注) 1. 区分は、凡例6参照
　　 2. 特種用途車の輸送トン数は、タンク車・コンクリートミキサー車等の貨物輸送を目的とする車の輸送トン数のみである。
　　 3. 昭和62年度より軽自動車を含む。平成22年度より自家用軽自動車を対象から除外した。

輸　送　ト　ン　キ　ロ

Carried by Trucks

単位：百万トンキロ(Unit :Millon　Tons-km)

軽自動車 Light Motor Vehicles	自　家　用　Private use				
	計 Total	普通車 Ordinary Size	小型車 Small Size	特種用途車 Special Purpose Vehicles	軽自動車 Light Motor Vehicles
...	11,163	7,375	3,543	245	...
...	26,006	15,199	9,821	986	...
...	68,586	42,343	23,807	2,436	...
...	69,455	41,685	15,033	3,737	...
...	75,360	52,963	16,669	5,729	...
...	68,641	47,254	14,882	6,504	...
422	80,023	58,086	12,401	7,870	1,665
435	71,558	52,284	9,570	8,057	1,647
522 (0.2)	57,585 (18.4)	41,806 (13.4)	7,266 (2.3)	6,953 (2.2)	1,559 (0.5)
613 (0.2)	44,206 (13.2)	31,858 (9.5)	5,503 (1.6)	5,391 (1.6)	1,455 (0.4)
456 (0.2)	29,862 (12.3)	22,785 (9.4)	2,999 (1.2)	4,078 (1.7)	...
471 (0.2)	29,620 (14.1)	21,367 (10.2)	3,369 (1.6)	4,884 (2.3)	...
480 (0.2)	29,252 (13.7)	20,838 (9.7)	3,524 (1.6)	4,889 (2.3)	...
440 (0.2)	28,848 (13.7)	20,341 (9.7)	3,487 (1.7)	5,020 (2.4)	...
423 (0.2)	28,335 (13.9)	19,998 (9.8)	3,451 (1.7)	4,886 (2.4)	...
418 (0.2)	29,506 (14.0)	21,549 (10.2)	3,257 (1.5)	4,700 (2.2)	...
412 (0.2)	28,303 (13.4)	20,500 (9.7)	3,137 (1.5)	4,666 (2.2)	...
404 (0.2)	27,977 (13.3)	20,470 (9.7)	3,030 (1.4)	4,476 (2.1)	...
410 (0.2)	27,459 (12.8)	19,988 (9.3)	2,865 (1.3)	4,607 (2.2)	...
354 (0.2)	26,421 (12.4)	19,400 (9.1)	2,590 (1.2)	4,430 (2.1)	...

交通経済統計調査室　（自動車輸送統計年報）

　4. 平成6年度の数値には、平成7年1月～3月の兵庫県の数値を含まない。

　5. 平成22年度の数値には、平成23年3月の北海道及び東北6県の数値を含まない。

　6. 平成23年度の数値には、平成23年4月の北海道及び東北6県の数値を含まない。

　7. 平成22年度調査報告より、調査方法及び集計方法を変更した。これにより、過去の数値とは連続しない。

旅 客 自 動 車
Number of Passengers

年 度 Fiscal Year	合 計 Sum Total	バ ス Bus		営 業 用 Commercial use	
		計 Total	小 計 Sub Total	乗 合 Regular	貸 切 Charter
S35 (1960)	7,900,743	6,290,722	6,178,805	6,044,498	134,307
S40 (1965)	14,863,470	10,557,428	10,028,983	9,862,056	166,927
S45 (1970)	24,032,433	11,811,524	10,254,693	10,073,704	180,989
S50 (1975)	28,411,450	10,730,770	9,293,477	9,118,868	174,609
S55 (1980)	33,515,233	9,903,047	8,300,314	8,096,622	203,692
S60 (1985)	34,678,904	8,780,339	7,229,794	6,997,602	232,192
H2 (1990)	55,767,427	8,558,007	6,756,251	6,500,489	255,762
H7 (1995)	61,271,653	7,619,016	6,005,172	5,756,231	248,941
H12 (2000)	62,841,306 (100.0)	6,635,255 (10.6)	5,057,754 (8.0)	4,803,040 (7.6)	254,714 (0.4)
H17 (2005)	65,946,689 (100.0)	5,888,754 (8.9)	4,545,417 (6.9)	4,243,854 (6.4)	301,563 (0.5)
H22 (2010)	6,241,395 (100.0)	4,458,229 (71.4)	4,458,229 (71.4)	4,158,180 (66.6)	300,049 (4.8)
H24 (2012)	6,076,806 (100.0)	4,437,253 (73.0)	4,437,253 (73.0)	4,124,997 (67.9)	312,256 (5.1)
H25 (2013)	6,152,915 (100.0)	4,505,190 (73.2)	4,505,190 (73.2)	4,175,831 (69.2)	329,359 (5.5)
H26 (2014)	6,057,426 (100.0)	4,500,163 (74.3)	4,500,163 (74.3)	4,174,821 (69.2)	325,342 (5.4)
H27 (2015)	6,031,303 (100.0)	4,565,210 (75.7)	4,565,210 (75.7)	4,269,867 (70.8)	295,343 (4.9)
H28 (2016)	6,034,900 (100.0)	4,582,953 (75.9)	4,582,953 (75.9)	4,288,516 (71.1)	294,437 (4.9)
H29 (2017)	6,084,966 (100.0)	4,639,579 (76.9)	4,639,579 (76.2)	4,342,261 (71.4)	297,318 (4.9)
H30 (2018)	6,036,558 (100.0)	4,645,762 (77.0)	4,645,762 (77.0)	4,347,726 (71.5)	298,035 (4.9)
R1 (2019)	5,799,913 (100.0)	4,532,231 (78.1)	4,532,232 (78.1)	4,257,648 (73.4)	274,584 (4.7)
R2 (2020)	4,000,083 (100.0)	3,261,843 (81.5)	3,261,843 (81.5)	3,120,552 (78.0)	141,291 (3.5)
資 料				国土交通省総合政策局情報政策課	

(注)1. 区分は、3頁の凡例6参照
  2. 平成22年度調査報告より、調査方法及び集計方法が変更された(営業バスを除く)ため、過去の数値
    とは連続しない。

輸 送 人 員
Carried by Motor Vehicles

単位：千人(Unit : Thousand Persons)

| 自家用
Private Use | 乗 用 車 Passenger Car | | 自 家 用 Private use | | 自家用貨物車
Truck for Private use | |
	計 Total	営業用 Commercial Use	登録車 Motor Vehicles Registered	軽自動車 Light Motor Vehicles	登録車 Motor Vehicles Registered	軽自動車 Light Motor Vehicles
111,917	1,610,021	1,205,255	404,766	...	...	...
528,445	4,306,042	2,626,631	1,679,411	...	...	...
1,556,831	12,220,909	4,288,853	7,932,056	...	...	...
1,437,293	17,680,680	3,220,221	14,460,459	...	...	...
1,602,733	23,612,186	3,426,567	20,185,619	...	...	...
1,550,545	25,898,565	3,256,748	22,641,817	...	...	...
1,801,756	36,203,558	3,223,166	30,847,009	2,133,383	3,454,128	7,551,734
1,613,844	43,054,973	2,758,386	35,018,454	5,278,133	3,133,874	7,463,790
1,577,501 (2.5)	47,937,071 (76.3)	2,433,069 (3.6)	36,505,013 (58.1)	8,998,989 (14.3)	2,484,914 (4.0)	5,784,066 (9.2)
1,343,337 (2.0)	52,722,207 (79.9)	2,217,361 (3.4)	37,358,034 (56.6)	13,146,812 (19.9)	2,083,356 (3.2)	5,252,372 (8.0)
...	1,783,166 (28.6)	1,783,166 (28.6)	...	...	...	...
...	1,639,553 (27.0)	1,639,553 (27.0)	...	...	...	...
...	1,647,725 (26.8)	1,647,725 (26.8)	...	...	...	...
...	1,557,263 (25.7)	1,557,263 (25.7)	...	...	...	...
...	1,466,093 (24.3)	1,466,093 (24.3)	...	...	...	...
...	1,451,975 (24.1)	1,451,975 (24.1)	...	...	...	...
...	1,445,386 (23.8)	1,445,386 (23.8)	...	...	...	...
...	1,390,797 (22.9)	1,390,797 (22.9)	...	...	...	...
...	1,267,682 (21.9)	1,267,682 (21.9)	...	...	...	...
...	738,240 (18.5)	738,240 (18.5)	...	...	...	...

交通経済統計調査室(自動車輸送統計年報)

3．また平成22年度調査報告より、自家用乗用車、自家用貨物車及び軽自動車を調査対象から除外した。

4．平成22年度の数値には、平成23年3月の北海道運輸局及び東北運輸局の乗用車の数値を含まない。

旅 客 自 動 車

Passenger-Kilometers

年 度 Fiscal Year	合 計 Sum Total	計 Total	バ ス 		Buses
			営 業 用 Commercial use		
			小計 Sub Total	乗合 Regular	貸切 Charter
S35 (1960)	55,531	43,999	42,742	31,643	11,099
S40 (1965)	120,756	80,134	73,371	53,495	19,876
S45 (1970)	284,229	102,893	82,239	52,712	29,527
S50 (1975)	360,867	110,063	80,110	47,505	32,605
S55 (1980)	431,669	110,396	73,934	41,595	32,339
S60 (1985)	489,261	104,898	70,848	33,752	37,096
H2 (1990)	853,060	110,372	77,341	33,724	43,617
H7 (1995)	917,420	97,288	73,911	30,635	43,276
H12 (2000)	951,251 (100.0)	87,307 (9.2)	69,530 (7.3)	26,978 (2.8)	42,552 (4.5)
H17 (2005)	933,005 (100.0)	88,065 (9.4)	72,781 (7.8)	27,664 (3.0)	45,117 (4.8)
H22 (2010)	77,677 (100.0)	69,955 (90.1)	69,955 (90.1)	28,616 (36.8)	41,339 (53.2)
H24 (2012)	75,668 (100.0)	68,458 (92.6)	68,458 (92.6)	29,787 (40.3)	38,670 (52.3)
H25 (2013)	74,571 (100.0)	67,527 (90.6)	67,527 (90.6)	30,737 (41.2)	36,790 (49.3)
H26 (2014)	72,579 (100.0)	65,649 (90.5)	65,649 (90.5)	31,384 (43.2)	34,265 (47.2)
H27 (2015)	71,443 (100.0)	64,936 (90.9)	64,936 (90.9)	33,176 (46.4)	31,760 (44.5)
H28 (2016)	70,119 (100.0)	63,737 (90.9)	63,737 (90.9)	33,604 (47.9)	30,133 (43.0)
H29 (2017)	69,815 (100.0)	63,524 (91.0)	63,524 (91.0)	34,260 (49.1)	29,264 (41.9)
H30 (2018)	70,101 (100.0)	64,108 (91.5)	64,108 (91.5)	35,214 (50.2)	28,894 (41.2)
R1 (2019)	65,556 (100.0)	60,070 (91.6)	60,070 (91.6)	33,690 (51.4)	26,381 (40.2)
R2 (2020)	25,593 (100.0)	22,546 (88.1)	22,546 (88.1)	18,195 (71.1)	4,351 (17.0)
資 料					国土交通省総合政策局情報政策課

(注) 1. 区分は、凡例6参照
   2. 平成6年度の数値には、平成7年1月～3月の兵庫県の数値(営業バス等を除く)を含まない。
   3. 平成22年度の数値には、平成23年3月の北海道及び東北6県の数値(営業バスを除く)を含まない。

輸　送　人　キ　ロ

Carried　by　Motor　Vehicles

単位：百万人キロ(Unit :Million　Persons-km)

自家用 Private Use	計 Total	乗　用　車　Passenger　Car			自家用貨物車 Truck for Private use	
		営業用 Commercial Use	自　家　用　Private　use		登録車 Motor Vehicles Registered	軽自動車 Light Motor Vehicles
			登録車 Motor Vehicles Registered	軽自動車 Light Motor Vehicles		
1,257	11,532	5,162	6,370	…	…	…
6,763	40,622	11,216	29,406	…	…	…
20,655	181,335	19,311	162,024	…	…	…
29,953	250,804	15,572	235,232	…	…	…
36,462	321,272	16,243	305,030	…	…	…
34,050	384,363	15,763	368,600	…	…	…
33,031	575,506	15,639	536,773	23,094	74,659	92,523
23,377	664,625	13,796	594,712	56,117	73,887	81,620
17,777 (1.9)	741,148 (77.9)	12,052 (1.3)	630,958 (66.3)	98,138 (10.3)	59,431 (6.2)	63,366 (6.7)
15,284 (1.6)	737,621 (79.1)	11,485 (1.2)	587,657 (63.0)	138,479 (14.8)	49,742 (5.3)	57,576 (6.2)
…	7,723 (9.9)	7,723 (9.9)	…	…	…	…
…	7,210 (9.8)	7,210 (9.8)	…	…	…	…
…	7,044 (9.4)	7,044 (9.4)	…	…	…	…
…	6,930 (9.5)	6,930 (9.5)	…	…	…	…
…	6,508 (9.1)	6,508 (9.1)	…	…	…	…
…	6,382 (9.1)	6,382 (9.1)	…	…	…	…
…	6,290 (9.0)	6,290 (9.0)	…	…	…	…
…	5,993 (8.5)	5,993 (8.5)	…	…	…	…
…	5,486 (8.4)	5,486 (8.4)	…	…	…	…
…	3,047 (11.9)	3,047 (11.9)	…	…	…	…

交通経済統計調査室(自動車輸送統計年報)

4．平成23年度の数値には、平成23年4月の北海道及び東北6県の数値(営業バスを除く)を含まない。

5．平成22年度調査報告より、調査方法及び集計方法が変更された(営業バスを除く)ため、過去の数値とは連続しない

6．また平成22年度調査報告より、自家用乗用車、自家用貨物車及び軽自動車を調査対象から除外した。

貨 物 自 動 車

Kilometric

年 度 Fiscal Year	合 計 Sum Total	営 業 用 Commercial use			
		計 Total	普通車 Ordinary Size	小型車 Small Size	特種用途車 Special Purpose Vehicles
S35 (1960)	17,444,933	4,377,352	2,594,799	1,645,495	137,058
S40 (1965)	44,563,004	8,465,056	5,490,557	2,384,655	589,844
S45 (1970)	100,040,408	15,592,167	12,014,742	2,416,837	1,160,588
S50 (1975)	104,859,125	17,921,607	14,190,159	2,141,192	1,590,256
S55 (1980)	141,546,599	26,882,697	21,518,271	2,347,225	3,017,201
S60 (1985)	136,533,450	34,682,364	28,083,552	2,627,023	3,971,789
H2 (1990)	255,871,744	51,187,877	39,732,101	2,619,838	6,106,860
H7 (1995)	267,128,018	63,869,017	48,538,375	2,397,843	9,405,178
H12 (2000)	260,845,895	73,695,464	54,226,378	2,269,089	12,708,270
H17 (2005)	242,090,907	76,232,797	54,644,511	2,107,513	14,075,769
H20 (2008)	236,475,569	78,246,206	54,653,167	2,129,823	15,364,934
H21 (2009)	228,133,659	75,629,532	52,265,327	2,110,601	15,111,363
H22 (2010)	184,514,054	68,542,308	46,575,347	2,031,095	13,848,218
H23 (2011)	179,833,948	66,610,219	45,221,330	1,885,032	13,657,415
H24 (2012)	198,993,040	60,979,140	39,488,734	1,872,090	13,514,860
H25 (2013)	205,824,603	65,776,755	44,118,694	1,845,255	14,089,279
H26 (2014)	205,685,592	65,645,677	43,923,721	1,790,283	14,233,437
H27 (2015)	203,592,279	65,936,287	44,056,488	1,815,664	14,426,436
H28 (2016)	200,568,290	65,392,633	43,744,261	1,732,178	14,286,805
H29 (2017)	199,040,121	65,831,428	44,100,496	1,734,145	14,287,405
H30 (2018)	196,502,278	66,212,516	44,044,725	1,752,741	14,461,997
R1 (2019)	194,365,347	65,927,448	43,599,667	1,753,320	14,508,090
R2 (2020)	181,362,957	62,249,300	41,311,688	1,595,681	13,786,795
資 料	国土交通省総合政策局情報政策課交通経済統計調査室				

(注) 1. 区分は、3頁の凡例6参照
　　 2. 特種用途車の輸送トン数は、タンク車・コンクリートミキサー車等の貨物輸送を目的とする車の走行キロ
　　　 のみである。
　　 3. 平成22年度の数値には、平成23年3月の北海道及び東北6県の数値を含まない。
　　 4. 平成23年度の数値には、平成23年4月の北海道及び東北6県の数値を含まない。

走　行　キ　ロ

Performance by Trucks

単位：千キロ(Unit : Thousand km)

	自　　家　　用 Private use				
軽自動車 Light Motor Vehicles	計 Total	普通車 Ordinary Size	小型車 Small Size	特種用途車 Special Purpose Vehicles	軽自動車 Light Motor Vehicles
...	13,067,581	3,673,150	9,250,417	144,014	...
...	36,097,948	6,378,969	29,346,590	372,389	...
...	84,448,241	15,491,848	68,163,358	793,035	...
...	86,937,518	14,730,938	70,515,944	1,690,636	...
...	114,663,902	20,163,657	91,508,840	2,991,405	...
...	111,851,086	20,787,990	87,216,192	3,846,904	...
2,729,078	204,683,867	27,148,708	89,789,012	5,139,466	82,606,681
3,527,621	203,259,001	29,907,983	85,526,055	6,818,600	81,006,363
4,491,727	187,150,431	28,797,198	79,940,123	7,991,047	70,422,063
5,404,004	165,858,110	24,962,312	66,162,139	6,349,014	68,384,645
6,098,282	158,229,363	24,292,351	60,510,432	6,212,412	67,214,168
6,142,241	152,504,127	22,968,937	57,224,544	6,070,941	66,239,705
6,087,648	115,971,746	17,809,207	23,461,578	6,594,275	68,106,686
5,846,442	113,223,729	16,288,454	24,062,704	6,415,012	66,457,559
6,103,456	138,013,900	15,905,406	44,700,623	6,826,890	70,580,981
5,723,527	140,047,848	17,057,716	44,231,227	7,061,787	71,697,118
5,698,236	140,039,915	17,021,649	43,955,232	7,037,031	72,026,003
5,637,699	137,655,992	17,253,393	43,123,408	7,040,634	70,238,557
5,629,389	135,175,657	17,215,971	40,363,669	6,894,403	70,701,614
5,709,382	133,208,693	17,180,429	39,765,507	6,779,665	69,483,092
5,953,053	130,289,762	17,408,973	39,310,754	6,587,051	66,982,984
6,066,371	128,437,899	17,559,435	39,102,160	6,382,943	65,393,361
5,555,136	119,113,657	16,025,743	36,560,317	5,673,951	60,853,646

（自動車輸送統計年報(平成21年度まで)、自動車燃料消費量調査年報(平成22年度より)）

6. 平成22年度調査報告より、調査方法及び集計方法が変更されたため、自動車燃料消費量統計年報によることとし これにより、過去の数値とは連続しない。

7. また、原典資料の章表事項の区分が従前と異なるため、他区分の車種を含むものがある。

a) 営業用普通車には、その他LPG車及びCNG車を含む。

b) 営業用小型車には、ガソリン貨物車の普通・小型・特種車を含む。

c) 自家用特種用途車には、軽油　自家用旅客車の特種車(非貨物)を含む。

旅 客 自 動 車

Kilometric Performance of

年 度 Fiscal Year	合 計 Sum Total	バ ス　Buses			
			営 業 用　Commercial use		
		計 Total	小 計 Sub Total	乗 合 Regular	貸 切 Charter
S35 (1960)	10,719,059	1,994,286	1,945,846	1,680,671	265,175
S40 (1965)	37,592,220	3,589,909	3,147,759	2,636,126	511,633
S45 (1970)	125,976,450	5,394,083	3,674,183	2,935,122	739,061
S50 (1975)	181,485,963	5,450,609	3,622,637	2,878,520	744,177
S55 (1980)	247,505,112	6,045,821	3,890,181	2,909,759	980,422
S60 (1985)	281,908,270	6,351,738	4,115,063	2,879,928	1,235,135
H2 (1990)	577,393,157	7,111,973	4,609,701	3,038,390	1,571,311
H7 (1995)	656,414,264	6,767,953	4,530,987	2,955,635	1,575,352
H12 (2000)	702,027,937	6,619,057	4,525,797	2,896,959	1,628,838
H17 (2005)	692,645,814	6,650,213	4,744,596	3,015,339	1,729,257
H20 (2008)	668,623,174	6,567,880	4,743,498	3,046,438	1,697,060
H21 (2009)	670,378,561	6,549,406	4,720,338	3,042,916	1,677,422
H22 (2010)	625,103,916	6,156,261	4,661,356	…	…
H23 (2011)	630,473,369	5,983,838	4,536,321	…	…
H24 (2012)	657,737,317	6,027,338	4,604,710	…	…
H25 (2013)	652,220,634	5,974,883	4,592,692	…	…
H26 (2014)	646,962,736	5,921,132	4,576,650	…	…
H27 (2015)	649,746,545	5,851,272	4,510,808	…	…
H28 (2016)	659,078,058	5,709,074	4,415,432	…	…
H29 (2017)	668,860,448	5,591,787	4,304,159	…	…
H30 (2018)	672,595,146	5,513,362	4,221,204	…	…
R1 (2019)	669,778,130	5,327,535	4,122,346	…	…
R2 (2020)	595,641,285	3,777,140	2,942,857	…	…
資 料	国土交通省総合政策局情報政策課交通経済統計調査室				

(注)1. 区分は、3頁の凡例6参照

　　2. 平成6年度の数値には、平成7年1月～3月の兵庫県の数値(営業バス等を除く)を含まない。

　　3. 平成22年度の数値には、平成23年3月の北海道及び東北6県の数値を含まない(営業用バスを除く)。

　　4. 平成23年度の数値には、平成23年4月の北海道及び東北6県の数値を含まない(営業用バスを除く)。

走 行 キ ロ

Passenger Motor Vehicles

単位：千キロ(Unit：Thousand km)

| | | 乗　用　車　Passenger Car | | | 自家用貨物車
Truck for Private use | |
| | | | 自　家　用　Private use | | 登録車 | 軽自動車 |
自家用 Private Use	計 Total	営業用 Commercial Use	登録車 Motor Vehicles Registered	軽自動車 Light Motor Vehicles	Motor Vehicles Registered	Light Motor Vehicles
48,440	8,724,773	4,591,153	4,133,620	...	...	...
442,150	34,002,311	11,721,007	22,281,304	...	...	...
1,719,900	120,582,367	19,873,243	100,709,124	...	...	...
1,827,972	176,035,354	17,514,938	158,520,416	...	...	...
2,155,640	241,459,291	19,328,451	222,130,840	...	...	...
2,236,675	275,556,532	19,248,953	256,307,579	...	...	...
2,502,272	365,597,317	19,348,051	330,968,483	15,280,783	122,077,186	82,606,681
2,236,966	446,387,310	18,018,027	388,983,003	39,386,280	122,252,638	81,006,363
2,093,260	508,258,449	16,429,964	421,773,936	70,054,549	116,728,368	70,422,063
1,905,617	520,137,491	15,262,520	402,274,026	102,600,945	97,473,465	68,384,645
1,824,382	503,825,931	14,264,090	368,235,237	121,326,604	91,015,195	67,214,168
1,829,068	511,325,028	13,820,623	368,919,122	128,585,283	86,264,422	66,239,705
1,494,905	486,214,356	12,493,827	338,703,248	135,017,281	64,626,613	68,106,686
1,447,517	494,781,013	12,493,827	346,239,377	136,047,809	63,250,959	66,457,559
1,422,628	516,529,739	11,216,610	354,007,872	151,305,257	64,599,259	70,580,981
1,382,191	509,146,049	11,088,906	347,803,341	150,253,802	65,402,584	71,697,118
1,344,482	503,916,836	10,836,977	336,331,559	156,748,300	65,098,765	72,026,003
1,340,464	509,194,506	10,477,152	338,110,776	160,606,578	64,462,210	70,238,557
1,293,642	521,039,931	9,879,223	341,511,337	169,649,371	61,627,439	70,701,614
1,287,628	532,762,193	9,585,298	347,022,073	176,154,822	61,023,376	69,483,092
1,292,158	543,379,073	9,014,110	354,002,991	180,361,972	56,719,727	66,982,984
1,205,189	542,395,639	8,224,276	353,072,509	181,098,854	56,661,595	65,393,361
834,283	478,424,439	4,812,813	311,065,072	162,546,554	52,586,060	60,853,646

（自動車輸送統計年報(平成21年度まで)、自動車燃料消費量調査年報(平成22年度より)）

5 平成22年度調査報告より、調査方法及び集計方法が変更されたため、自動車燃料消費量統計年報によることとした。これにより、過去の数値とは連続しない。

6. また、原典資料の章表事項の区分が従前と異なるため、他区分の車種を含むものがある。

・乗用車のうち自家用登録車は、旅客の普通車、小型車、乗用車（ハイブリッド）による。

自 動 車 貨 物 品 目 別 輸 送 ト ン 数 （平成29年度）
Tonnage of Items Carried by Trucks

単位：千トン（Unit：Thousand tons）

品　　目　　Items	合計 Sum Total	営業用 Business use 計 Total	普通車 Ordinary Size	小型車 Small Size	特殊 用途車 Special	軽自動車 Light Motor	自家用 Private use 計 Total	普通車 Ordinary Size	小型車 Small Size	特殊 用途車 Special
合　　　　　計 Sum Total	4,381,246	3,031,940	2,494,933	20,850	495,919	20,238	1,349,306	923,209	167,811	258,286
穀　　　　　物 Cereals	38,368	28,195	22,501	139	5,322	234	10,172	4,466	5,102	604
野　菜　・　果　物 Vegetables, Fruit	68,316	47,969	21,809	152	25,767	241	20,347	10,476	6,988	2,882
そ の 他 の 農 産 物 Other Crops	22,623	15,267	11,230	257	3,534	245	7,356	4,079	2,678	599
畜　産　品 Stock Products	45,548	34,426	11,196	4	23,098	128	11,122	4,873	921	5,328
水　産　品 Maline Products	52,915	44,844	10,396	125	34,108	214	8,071	4,335	1,432	2,305
木　　　　　材 Lumber	135,391	93,028	90,273	821	1,898	36	42,363	33,444	8,746	173
薪　　　　　炭 Firewood	709	336	245	0	19	71	374	216	158	0
石　　　　　炭 Coal	22,697	22,089	21,974	2	114	0	608	374	234	0
金　属　鉱 Metallic minarals	7,241	6,443	6,292	1	26	124	798	697	100	1
砂利・砂・石 材 Gravel,Sands,Stones	502,682	188,196	186,359	139	1,695	2	314,485	285,430	28,425	630
工業用非金属鉱物 Non-ferrous Metals & Minerals	54,727	41,533	37,419	5	4,107	1	13,194	10,371	399	2,424
鉄　　　鋼 Iron & Steel	189,621	158,882	157,816	361	692	14	30,738	26,612	4,126	0
非　鉄　金　属 Non-ferrous Metals & Products	27,383	22,763	22,134	309	165	155	4,620	2,923	1,697	0
金　属　製　品 Metal Products	129,684	87,122	84,148	784	1,933	258	42,561	29,395	13,032	134
輸　送　用　機　械 Transportation Machinery	59,254	38,870	38,779	6	76	8	20,384	19,724	659	1
輸 送 用 機 械 部 品 Parts for Transportation Machinery	191,231	178,984	174,977	467	2,881	658	12,247	9,592	2,656	0
そ の 他 の 機 械 Other Machinery	140,263	90,743	88,787	498	1,309	148	49,520	40,020	9,476	23
セ　メ　ン　ト Cement	57,284	43,864	10,500	19	33,345	0	13,420	3,504	1,365	8,551
そ の 他 の 窯 業 品 Other Ceramics	255,983	115,852	61,218	489	54,143	2	140,132	16,714	4,558	118,859
揮　発　油 Gasoline	27,570	25,901	20,771	0	5,127	3	1,669	467	70	1,132
重　　　油 Heavy Oil	8,824	5,738	331	9	5,399	0	3,085	48	99	2,939
そ の 他 の 石 油 Other Petroleum	73,847	54,369	27,310	170	26,870	19	19,478	224	1,231	18,023
そ の 他 の 石 油 製 品 Other Petroleum-Products	29,199	14,766	12,804	28	1,935	0	14,432	12,117	2,113	202
LPG及びその他のガス LPG Gas and Other Gas	28,889	14,714	7,698	900	6,099	16	14,175	6,966	5,843	1,366
コークス・その他の石 炭 製 品 Coke,Others Coal Products	8,222	7,710	6,044	0	1,666	0	512	443	0	69
化　学　薬　品 Chemicals	30,165	27,798	13,211	326	14,255	6	2,367	1,041	943	383
化　学　肥　料 Chemical Fertilizers	11,616	8,795	7,584	445	641	126	2,821	894	1,814	114
染料・塗料その他の化 学 工 業 品 Dyes,Paints,Others Chemicals	109,151	97,216	83,508	982	11,741	986	11,935	6,731	4,768	436
紙　・　パ　ル　プ Paper,Pulp	121,711	103,264	100,528	718	1,780	238	18,447	11,871	3,439	3,137
繊　維　工　業　品 Textile Products	21,209	14,924	14,210	381	303	29	6,285	4,668	1,613	4
製　造　食　品 Food Products	165,438	146,440	59,433	202	86,149	656	18,888	8,561	3,047	7,280
食　料　工　業　品 Foodstuff	254,339	226,004	177,524	1,084	46,677	718	28,335	20,390	4,216	3,730
日　用　品 Daily Necessities	295,725	281,313	254,388	5,109	15,862	5,954	14,413	8,495	5,144	774
ゴム製品・木製品・その 他 の 製 造 工 業 品 Rubber,Wood Products	34,108	22,966	21,938	187	536	305	11,142	5,681	3,802	1,658
金　属　く　ず Metallic Scraps	66,769	27,354	27,035	108	167	44	39,415	37,118	2,075	222
そ の 他 の く ず も の Others Scraps	59,622	20,047	15,454	563	3,556	473	39,575	23,200	4,745	11,630
動植物性製造飼・肥料 Foodstuff & Fertilizers	75,092	54,714	37,193	448	17,056	17	20,378	13,828	4,798	1,751
廃　棄　物 Scrap Waste	241,449	76,766	61,144	454	14,745	423	164,683	93,853	10,372	60,458
廃　土　砂 Waste mixed with Soil and Sands	250,831	85,887	85,707	97	83	0	164,943	150,868	13,718	357
輸　送　用　容　器 Transport Containers	42,965	35,702	33,848	286	1,563	6	7,162	6,216	879	67
取　合　せ　品 Parcels & Other Products	422,798	420,145	369,215	3,774	39,477	7,679	2,653	2,282	331	40
分 類 不 能 の も の Others	0	0	0	0	0	0	0	0	0	0
資　　料		国土交通省総合政策局情報政策課交通統計室（自動車輸送統計年報）								

（注）平成27年4月より品目分類が見直された（5頁の凡例9を参照）。

自 動 車 貨 物 品 目 別 輸 送 ト ン 数（平成30年度）
Tonnage of Items Carried by Trucks

単位：千トン（Unit：Thousand tons）

品 目 Items	合 計 Sum Total	営業用 Business use 計 Total	普通車 Ordinary Size	小型車 Small Size	特殊用途車 Special	軽自動車 Light Motor	自家用 Private use 計 Total	普通車 Ordinary Size	小型車 Small Size	特殊用途車 Special
合　　　　計 Sum Total	4,329,784	3,018,819	2,489,532	20,509	488,782	19,996	1,310,965	897,907	162,897	250,161
穀　　　　物 Cereals	43,091	33,804	29,760	491	3,416	138	9,288	3,965	4,958	365
野 菜・果 物 Vegetables, Fruit	68,407	48,047	22,151	372	25,271	253	20,360	10,063	7,429	2,867
その他の農産物 Other Crops	19,267	12,128	8,770	69	3,020	270	7,138	3,294	2,623	1,221
畜 産 品 Stock Products	39,693	26,364	11,721	15	14,594	33	13,329	6,030	1,089	6,210
水 産 品 Maline Products	43,574	36,664	12,111	52	24,236	265	6,910	3,633	1,115	2,162
木　　　　材 Lumber	138,125	91,313	88,074	903	2,103	233	46,813	39,014	7,599	200
薪　　　　炭 Firewood	1,111	223	151	1	7	63	888	794	80	14
石　　　　炭 Coal	31,733	31,635	31,507	0	129	0	98	60	37	0
金 属 鉱 Metallic minarals	12,197	11,645	11,235	0	397	14	552	518	34	0
砂利・砂・石材 Gravel,Sands,Stones	472,394	150,243	149,583	104	536	20	322,151	294,181	27,867	102
工業用非金属鉱物 Non-ferrous Metals & Minerals	54,624	35,696	32,584	21	2,952	139	18,928	16,029	1,210	1,689
鉄　　　　鋼 Iron & Steel	162,569	133,968	132,709	439	816	4	28,601	24,466	4,132	3
非 鉄 金 属 Non-ferrous Metals & Products	23,228	17,971	17,119	177	448	227	5,256	3,778	1,479	0
金 属 製 品 Metal Products	129,112	85,979	83,721	759	1,370	128	43,133	30,839	12,215	79
輸 送 用 機 械 Transportation Machinery	56,831	32,194	32,092	18	83	1	24,637	24,084	553	0
輸送用機械部品 Parts for Transportation Machinery	224,457	215,764	212,997	773	1,482	512	8,693	5,827	2,866	0
その他の機械 Other Machinery	149,022	102,332	99,622	615	1,450	645	46,690	37,428	9,259	3
セ メ ン ト Cement	55,082	39,676	11,929	44	27,674	28	15,406	2,539	2,228	10,639
その他の窯業品 Other Ceramics	222,265	99,773	59,755	365	39,625	28	122,492	13,861	4,445	104,185
揮 発 油 Gasoline	13,483	12,664	5,388	0	7,242	33	820	121	260	440
重 油 Heavy Oil	7,343	4,562	469	1	4,092	0	2,781	27	4	2,750
その他の石油 Other Petroleum	46,267	27,559	12,944	202	14,411	1	18,708	731	1,787	16,190
その他の石油製品 Other Petroleum-Products	30,055	14,817	11,452	12	3,353	0	15,239	12,976	2,209	54
LPG及びその他のガス LPG Gas and Other Gas	35,360	23,115	11,836	519	10,738	22	12,245	4,267	6,092	1,886
コークス・その他の石炭製品 Coke,Others Coal Products	6,231	5,987	4,598	0	1,389	0	244	240	4	0
化 学 薬 品 Chemicals	35,242	32,053	17,389	144	14,448	73	3,189	1,248	1,142	799
化 学 肥 料 Chemical Fertilizers	12,577	10,730	9,544	480	628	79	1,847	598	1,244	4
染料・塗料その他の化学工業品 Dyes,Paints,Others Chemicals	110,341	98,271	83,159	806	13,578	728	12,070	6,679	5,167	224
紙・パ ル プ Paper,Pulp	144,197	127,891	124,938	858	1,605	490	16,306	9,951	2,452	3,903
繊 維 工 業 品 Textile Products	15,802	11,958	10,253	95	1,558	53	3,844	2,734	1,110	0
製 造 食 品 Food Products	212,762	192,733	78,688	209	113,476	359	20,029	8,466	2,346	9,217
食 料 工 業 品 Foodstuff	239,680	211,527	158,366	1,370	51,251	541	28,153	18,064	5,778	4,311
日 用 品 Daily Necessities	320,012	306,991	274,636	4,638	21,310	6,407	13,021	7,065	5,602	354
ゴム製品・木製品・その他の製造工業品 Rubber,Wood Products	39,530	30,212	27,861	310	1,578	462	9,318	3,960	2,739	2,619
金 属 く ず Metallic Scraps	67,058	31,093	28,772	239	2,068	15	35,965	35,011	772	182
その他のくずもの Others Scraps	76,797	37,095	30,184	652	5,923	336	39,702	23,682	3,980	12,040
動植物性製造飼・肥料 Foodstuff & Fertilizers	67,935	45,610	27,772	333	17,490	15	22,325	15,448	5,162	1,716
廃 棄 物 Scrap Waste	220,241	60,199	46,145	347	13,657	50	160,041	87,962	8,643	63,437
廃 土 砂 Waste mixed with Soil and Sands	229,445	80,940	80,864	63	10	3	148,505	133,965	14,410	130
輸 送 用 容 器 Transport Containers	43,651	39,912	37,595	90	2,207	20	3,739	3,012	654	74
取 合 せ 品 Parcels & Other Products	408,992	407,480	359,088	3,924	37,159	7,310	1,512	1,297	122	92
分類不能のもの Others	0	0	0	0	0	0	0	0	0	0

資　料	国土交通省総合政策局情報政策課交通統計室（自動車輸送統計年報）

（注）平成27年4月より品目分類が見直された（5頁の凡例9を参照）。

自 動 車 貨 物 品 目 別 輸 送 ト ン 数（令和元年度）
Tonnage of Items Carried by Trucks

単位：千トン（Unit：Thousand tons）

品　目 Items	合　計 Sum Total	営業用 Business use 計 Total	普通車 Ordinary Size	小型車 Small Size	特殊用途車 Special	軽自動車 Light Motor	自家用 Private use 計 Total	普通車 Ordinary Size	小型車 Small Size	特殊用途車 Special
合　計 Sum Total	4,329,132	3,053,766	2,527,436	20,426	485,527	20,377	1,275,366	882,778	153,102	239,486
穀　物 Cereals	39,429	31,016	26,744	325	3,869	78	8,413	4,893	3,110	410
野菜・果物 Vegetables, Fruit	68,761	50,924	24,733	88	25,866	237	17,837	8,815	5,739	3,284
その他の農産物 Other Crops	20,010	13,331	8,292	263	4,751	24	6,680	3,114	2,793	773
畜産品 Stock Products	49,377	36,470	15,333	20	21,083	33	12,908	6,659	984	5,264
水産品 Maline Products	40,532	33,272	12,524	34	20,525	190	7,260	3,443	1,139	2,678
木材 Lumber	147,192	93,759	91,904	1,205	637	12	53,433	44,723	8,516	195
薪炭 Firewood	409	253	155	2	4	92	156	111	43	3
石炭 Coal	29,719	29,653	28,079	0	1,549	26	66	48	18	0
金属鉱 Metallic minarals	14,238	13,398	13,390	0	0	0	840	690	138	12
砂利・砂・石材 Gravel,Sands,Stones	426,866	139,643	139,401	174	68	0	287,223	259,237	27,357	629
工業用非金属鉱物 Non-ferrous Metals & Minerals	50,857	33,574	29,578	61	3,929	6	17,284	13,675	814	2,794
鉄鋼 Iron & Steel	180,949	152,076	151,771	145	146	14	28,873	25,416	3,448	10
非鉄金属 Non-ferrous Metals & Products	25,166	19,290	18,147	170	871	103	5,876	3,601	2,275	0
金属製品 Metal Products	146,856	100,510	95,898	639	3,837	137	46,345	34,029	12,205	111
輸送用機械 Transportation Machinery	56,310	31,508	30,266	2	1,117	123	24,803	24,305	498	0
輸送用機械部品 Parts for Transportation Machinery	291,744	277,147	273,192	601	2,629	726	14,596	12,095	2,468	33
その他の機械 Other Machinery	146,546	95,641	92,937	738	1,765	202	50,905	42,207	8,596	102
セメント Cement	44,906	36,374	10,684	36	25,623	30	8,533	1,807	1,178	5,548
その他の窯業品 Other Ceramics	233,597	108,419	68,133	482	39,750	53	125,178	10,278	4,256	110,644
揮発油 Gasoline	11,556	11,139	5,128	1	6,010	0	417	7	165	245
重油 Heavy Oil	8,895	5,430	1,932	0	3,498	0	3,466	5	385	3,076
その他の石油 Other Petroleum	59,861	45,451	29,246	65	16,107	33	14,410	1,641	1,361	11,409
その他の石油製品 Other Petroleum-Products	24,249	12,673	11,082	17	1,574	0	11,575	9,340	1,989	246
LPG及びその他のガス LPG Gas and Other Gas	37,194	24,308	11,697	754	11,817	40	12,886	6,532	4,765	1,589
コークス・その他の石炭製品 Coke,Others Coal Products	10,156	9,306	7,864	25	1,418	0	850	841	3	5
化学薬品 Chemicals	46,369	42,099	22,732	153	19,202	13	4,270	1,727	675	1,868
化学肥料 Chemical Fertilizers	13,694	8,986	7,551	698	532	205	4,708	2,684	1,996	28
染料・塗料その他の化学工業品 Dyes,Paints,Others Chemicals	124,939	111,966	96,781	608	13,604	973	12,973	7,298	4,649	1,026
紙・パルプ Paper,Pulp	126,826	109,061	106,250	655	1,963	194	17,764	11,137	3,593	3,035
繊維工業品 Textile Products	15,540	11,013	10,677	79	175	82	4,527	3,481	1,046	0
製造食品 Food Products	220,245	204,625	89,039	205	114,431	951	15,619	5,168	2,053	8,398
食料工業品 Foodstuff	224,046	196,146	155,824	931	39,014	377	27,901	18,599	4,936	4,365
日用品 Daily Necessities	333,032	321,331	285,392	5,471	23,306	7,162	11,700	6,270	4,864	566
ゴム製品・木製品・その他の製造工業品 Rubber,Wood Products	33,557	23,603	21,621	278	1,138	566	9,953	4,302	3,525	2,126
金属くず Metallic Scraps	76,951	38,166	37,580	215	367	5	38,785	37,783	896	106
その他のくずもの Others Scraps	66,472	27,058	19,621	971	5,909	556	39,414	23,367	4,808	11,238
動植物性製造飼・肥料 Foodstuff & Fertilizers	68,577	47,154	29,025	394	17,711	24	21,423	16,655	3,405	1,363
廃棄物 Scrap Waste	216,615	57,597	42,500	454	14,401	242	159,017	93,689	9,307	56,021
廃土砂 Waste mixed with Soil and Sands	212,641	72,899	72,845	54	0	0	139,743	127,494	12,053	196
輸送用容器 Transport Containers	43,186	37,744	35,860	128	1,697	59	5,443	4,750	605	87
取合せ品 Parcels & Other Products	341,067	339,754	296,031	3,285	33,636	6,801	1,313	864	448	2
分類不能のもの Others	0	0	0	0	0	0	0	0	0	0
資料				国土交通省総合政策局情報政策課交通統計室（自動車輸送統計年報）						

（注）平成27年4月より品目分類が見直された（5頁の凡例9を参照）。

自 動 車 貨 物 品 目 別 輸 送 ト ン 数 （令和2年度）
Tonnage of Items Carried by Trucks

単位：千トン（Unit：Thousand tons）

品　目　Items	合　計 Sum Total	営業用 Business use 計 Total	普通車 Ordinary Size	小型車 Small Size	特殊用途車 Special	軽自動車 Light Motor	自家用 Private use 計 Total	普通車 Ordinary Size	小型車 Small Size	特殊用途車 Special
合　　計 Sum Total	3,786,998	2,550,515	2,023,309	13,850	493,705	19,650	1,236,483	820,230	155,958	260,296
穀　　物 Cereals	39,427	29,304	24,844	249	4,082	129	10,123	5,206	4,472	445
野菜・果物 Vegetables, Fruit	60,070	41,703	12,869	112	28,611	112	18,367	7,073	7,587	3,708
その他の農産物 Other Crops	25,316	19,185	15,143	301	3,723	18	6,131	3,220	2,638	274
畜産品 Stock Products	44,796	34,040	10,154	3	23,838	45	10,756	5,751	710	4,296
水産品 Maline Products	28,393	21,984	4,624	27	17,257	76	6,409	2,909	1,051	2,448
木材 Lumber	118,368	73,458	71,312	1,208	911	27	44,910	36,950	7,765	195
薪炭 Firewood	529	240	235	0	5	-	289	196	77	16
石炭 Coal	18,885	18,801	18,598	15	188	-	84	58	14	13
金属鉱 Metallic minarals	8,970	7,807	7,671	-	135	1	1,163	1,124	32	6
砂利・砂・石材 Gravel,Sands,Stones	570,629	280,687	278,574	164	1,944	5	289,941	262,128	27,372	441
工業用非金属鉱物 Non-ferrous Metals & Minerals	34,299	25,707	22,732	3	2,972	-	8,591	5,686	1,053	1,853
鉄鋼 Iron & Steel	129,795	102,192	101,925	183	76	9	27,603	23,565	4,035	3
非鉄金属 Non-ferrous Metals & Products	17,157	13,934	13,640	164	113	16	3,223	2,267	956	-
金属製品 Metal Products	108,763	65,985	64,721	633	387	244	42,778	30,965	11,773	40
輸送用機械 Transportation Machinery	75,813	54,067	53,911	4	138	14	21,745	21,022	717	6
輸送用機械部品 Parts for Transportation Machinery	138,183	130,585	129,380	148	891	166	7,597	5,543	2,054	-
その他の機械 Other Machinery	128,542	90,199	88,868	294	710	328	38,343	29,419	8,708	216
セメント Cement	87,353	71,081	12,444	64	58,573	-	16,273	5,956	1,505	8,812
その他の窯業品 Other Ceramics	283,912	136,026	46,160	255	89,556	54	147,886	16,999	4,393	126,495
揮発油 Gasoline	24,913	23,252	14,930	0	8,323	0	1,661	399	25	1,236
重油 Heavy Oil	12,406	7,496	700	-	6,796	-	4,910	493	88	4,329
その他の石油 Other Petroleum	51,261	33,807	18,647	59	15,101	-	17,454	662	1,245	15,547
その他の石油製品 Other Petroleum-Products	37,728	21,233	19,645	110	1,477	-	16,496	13,471	2,507	518
LPG及びその他のガス LPG Gas and Other Gas	34,650	24,356	6,030	1,714	16,609	4	10,293	3,999	4,545	1,749
コークス・その他の石炭製品 Coke,Others Coal Products	3,304	2,719	2,100	-	620	-	585	459	18	107
化学薬品 Chemicals	32,915	30,957	12,515	138	18,289	15	1,958	1,014	460	485
化学肥料 Chemical Fertilizers	10,088	7,597	6,261	405	867	63	2,491	875	1,616	-
染料・塗料その他の化学工業品 Dyes,Paints,Others Chemicals	89,492	79,018	68,531	484	9,681	322	10,474	5,079	3,693	1,702
紙・パルプ Paper,Pulp	95,442	79,120	77,176	660	1,087	196	16,332	9,533	2,368	4,421
繊維工業品 Textile Products	13,338	7,949	7,440	61	436	12	5,388	4,468	919	2
製造食品 Food Products	121,789	109,541	25,321	29	83,880	312	12,248	4,002	1,392	6,853
食料工業品 Foodstuff	196,769	176,684	135,802	1,122	39,431	329	20,084	14,019	3,802	2,264
日用品 Daily Necessities	171,386	160,661	148,233	1,791	7,616	3,021	10,725	5,897	4,655	174
ゴム製品・木製品・その他の製造工業品 Rubber,Wood Products	27,415	21,571	20,915	173	394	88	5,844	3,621	1,754	470
金属くず Metallic Scraps	48,059	18,359	18,287	59	9	3	29,701	28,487	1,162	51
その他のくずもの Others Scraps	56,421	20,138	16,214	483	3,305	135	36,283	21,997	4,637	9,650
動植物性製造飼・肥料 Foodstuff & Fertilizers	70,617	43,832	28,190	326	15,243	73	26,785	17,118	6,478	3,190
廃棄物 Scrap Waste	242,873	91,681	72,883	365	18,285	148	151,192	83,650	9,645	57,898
廃土砂 Waste mixed with Soil and Sands	295,206	149,705	149,672	33	-	-	145,501	129,024	16,374	103
輸送用容器 Transport Containers	58,001	53,610	50,066	259	3,273	12	4,391	3,628	665	98
取合せ品 Parcels & Other Products	173,724	170,244	145,946	1,751	8,872	13,674	3,481	2,299	997	184
分類不能のもの Others	-	-	-	-	-	-	-	-	-	-
資　料	国土交通省総合政策局情報政策課交通統計室（自動車輸送統計年報）									

(注) 平成27年4月より品目分類が見直された（5頁の凡例9を参照）。

国内定期航空輸送実績（その１）

Performance of Domestic Scheduled Air Services

幹線＋ローカル線（Trunk lines + Local lines）

年 度 Fiscal Year	運航キロ Operation KM	座席キロ Seat KM	旅客数 Number of Passenger	人キロ Passenger KM	貨物重量 Tonnages of Cargo	貨物トンキロ Cargo Ton KM
	×1,000	×1,000,000	×1,000	×1,000,000		×1,000
S35 (1960)	21,580	1,029	1,256	734	9,031	5,684
S40 (1965)	68,087	4,954	5,146	2,939	33,327	21,001
S45 (1970)	128,516	12,353	15,427	9,314	116,373	73,731
S50 (1975)	173,697	31,315	25,445	19,137	190,351	151,556
S55 (1980)	221,336	45,840	40,424	29,686	328,718	289,612
S60 (1985)	231,480	55,807	43,776	33,118	538,042	482,353
H2 (1990)	267,189	69,509	64,466	50,909	684,671	629,383
H7 (1995)	384,636	107,078	78,101	65,012	790,790	761,927
H12 (2000)	483,351	126,072	92,873	79,698	929,837	905,732
H17 (2005)	531,879	129,420	94,490	83,220	889,607	877,372
H20 (2008)	549,124	126,228	90,662	80,931	995,889	1,006,780
H21 (2009)	546,273	121,796	83,872	75,203	959,608	980,226
H22 (2010)	546,136	115,697	82,211	73,751	941,108	970,760
H23 (2011)	566,990	112,749	79,052	71,165	895,762	929,054
H24 (2012)	616,549	122,322	85,996	77,917	905,751	945,901
H25 (2013)	666,854	130,723	92,488	84,144	934,561	966,524
H26 (2014)	681,092	131,538	95,197	86,763	928,757	959,743
H27 (2015)	682,729	129,722	96,063	88,216	918,033	958,747
H28 (2016)	684,797	129,445	98,124	90,576	909,426	959,635
H29 (2017)	689,856	130,282	102,119	94,427	904,327	969,469
H30 (2018)	694,516	131,600	103,903	96,171	823,357	880,896
R1 (2019)	701,257	133,360	101,872	94,488	777,153	828,580
R2 (2020)	397,540	68,793	33,768	31,543	428,032	463,969
資 料	国土交通省総合政策局情報政策課交通経済統計調査室（航空輸送統計年報）					

(注)1. 幹線とは、千歳、東京、成田、大阪（伊丹）、関空、福岡、那覇の7空港を相互に結ぶ路線である。

2. ローカル線とは、幹線以外の路線である。

3. 貨物重量及び貨物トンキロは、超過手荷物・郵便物を含まない。

国内定期航空輸送実績（その２）

Performance of Domestic Scheduled Air Services

幹線、ローカル線別（Trunk lines and Local lines）

	年　度 Fiscal Year	運航キロ Operation KM	座席キロ Seat KM	旅客数 Number of Passenger	人キロ Passenger KM	貨物重量 Tonnages of Cargo	貨物トンキロ Cargo Ton KM
		×1,000	×1,000,000	×1,000	×1,000,000		×1,000
幹 線	S40 (1965)	30,602	3,341	2,609	1,870	…	
	S45 (1970)	57,954	7,766	7,667	5,621	90,706	61,483
	S50 (1975)	70,102	19,018	11,512	11,080	135,663	117,606
	S55 (1980)	66,886	23,651	15,398	14,534	232,200	223,168
	S60 (1985)	68,179	28,314	16,968	16,065	364,976	353,910
	H2 (1990)	78,112	32,577	25,485	24,484	464,525	454,906
	H7 (1995)	103,177	43,804	27,129	27,348	494,573	508,577
	H12 (2000)	144,501	54,850	36,684	36,299	566,897	585,573
	H17 (2005)	159,860	58,942	39,070	38,958	556,729	580,546
	H22 (2010)	175,726	53,516	34,659	35,329	646,382	705,129
	H23 (2011)	183,606	52,741	33,596	34,420	642,231	705,097
	H24 (2012)	211,027	57,347	36,898	38,121	650,202	717,460
	H25 (2013)	224,668	59,438	39,353	40,517	673,343	731,278
	H26 (2014)	224,689	58,628	40,165	41,277	673,862	728,278
	H27 (2015)	232,883	59,199	41,509	42,924	679,189	739,052
	H28 (2016)	235,669	59,406	42,296	43,935	675,152	745,058
	H29 (2017)	235,074	59,153	43,655	45,377	674,118	756,665
	H30 (2018)	229,273	58,424	43,436	45,271	603,585	677,820
	R1 (2019)	230,115	58,856	42,494	44,381	570,680	638,301
	R2 (2020)	136,777	32,045	15,000	15,840	332,055	378,313
ロ ー カ ル 線	S40 (1965)	37,485	1,614	2,532	1,069	…	…
	S45 (1970)	70,562	4,587	7,760	3,693	25,668	12,248
	S50 (1975)	103,595	12,297	13,932	8,057	54,688	33,950
	S55 (1980)	154,450	22,189	25,026	15,152	96,518	66,444
	S60 (1985)	163,301	27,493	26,808	17,053	173,066	128,443
	H2 (1990)	189,078	36,932	38,981	26,425	220,146	174,477
	H7 (1995)	281,459	63,274	50,971	37,664	296,217	253,350
	H12 (2000)	338,850	71,222	56,189	43,399	362,940	320,159
	H17 (2005)	372,019	70,479	55,420	44,262	332,878	296,826
	H22 (2010)	370,163	62,180	47,552	38,406	294,725	265,632
	H23 (2011)	383,384	60,007	45,455	36,745	253,530	223,957
	H24 (2012)	405,522	64,975	49,099	39,796	255,549	228,441
	H25 (2013)	442,187	71,285	53,134	43,627	261,218	235,246
	H26 (2014)	456,402	72,910	55,032	45,486	254,895	231,465
	H27 (2015)	449,846	70,523	54,554	45,292	238,844	219,695
	H28 (2016)	449,128	70,038	55,828	46,642	234,274	214,577
	H29 (2017)	454,781	71,129	58,464	49,050	230,209	212,803
	H30 (2018)	465,244	73,176	60,466	50,900	219,772	203,076
	R1 (2019)	471,142	74,505	59,378	50,107	206,473	190,279
	R2 (2020)	260,763	36,748	18,768	15,703	95,978	85,656

（注）前ページの資料による。

国際航空輸送実績

Performance of International Scheduled Air Services

年 度 Fiscal Year	運行キロ Operation Km	座席キロ Seat Km	旅客数 Number of Passenger	人キロ Passenger Km	貨物重量 Tonnages of Cargo	貨物トンキロ Cargo Ton Km
	×1,000	×1,000,000	×1,000	×1,000,000		×1,000
S35 (1960)	13,814	…	113	556	3,240	22,113
S40 (1965)	35,799	4,202	477	2,114	11,861	94,976
S45 (1970)	92,369	12,478	1,710	6,867	50,975	375,897
S50 (1975)	114,861	23,891	2,683	14,090	125,919	902,109
S55 (1980)	155,875	38,492	5,024	23,720	238,236	1,581,179
S60 (1985)	179,600	45,039	6,561	32,410	379,626	2,782,464
H2 (1990)	255,540	66,369	10,928	50,822	621,720	4,292,685
H7 (1995)	359,457	101,669	14,559	72,680	857,906	5,630,134
H12 (2000)	453,233	130,140	19,543	97,873	1,160,819	7,228,471
H17 (2005)	466,040	117,367	17,676	82,328	1,325,408	7,729,052
H20 (2008)	465,738	105,260	r 15,886	69,809	1,201,880	6,579,518
H21 (2009)	420,572	92,710	15,400	67,302	1,265,613	6,450,931
H22 (2010)	391,638	80,416	13,707	59,898	1,254,224	6,368,295
H23 (2011)	388,771	76,367	12,594	54,902	1,072,517	5,756,420
H24 (2012)	421,977	82,510	14,209	62,400	1,145,862	6,124,779
H25 (2013)	458,990	88,531	15,085	66,630	1,238,564	6,749,403
H26 (2014)	526,007	100,790	16,777	75,219	1,421,979	7,996,179
H27 (2015)	563,864	109,758	18,852	84,770	1,386,118	7,807,357
H28 (2016)	617,466	118,304	21,053	92,556	1,593,272	8,777,305
H29 (2017)	653,536	125,110	22,387	98,798	1,763,226	9,828,688
H30 (2018)	645,732	129,469	23,396	102,841	1,446,565	7,889,818
R1 (2019)	650,404	131,464	21,434	98,602	1,459,081	8,609,365
R2 (2020)	307,631	28,227	813	5,260	1,367,243	7,746,807

資 料　国土交通省総合政策局情報政策課交通経済統計調査室(航空輸送統計年報)

(注)1. 本邦国際航空運送事業者15社の実績である。

　　 2. 貨物重量及び貨物トンキロは、超過手荷物・郵便物を含まない。

空港別乗降客数　（その１）
Passenger of Civil Airports (No.1)

単位：千人(Unit : 1,000 Persons)

種別 Category	名　　称 Name	暦年	乗　降　客　数　Number of Pax (Thousand)						
			H12 (2000)	H22 (2010)	H27(2015)	H29(2017)	H30(2018)	H31・R1(2019)	R2(2020)
会社管理空港	成田国際 Narita Intl	国際	26,599	29,128	28,030	31,091	33,426	34,771	6,591
		国内	791	1,652	6,721	7,540	7,249	7,643	3,221
		計	27,390	30,780	34,751	38,632	40,675	42,414	9,813
	中部国際 Central	国際	0	4,403	4,687	5,510	5,900	6,784	1,000
		国内	0	4,868	5,490	5,937	6,130	6,677	2,813
		計	0	9,271	10,178	11,446	12,030	13,460	3,813
	関西国際 Kansai Intl	国際	12,650	10,355	16,172	21,038	22,746	24,826	3,485
		国内	7,842	3,866	6,964	6,849	6,514	6,982	3,049
		計	20,491	14,220	23,136	27,887	28,860	31,808	6,534
	大阪国際 Osaka Intl	国際	0	0	302	0	0	0	0
		国内	16,344	14,788	14,542	15,598	16,185	16,504	7,672
		計	16,344	14,788	14,542	15,598	16,185	16,504	7,672
国管理空港	東京国際 Tokyo Intl	国際	926	3,882	12,754	15,895	17,969	18,537	3,129
		国内	55,476	60,329	62,500	66,268	66,925	68,383	28,066
		計	56,402	64,211	75,255	82,163	84,894	86,920	31,195
	新 千 歳	国際	447	947	2,113	3,290	3,726	3,867	634
		国内	17,576	15,801	18,349	19,428	19,587	20,733	8,666
		計	18,023	16,748	20,462	22,719	23,313	24,599	9,300
	稚 内	国際	0	1	0	0	0	0	0
		国内	299	168	185	199	195	204	67
		計	299	169	185	199	195	204	67
	釧 路	国際	3	17	5	1	1	1	0
		国内	899	692	680	742	774	866	430
		計	902	709	685	742	775	867	430
	函 館	国際	20	81	206	197	181	168	26
		国内	2,242	1,502	1,567	1,594	1,583	1,633	740
		計	2,262	1,582	1,772	1,791	1,764	1,801	766
	仙 台	国際	466	272	173	270	310	393	72
		国内	2,826	2,254	2,980	3,100	3,270	3,462	1,549
		計	3,292	2,826	3,153	3,370	3,580	3,855	1,621
	新 潟	国際	223	199	129	109	131	138	19
		国内	1,045	742	856	908	993	1,064	423
		計	1,268	942	985	1,017	1,124	1,201	442
	広 島	国際	311	325	274	323	360	345	42
		国内	3,016	2,485	2,395	2,653	2,599	2,821	1,116
		計	3,327	2,810	2,669	2,975	2,958	3,167	1,158
	高 松	国際	51	43	149	299	303	337	38
		国内	1,559	1,380	1,661	1,700	1,740	1,815	674
		計	1,610	1,423	1,810	1,998	2,043	2,152	712
	松 山	国際	43	56	42	33	93	97	13
		国内	2,644	2,325	2,822	2,996	3,045	3,055	1,184
		計	2,687	2,381	2,863	3,029	3,139	3,152	1,197
	高 知	国際	3	4	1	2	2	2	0
		国内	1,929	1,269	1,350	1,476	1,516	1,654	704
		計	1,932	1,273	1,351	1,478	1,518	1,656	704
	福 岡	国際	2,504	2,407	4,357	6,168	6,828	6,398	879
		国内	17,184	13,938	16,611	17,629	17,811	18,282	8,705
		計	19,688	16,345	20,968	23,797	24,639	24,680	9,584
	北 九 州	国際	1	60	15	275	325	303	27
		国内	148	1,140	1,303	1,364	1,425	1,451	533
		計	149	1,200	1,318	1,639	1,750	1,754	560

資料：空港管理状況調書(国土交通省航空局)

空港別乗降客数 （その２）
Passenger of Civil Airports (Continued No.2)

単位：千人（Unit：1,000 Persons）

種別 Category	名 称 Name		乗 降 客 数　Number of Pax (Thousand)						
		暦年	H12 (2000)	H22 (2010)	H27(2015)	H29(2017)	H30(2018)	H31・R1(2019)	R2(2020)
国管理空港	長 崎	国際	47	39	74	56	60	85	7
		国内	2,910	2,292	3,036	3,110	3,170	3,275	1,334
		計	2,957	2,331	3,111	3,165	3,230	3,360	1,341
	熊 本	国際	11	38	62	115	194	171	12
		国内	2,707	2,837	3,180	3,188	3,216	3,321	1,298
		計	2,717	2,875	3,242	3,302	3,410	3,492	1,310
	大 分	国際	30	30	60	120	126	105	0
		国内	2,030	1,506	1,789	1,780	1,852	1,877	813
		計	2,059	1,536	1,850	1,900	1,978	1,982	813
	宮 崎	国際	15	68	95	97	142	98	14
		国内	3,333	2,615	2,882	3,074	3,196	3,312	1,373
		計	3,348	2,683	2,977	3,170	3,338	3,410	1,387
	鹿児島	国際	113	80	154	286	387	412	49
		国内	6,000	4,888	5,067	5,332	5,591	5,664	2,527
		計	6,114	4,968	5,221	5,618	5,979	6,075	2,576
	那 覇	国際	371	389	2,328	3,538	3,844	3,681	424
		国内	10,863	14,137	16,008	17,435	17,539	18,081	8,786
		計	11,234	14,526	18,336	20,973	21,383	21,762	9,210
特定地方管理空港	旭 川	国際	1	72	182	63	58	49	7
		国内	972	1,126	967	1,059	1,067	1,110	431
		計	973	1,198	1,149	1,123	1,124	1,159	438
	帯 広	国際	4	3	1	7	3	1	1
		国内	674	549	605	662	673	701	284
		計	678	552	606	669	675	702	285
	秋 田	国際	10	47	30	18	18	12	0
		国内	1,220	1,062	1,209	1,304	1,322	1,369	449
		計	1,230	1,108	1,238	1,322	1,339	1,381	449
	山 形	国際	1	7	2	3	13	28	7
		国内	378	156	221	303	326	339	126
		計	379	163	223	306	340	367	133
	山口宇部	国際	0	3	11	24	23	13	0
		国内	700	793	907	984	1,016	1,015	385
		計	700	796	918	1,008	1,039	1,028	385
地方管理空港	利 尻	国内	23	28	38	46	45	45	24
	礼 文	国内	4	0	0	0	0	0	0
	奥 尻	国内	18	10	11	11	10	12	8
	中標津	国際	0	0	0	0	0	0	0
		国内	214	169	197	206	204	215	81
		計	214	169	197	206	204	215	81
	紋 別	国内	62	50	72	75	71	77	35
	女満別	国際	1	1	1	0	1	2	0
		国内	1,059	710	756	825	833	859	377
		計	1,060	711	757	825	834	860	377
	青 森	国際	45	49	38	86	89	72	16
		国内	1,571	982	955	1,081	1,102	1,178	470
		計	1,616	1,031	993	1,167	1,191	1,251	486
	花 巻	国際	8	5	9	10	33	47	7
		国内	520	280	387	422	446	470	193
		計	528	285	396	433	478	517	200
	大館能代	国際	0	0	0	0	0	0	0
		国内	144	122	125	143	152	159	49
		計	144	122	125	143	152	159	49
	庄 内	国際	3	0	1	1	2	5	0
		国内	426	355	364	398	394	437	147
		計	428	356	365	398	396	443	147

資料：空港管理状況調書（国土交通省航空局）

空港別乗降客数　（その３）
Passenger of Civil Airports (Continued No.3)

単位：千人(Unit：1,000 Persons)

種別 Category	名　称 Name		乗　降　客　数　　Number of Pax(Thousand)						
		暦年	H12 (2000)	H22 (2010)	H27(2015)	H29(2017)	H30(2018)	H31・R1(2019)	R2(2020)
地方管理空港	福　島	国際	82	67	4	3	20	27	2
		国内	627	210	246	251	249	256	100
		計	709	277	250	254	268	282	102
	大　島	国内	103	38	38	27	26	25	16
	新　島	国内	32	27	32	34	34	32	21
	神津島	国内	10	18	21	24	22	23	15
	三宅島	国内	28	5	22	26	27	29	19
	八丈島	国内	248	195	180	204	211	214	118
	佐　渡	国内	8	0	1	0	0	0	0
	富　山	国際	80	101	110	116	123	120	14
		国内	1,083	848	627	458	440	456	134
		計	1,162	949	737	575	563	575	148
	能　登	国際	0	4	4	3	2	2	0
		国内	0	151	152	165	166	173	58
		計	0	155	156	169	168	175	58
	福　井	国内	0	0	0	0	0	0	0
	松　本	国際	0	0	0	1	1	2	0
		国内	190	66	112	131	135	154	92
		計	190	66	113	132	136	156	92
	静　岡	国際	0	238	391	290	290	317	36
		国内	0	355	309	382	427	488	190
		計	0	593	699	672	717	805	226
	神　戸	国際	0	0	0	0	0	0	0
		国内	0	2,224	2,435	3,109	3,182	3,363	1,625
		計	0	2,224	2,435	3,109	3,182	3,363	1,625
	南紀白浜	国際	0	3	1	0	1	0	0
		国内	142	122	127	128	153	182	107
		計	142	124	127	128	154	182	107
	鳥　取	国際	6	0	1	1	4	7	0
		国内	334	305	366	400	399	411	143
		計	342	305	367	401	402	418	143
	隠　岐	国内	54	52	58	60	62	64	0
	出　雲	国際	5	0	1	1	1	2	0
		国内	770	701	832	939	1,001	1,049	454
		計	775	702	833	940	1,002	1,051	454
	石　見	国際	0	0	0	0	0	0	0
		国内	145	76	129	142	151	153	49
		計	145	76	130	142	151	153	49
	岡　山	国際	169	232	142	241	312	299	31
		国内	755	1,116	1,249	1,283	1,279	1,313	448
		計	924	1,348	1,392	1,524	1,591	1,612	479
	佐　賀	国際	5	0	90	149	184	203	14
		国内	321	340	540	591	577	610	216
		計	326	340	630	741	761	813	230
	対　馬	国際	0	3	0	0	0	0	0
		国内	375	261	250	246	258	258	182
		計	375	264	250	246	258	258	182
	小値賀	国内	6	0	0	0	0	0	0
	福　江	国際	0	0	0	0	0	0	0
		国内	191	130	134	143	153	169	92
		計	191	130	134	143	153	169	92
	上五島	国内	20	0	0	0	0	0	0
	壱　岐	国内	10	29	31	34	34	35	24
	種子島	国際	0	0	0	0	0	0	0
		国内	146	75	75	83	93	89	52
		計	146	76	75	83	93	89	52

資料:空港管理状況調書(国土交通省航空局)

空港別乗降客数 （その４）
Passenger of Civil Airports (Continued No.4)

単位；千人(Unit；1,000 Persons)

種別 Category	名称 Name	暦年	乗降客数 Number of Pax(Thousand)						
			H12 (2000)	H22 (2010)	H27(2015)	H29(2017)	H30(2018)	H31・R1(2019)	R2(2020)
	屋久島	国内	145	155	165	186	179	146	108
	奄 美	国内	617	527	677	760	849	892	558
	喜 界	国内	84	71	80	84	88	90	54
	徳之島	国際	0	0	0	0	0	0	0
		国内	163	149	169	173	193	208	123
		計	163	149	169	173	193	208	123
	沖永良部	国内	97	82	100	101	112	120	73
	与 論	国内	70	60	78	89	82	78	42
	粟 国	国内	28	7	8	2	3	1	7
	久米島	国内	273	238	239	260	263	265	159
	慶良間	国内	8	0	0	1	0	0	2
	南大東	国内	39	38	42	48	47	48	40
	北大東	国内	14	15	17	20	19	22	23
	伊江島	国内	0	0	0	0	0	0	0
	宮 古	国際	0	0	2	0	1	1	0
		国内	1,002	1,093	1,333	1,664	1,756	1,803	1,025
		計	1,002	1,093	1,336	1,664	1,756	1,803	1,025
	下地島	国際	0	0	0	0	0	17	3
		国内	0	0	0	0	0	92	107
		計	0	0	0	0	0	109	110
	多良間	国内	36	29	37	44	45	45	30
	石 垣	国際	－	18	17	83	89	100	5
		国内	1,423	1,675	2,292	2,423	2,468	2,515	1,485
		計	1,423	1,693	2,308	2,506	2,557	2,615	1,490
	波照間	国内	5	0	0	0	0	0	0
	与那国	国際	0	0	0	0	0	0	0
		国内	62	75	95	103	103	104	74
		計	62	75	95	103	103	104	74
共 用 空 港	札幌(丘珠)	国内	336	205	176	251	263	277	172
	三 沢	国際	0	0	0	0	0	0	0
		国内	588	263	253	236	291	310	127
		計	588	263	253	236	291	310	127
	百里(茨城)	国際	0	89	146	105	147	169	0
		国内	0	56	392	551	586	653	12
		計	0	145	538	656	733	822	12
	小 松	国際	49	111	193	205	237	234	26
		国内	2,539	2,007	1,651	1,574	1,530	1,653	618
		計	2,588	2,118	1,844	1,779	1,767	1,888	644
	美保(米子)	国際	5	34	41	73	97	87	4
		国内	409	435	625	586	578	605	215
		計	414	469	666	659	675	692	219
	岩 国	国際	0	0	0	0	0	0	0
		国内	0	0	364	483	520	514	156
		計	0	0	364	483	520	514	156
	徳 島	国際	1	2	0	0	7	8	3
		国内	997	806	1,000	1,113	1,150	1,210	417
		計	998	808	1,000	1,113	1,157	1,219	420
そ の 他 の 空 港	調 布	国内	34	64	95	103	101	97	63
	名 古 屋	国際	4,175	0	1	1	1	1	1
		国内	6,714	445	734	901	913	942	443
		計	10,889	445	735	902	914	943	444
	但 馬	国内	22	28	29	32	38	42	21
	岡 南	国内	0	0	0	0	0	0	0
	天 草	国内	64	57	55	61	58	44	22
	大分県央	国内	0	0	0	0	0	0	0
	八 尾	国内	0	0	0	0	0	0	0
総　計		国際	49,485	53,917	73,297	91,195	98,409	103,343	16,656
		国内	189,142	180,128	203,510	217,032	219,969	229,062	99,448
		計	238,626	234,044	276,807	308,227	318,378	332,405	116,104

資料：空港管理状況調書(国土交通省航空局)

(注) 1. 名称欄においては、公共の用に供されている飛行場について記載している。

　　 2. 乗降客数欄の「0」は、500人未満を示す。

　　 3. 千人以下は四捨五入しているため、表中の計は必ずしも一致しない。

国内海上旅客輸送量（船舶運航事業別）

Number of Passengers Carried by Domestic Passenger Liners

単位：百万人、百万人キロ(Unit：MIllion Persons,　Million Persons-km)

年　度 Fiscal Year	一般旅客定期航路事業 Passenger Liner		特定旅客定期航路事業 Special Passenger Liner		旅客不定期航路事業 Passenger Tramper	
	人員 Number of Passenger	人キロ Passenger- Kilometers	人員 Number of Passenger	人キロ Passenger- Kilometers	人員 Number of Passenger	人キロ Passenger- Kilometers
H2　(1990)	137.5	5,963	1.02	5.75	24.1	306
H7　(1995)	126.8	5,415	1.05	8.60	21.5	231
H12 (2000)	91.0	4,090	0.42	2.64	18.7	211
H17 (2005)	94.0	3,871	0.17	5.64	9.0	154
H20 (2008)	89.4	3,363	0.11	3.49	9.5	147
H21 (2009)	83.1	2,020	0.17	1.18	8.9	152
H22 (2010)	76.8	2,872	0.21	1.65	8.1	130
H23 (2011)	76.7	2,933	0.20	1.64	7.2	112
H24 (2012)	79.5	2,968	0.19	1.63	7.4	123
H25 (2013)	79.8	3,131	0.21	1.85	8.1	132
H26 (2014)	77.9	2,842	0.18	1.70	8.2	142
H27 (2015)	78.5	3,005	0.20	2.00	9.3	131
H28 (2016)	78.2	3,152	0.26	2.05	9.0	121
H29 (2017)	78.5	3,053	0.27	2.08	9.4	136
H30 (2018)	77.8	3,225	0.28	2.12	9.6	137
R1　(2019)	72.0	2,960	0.26	2.06	7.9	113
資　料	海事レポート(国土交通省海事局)					

(注)1.「一般旅客定期航路事業」とは、特定旅客定期航路事業以外の旅客定期航路事業をいい、

　　　「特定旅客定期航路事業」とは、特定の者の需要に応じ、特定の範囲の人の運送をする

　　　旅客定期航路事業をいう(海上運送法第2条)。

　　2.「旅客不定期航路事業」とは、定期航路事業以外の船舶運航事業で、一定の航路に旅客船を

　　　就航させて人の運送をする事業をいう(海上運送法第21条)。

内 航 船 舶
Volume of Cargo Carried by

輸送トン数
(Tonnage Carried)

単位：千トン
(Unit : 1000 Gross Ton)

年 度 Fiscal Year	合 計 Sum Total	営 業 用　Commercial Use					自家用
		小 計 Sub Total	大型鋼船 Large Steel Vessel	小型鋼船 Small Steel Vessel	木 船 Wooden Ship	プッシャーバージ・台船 Barge	自家用 Private Use
S30 (1955)	69,254	...	...	...	...	...	...
S35 (1960)	138,849	...	...	...	...	...	...
S40 (1965)	179,654	...	...	...	...	...	...
S45 (1970)	376,647	...	...	...	...	...	...
S50 (1975)	452,054	407,094	185,960	175,854	15,528	29,752	44,960
S55 (1980)	500,258	457,267	226,929	213,799	9,655	24,885	24,991
S60 (1985)	452,385	441,451	215,123	203,627	3,260	19,441	10,934
H2 (1990)	575,199	562,721	251,169	280,355	3,609	27,588	12,478
H7 (1995)	548,542	541,000	273,471	232,551	839	34,140	7,542
H12 (2000)	537,021	527,367	263,078	230,394	77	34,117	9,654
H17 (2005)	426,145	423,348	242,220	154,563	79	26,485	2,797
H20 (2008)	378,705	376,292	233,089	116,515	...	26,688	2,413
H21 (2009)	332,175	330,408	207,593	99,895	...	22,921	1,767
H22 (2010)	366,734	365,418	214,909	122,031	...	28,478	1,316
H23 (2011)	360,983	359,901	217,913	115,654	...	26,334	1,082
H24 (2012)	365,992	364,774	224,873	113,798	...	26,103	1,218
H25 (2013)	378,334	376,583	233,495	117,228	...	25,860	1,751
H26 (2014)	369,302	367,143	227,665	111,365	...	28,114	2,159
H27 (2015)	365,486	364,098	221,934	114,145	...	28,018	1,388
H28 (2016)	364,485	363,130	220,916	114,652	...	27,561	1,355
H29 (2017)	360,127	358,664	218,237	114,069	...	26,358	1,463
H30 (2018)	354,445	352,823	216,028	114,242	...	22,553	1,622
R1 (2019)	341,450	339,876	212,729	105,317	...	21,829	1,574
R2 (2020)	306,076	304,338	192,047	94,082	...	18,209	1,738
資 料					国土交通省総合政策局情報政策課		

(注) 1. 昭和49年4月から調査方法が変更になったため昭和48年度以前の合計は49年度以降との接続を考慮して
算出した推計値である。
　　 2. 大型鋼船とは500総トン以上、小型鋼船とは20総トン以上500総トン未満の鋼船をいう。

輸　送　量

Domestic Shipping Vessels

輸送トンキロ　　　　　　　　　　　　　　　単位：百万トンキロ
(Tonnage-Kilometers)　　　　　　　　　　　　(Unit : One million tonkilo)

年 度 Fiscal Year	合 計 Sum Total	営 業 用 Commercial Use					自家用 Private Use
		小 計 Sub Total	大型鋼船 Large Steel Vessel	小型鋼船 Small Steel Vessel	木 船 Wooden Ship	プッシャーバージ・台船 Barge	
S30 (1955)	29,022	...	...	...	...	...	...
S35 (1960)	63,579	...	...	...	...	...	...
S40 (1965)	80,635	...	...	...	...	...	...
S45 (1970)	151,243	...	...	...	...	...	...
S50 (1975)	183,579	176,489	118,543	51,845	2,317	3,784	7,090
S55 (1980)	222,173	215,736	139,670	69,743	1,318	5,005	6,436
S60 (1985)	205,818	201,861	124,890	72,363	563	4,045	3,957
H2 (1990)	244,546	239,739	142,960	90,560	430	5,789	4,807
H7 (1995)	238,330	235,204	151,004	78,315	92	5,793	3,126
H12 (2000)	241,671	239,224	150,693	82,329	6	6,197	2,447
H17 (2005)	211,576	211,265	146,552	59,976	12	4,725	311
H20 (2008)	187,859	187,474	134,646	47,651	...	5,178	385
H21 (2009)	167,315	167,118	122,847	40,312	...	3,958	197
H22 (2010)	179,898	179,723	124,380	49,708	...	5,635	175
H23 (2011)	174,900	174,734	123,189	46,275	...	5,271	165
H24 (2012)	177,791	177,612	126,531	46,092	...	4,989	179
H25 (2013)	184,860	184,420	131,684	47,563	...	5,173	440
H26 (2014)	183,120	182,597	131,201	45,512	...	5,884	523
H27 (2015)	180,381	180,125	126,969	47,327	...	5,838	256
H28 (2016)	180,438	180,199	126,448	48,312	...	5,438	240
H29 (2017)	180,934	180,695	126,536	48,930	...	5,229	239
H30 (2018)	179,089	178,791	125,273	49,822	...	3,696	298
R1 (2019)	169,680	169,296	120,926	44,950	...	3,420	384
R2 (2020)	153,824	153,429	111,727	38,567	...	3,135	395

交通経済統計調査室　（内航船舶輸送統計年報）

内 航 船 舶 品 目 別

Volume of Cargo by Items Carried

品　目　Items	営　業　用 Commercial Use					自家用
	計 Total	大型鋼船 Large Steel Vessel	小型鋼船 Small Steel Vessel	木 船 Wooden Ship	プッシャーバージ・台船 Barge	Private Use
合　計 (Sum Total)	358,664	218,237	114,069	–	26,358	1,463
穀　物 (Cereals)	2,279	6	2,266	–	6	634
野 菜・果 物 (Vegetables & Fruit)	12	2	9	–	–	–
畜　産　品 (Stock Products)	0	0		–	–	–
水　産　品 (Marine Products)	4	0	4	–	–	–
その他の農林産品 (Others Crops)	33	1	32	–	–	–
木　材 (Lumber)	936	63	873	–	–	–
薪　炭 (Firewood)	7	7	–	–	–	–
石　炭 (Coal)	13,475	6,435	2,398	–	4,642	–
金属鉱 Metalmining　小　計	1,847	1,559	287	–	–	–
鉄　鉱　石	1,662	1,504	158	–	–	–
その他の金属鉱	185	56	129	–	–	–
砂 利・砂・石 材	19,356	3,869	10,495	–	4,991	179
非金属鉱物 Non-metallic mineral　小　計	69,396	48,979	13,785	–	6,632	246
石　灰　石	33,116	21,263	5,224	–	6,629	246
原　油	26,777	26,618	159	–	–	–
その他の非金属鉱物	9,502	1,097	8,402	–	3	–
金属 Metal　小　計	45,349	7,768	32,432	–	5,149	8
鉄　鋼	43,643	7,645	30,850	–	5,149	8
非　鉄　金　属	1,705	123	1,582	–	–	–
金 属 製 品 (Metal Goods)	353	49	286	–	18	2
機械 Machinery　小　計	8,014	6,906	1,108	–	0	42
輸 送 用 機 械	5,902	5,889	13	–	–	37
輸 送 用 機 械 部 品	983	900	83	–	–	–
その他の機械	1,129	117	1,012	–	0	5
窯業品 Ceramics　小　計	36,329	34,342	1,156	–	832	17
セ　メ　ン　ト	34,457	32,709	916	–	832	1
その他の窯業品	1,872	1,623	239	–	–	16
資料					国土交通省総合政策局情報政策課	

（注）大型鋼船とは500総トン以上、小型鋼船とは20総トン以上500総トン未満の鋼船をいう。

輸 送 量（平成29年度）

by Domestic Shipping Vessels（FY 2016）

単位：千トン（Unit：1000 Gross Ton）

品　目　Items		営　業　用 Commercial Use					自家用
		計 Total	大型鋼船 Large Steel Vessel	小型鋼船 Small Steel Vessel	木　船 Wooden Ship	プッシャーバージ・台船 Barge	Private Use
石油製品 Oil Products	小　　計	79,847	70,104	9,743	–	–	69
	重　　　　　　油	20,188	15,320	4,868	–	–	69
	揮　発　油	39,813	37,536	2,277	–	–	
	L　P　G	5,697	5,641	57	–	–	
	その他のガス	269	269	–	–	–	
	その他の石油及び石油製品	13,880	11,339	2,541	–	–	
石炭製品 Coalproducts	小　　計	5,899	2,145	1,920	–	1,834	–
	コ　ー　ク　ス	5,838	2,145	1,859	–	1,834	
	その他の石油製品	61	–	61	–	–	
化　学　薬　品（Chemistry）		23,691	5,877	17,753	–	61	
化　学　肥　料（Fertilizers）		778	16	761	–	1	
その他の化学工業品（Others Chemicals）		2,498	336	2,162	–		
紙・パルプ（Paper・Pulp）		1,823	1,189	634	–		
繊維工業品（Textile Products）		–	–	–	–		
食料工業品（Processed Foodstuff）		1,544	894	650	–		
日　用　品（Daily Necessaries）		0	0	–	–		
その他の製造工業品（Others Products）		22,464	19,669	2,777	–	174	
特種品 Products	小　　計	22,719	8,021	12,526	–	2,173	266
	金　属　く　ず	1,491	137	1,348	–	6	29
	再利用資材	10,365	3,854	6,000	–	511	0
	新植物性製造飼肥料	3,408	525	2,883	–	0	–
	廃　　棄　　物	2,879	2,367	512	–		1
	廃　土　砂	3,192	229	1,308	–	1,655	222
	輸　送　用　容　器	461	195	267	–		14
	取　合　せ　品	923	715	208	–		
分類不能のもの　（Others）		12	–	12	–	–	

交通経済統計調査室　（内航船舶輸送統計年報）

内航船舶品目別

Volume of Cargo by Items Carried

品　目　Items	営　業　用 Commercial Use					自家用
	計 Total	大型鋼船 Large Steel Vessel	小型鋼船 Small Steel Vessel	木　船 Wooden Ship	プッシャーバージ・台船 Barge	Private Use
合　　　計 (Sum Total)	352,823	216,028	114,242	–	22,553	1,622
穀　　　物 (Cereals)	2,538	7	2,524	–	7	644
野菜・果物 (Vegetables & Fruit)	1	–	1	–	–	–
畜　産　品 (Stock Products)	–	–	–	–	–	–
水　産　品 (Marine Products)	3	–	3	–	–	–
その他の農林産品 (Others Crops)	54	–	54	–	0	–
木　　　材 (Lumber)	709	55	654	–	–	–
薪　　　炭 (Firewood)	2	–	2	–	–	–
石　　　炭 (Coal)	13,444	6,397	2,532	–	4,515	–
金属鉱 Metalmining　小　計	556	275	281	–	–	–
鉄　鉱　石	432	273	159	–	–	–
その他の金属鉱	124	3	122	–	–	–
砂利・砂・石材	20,060	3,786	14,658	–	1,615	284
非金属鉱物 Non-metallic mineral　小　計	65,182	46,988	12,242	–	5,952	324
石　灰　石	33,312	22,299	5,060	–	5,952	324
原　　　油	23,315	23,139	175	–	–	–
その他の非金属鉱物	8,555	1,549	7,006	–	–	–
金属 Metal　小　計	43,243	8,372	30,143	–	4,727	9
鉄　　　鋼	41,602	8,219	28,655	–	4,727	9
非　鉄　金　属	1,641	153	1,488	–	–	–
金属製品 (Metal Goods)	403	43	340	–	20	–
機械 Machinery　小　計	8,152	6,898	1,254	–	0	53
輸送用機械	6,044	6,036	8	–	–	50
輸送用機械部品	817	730	87	–	–	–
その他の機械	1,291	132	1,159	–	0	3
窯業品 Ceramics　小　計	36,404	34,213	1,343	–	847	15
セ　メ　ン　ト	35,116	33,311	958	–	847	0
その他の窯業品	1,287	903	385	–	–	15
資料					国土交通省総合政策局情報政策課	

(注) 大型鋼船とは500総トン以上、小型鋼船とは20総トン以上500総トン未満の鋼船をいう。

輸　送　量（平成30年度）

by Domestic Shipping Vessels（FY 2018）

単位：千トン（Unit：1000 Gross Ton）

品　目　Items		営　業　用 Commercial Use					自家用 Private Use
		計 Total	大型鋼船 Large Steel Vessel	小型鋼船 Small Steel Vessel	木 船 Wooden Ship	プッシャーバージ・台船 Barge	
石油製品 Oil Products	小　計	76,467	67,813	8,654	–	–	48
	重　　　　　油	18,709	14,130	4,579	–	–	48
	揮　発　油	38,660	36,920	1,740	–	–	
	L　P　G	5,489	5,432	57	–	–	
	その他のガス	200	200	–	–	–	
	その他の石油及び石油製品	13,408	11,131	2,277	–	–	
石炭製品 Coalproducts	小　計	5,380	2,147	1,983	–	1,250	–
	コ　ー　ク　ス	5,325	2,143	1,933	–	1,250	
	その他の石油製品	55	5	51	–	–	
化　学　薬　品（Chemistry）		19,099	5,565	13,458	–	76	
化　学　肥　料（Fertilizers）		698	14	683	–	2	
その他の化学工業品（Others Chemicals）		2,032	392	1,640	–		
紙・パルプ（Paper・Pulp）		1,951	1,158	793	–		
繊維工業品（Textile Products）		–	–	–	–		
食料工業品（Processed Foodstuff）		1,405	868	537	–		
日　用　品（Daily Necessaries）		–	–	–			
その他の製造工業品（Others Products）		25,338	21,866	3,471	–	0	
特種品 Products	小　計	29,703	9,171	16,993	–	3,539	245
	金　属　く　ず	4,561	267	4,289	–	5	16
	再　利　用　資　材	10,707	4,001	6,494	–	212	0
	新植物性製造飼肥料	3,503	514	2,990	–	–	
	廃　　棄　　物	3,892	2,587	1,305	–	–	1
	廃　　土　　砂	5,572	662	1,588	–	3,323	215
	輸　送　用　容　器	429	205	225	–	–	13
	取　合　せ　品	1,039	936	103	–	–	
分類不能のもの（Others）		0	–	0	–	–	–

交通経済統計調査室　（内航船舶輸送統計年報）

内 航 船 舶 品 目 別

Volume of Cargo by Items Carried

| 品　目　Items | 営　業　用 Commercial Use | | | | | 自家用 |
	計 Total	大型鋼船 Large Steel Vessel	小型鋼船 Small Steel Vessel	木 船 Wooden Ship	プッシャーバージ・台船 Barge	Private Use
合　　　　計 (Sum Total)	339,876	212,729	105,317	–	21,829	1,574
穀　　　　物 (Cereals)	2,086	9	2,066	–	11	598
野菜・果物 (Vegetables & Fruit)	–	–	–	–	–	–
畜　産　品 (Stock Products)	–	–	–	–	–	–
水　産　品 (Marine Products)	4	–	4	–	–	–
その他の農林産品 (Others Crops)	352	–	352	–	–	–
木　　　　材 (Lumber)	638	56	582	–	–	–
薪　　　　炭 (Firewood)	4	–	4	–	–	–
石　　　　炭 (Coal)	14,087	7,274	2,714	–	4,099	–
金属鉱 Metalmining　小　計	385	95	290	–	–	–
鉄　　鉱　　石	218	93	125	–	–	–
その他の金属鉱	167	2	165	–	–	–
砂利・砂・石材	17,993	4,335	12,393	–	1,264	228
非金属鉱物 Non-metallic mineral　小　計	67,534	48,740	12,687	–	6,108	504
石　　灰　　石	36,517	25,157	5,253	–	6,106	504
原　　　　油	21,878	21,658	220	–	–	–
その他の非金属鉱物	9,139	1,925	7,213	–	1	–
金属 Metal　小　計	39,153	8,056	26,546	–	4,551	7
鉄　　　　鋼	37,718	7,926	25,240	–	4,551	7
非　鉄　金　属	1,435	129	1,305	–	–	–
金属製品 (Metal Goods)	369	51	297	–	21	0
機械 Machinery　小　計	7,916	6,484	1,431	–	1	47
輸　送　用　機　械	5,793	5,781	12	–	…	41
輸　送　用機械部品	721	619	102	–	…	–
その他の機械	1,402	84	1,317	–	…	5
窯業品 Ceramics　小　計	35,242	33,278	1,119	–	844	15
セ　メ　ン　ト	33,985	32,301	839	–	844	–
その他の窯業品	1,257	977	280	–	–	15
資料	国土交通省総合政策局情報政策本部情報政策課					

（注）大型鋼船とは500総トン以上、小型鋼船とは20総トン以上500総トン未満の鋼船をいう。

輸 送 量（令和元年度）

by Domestic Shipping Vessels（FY 2019）

単位：千トン（Unit：1000 Gross Ton）

品　目　Items			営　業　用 Commercial Use					自家用
			計 Total	大型鋼船 Large Steel Vessel	小型鋼船 Small Steel Vessel	木　船 Wooden Ship	プッシャーバージ・台船 Barge	Private Use
Oil Products	石油製品	小　　計	70,504	62,559	7,945	–	–	59
		重　　　　　油	17,345	13,202	4,143	–	–	59
		揮　発　油	35,605	33,852	1,753	–	–	–
		L　　P　　G	5,239	5,177	61	–	–	–
		その他のガス	209	209	–	–	–	–
		その他の石油及び石油製品	12,105	10,118	1,987	–	–	–
Coalproducts	石炭製品	小　　計	4,848	1,653	2,021	–	1,175	–
		コ　ー　ク　ス	4,795	1,653	1,967	–	1,175	–
		その他の石油製品	54	–	54	–	–	–
化　学　薬　品（Chemistry）			18,281	5,582	12,622	–	77	–
化　学　肥　料（Fertilizers）			632	14	618	–	1	–
その他の化学工業品（Others Chemicals）			1,814	388	1,426	–	–	–
紙・パ　ル　プ（Paper・Pulp）			2,039	1,053	986	–	–	–
繊　維　工　業　品（Textile Products）			–	–	–	–	–	–
食　料　工　業　品（Processed Foodstuff）			1,255	795	460	–	–	–
日　用　品（Daily Necessaries）			–	–	–	–	–	–
その他の製造工業品（Others Products）			25,279	22,537	2,740	–	1	–
Products	特種品	小　　計	29,462	9,771	16,014	–	3,677	116
		金　属　く　ず	4,046	180	3,864	–	2	1
		再　利　用　資　材	11,108	4,256	6,810	–	43	0
		新植物性製造飼肥料	2,938	410	2,529	–	–	–
		廃　　棄　　物	3,489	2,430	1,059	–	–	1
		廃　土　砂	6,475	1,388	1,455	–	3,632	102
		輸　送　用　容　器	417	209	208	–	–	12
		取　合　せ　品	988	898	90	–	–	0
分類不能のもの　（Others）			–	–	–	–	–	–

交通経済統計調査室　（内航船舶輸送統計年報）

内 航 船 舶 品 目 別
Volume of Cargo by Items Carried

品 目 Items	営 業 用 Commercial Use					自家用
	計 Total	大型鋼船 Large Steel Vessel	小型鋼船 Small Steel Vessel	木船 Wooden Ship	プッシャーバージ・台船 Barge	Private Use
合　　　　　計 (Sum Total)	304,338	192,047	94,082	–	18,209	1,738
穀　　　　物 (Cereals)	1,929	7	1,914	–	8	527
野 菜 ・ 果 物 (Vegetables & Fruit)	1	–	1	–	–	–
畜 産 品 (Stock Products)	–	–	–	–	–	–
水 産 品 (Marine Products)	1	–	1	–	–	–
その他の農林産品 (Others Crops)	27	–	27	–	–	–
木 材 (Lumber)	755	186	568	–	–	–
薪 炭 (Firewood)	–	–	–	–	–	–
石 炭 (Coal)	13,306	7,019	2,565	–	3,722	–
金属鉱 小 計	214	25	188	–	1	
金属鉱 鉄 鉱 石	37	10	27	–	–	
金属鉱 その他の金属鉱	177	14	161	–	1	
砂 利 ・ 砂 ・ 石 材	17,571	3,393	12,577	–	1,601	301
非金属鉱物 小 計	58,953	40,515	11,938	–	6,499	613
非金属鉱物 石 灰 石	33,375	21,643	5,254	–	6,477	553
非金属鉱物 原 油	17,554	17,365	189	–	–	…
非金属鉱物 その他の非金属鉱物	8,024	1,507	6,495	–	22	…
金属 小 計	33,185	6,956	22,499	–	3,729	6
金属 鉄 鋼	32,186	6,818	21,638	–	3,729	6
金属 非 鉄 金 属	999	138	861	–	–	–
金 属 製 品 (Metal Goods)	329	39	277	–	12	3
機械 小 計	6,345	5,990	345	–	10	28
機械 輸 送 用 機 械	5,668	5,662	6	–	–	22
機械 輸 送 用 機 械 部 品	410	325	81	–	4	–
機械 その他の機械	267	3	258	–	6	6
窯業品 小 計	33,489	31,670	1,116	–	703	15
窯業品 セ メ ン ト	31,721	30,119	900	–	703	–
窯業品 その他の窯業品	1,767	1,551	217	–	–	15
資料	国土交通省総合政策局情報政策本部情報政策課					

(注)大型鋼船とは500総トン以上、小型鋼船とは20総トン以上500総トン未満の鋼船をいう。

輸　送　量（令和２年度）
by Domestic Shipping Vessels（FY 2020）

単位：千トン（Unit : 1000 Gross Ton）

品　目　Items		営　業　用 Commercial Use					自家用
		計 Total	大型鋼船 Large Steel Vessel	小型鋼船 Small Steel Vessel	木　船 Wooden Ship	プッシャーバージ・台船 Barge	Private Use
石油製品 Oil Products	小　計	63,590	56,036	7,553	–	–	67
	重　　　　　　油	16,760	12,715	4,045	–	–	67
	揮　発　油	31,496	29,976	1,520	–	–	–
	Ｌ　Ｐ　Ｇ	4,653	4,601	52	–	–	–
	その他のガス	194	194	–	–	–	–
	その他の石油及び石油製品	10,486	8,549	1,936	–	–	–
石炭製品 Coalproducts	小　計	3,188	1,331	1,226	–	631	–
	コ　ー　ク　ス	3,096	1,303	1,162	–	631	–
	その他の石油製品	93	29	64	–	–	–
化　学　薬　品 (Chemistry)		20,133	5,886	14,184	–	63	–
化　学　肥　料 (Fertilizers)		613	8	604	–	1	–
その他の化学工業品 (Others Chemicals)		1,188	341	847	–	–	–
紙・パルプ (Paper・Pulp)		1,956	929	1,027	–	–	–
繊維工業品 (Textile Products)		1	–	1	–	–	–
食料工業品 (Processed Foodstuff)		1,102	656	445	–	1	–
日用品 (Daily Necessaries)		–	–	–	–	–	–
その他の製造工業品 (Others Products)		24,345	22,139	2,205	–	…	–
特種品 Products	小　計	22,120	8,918	11,974	–	1,228	179
	金属くず	1,774	123	1,585	–	66	12
	再利用資材	9,447	3,429	5,958	–	60	0
	動植物性製造飼肥料	3,086	1,115	1,971	–	–	–
	廃　棄　物	2,937	2,127	809	–	–	1
	廃　土　砂	3,624	1,134	1,389	–	1,101	154
	輸送用容器	291	113	177	–	1	11
	取合せ品	961	877	84	–	–	0
分類不能のもの (Others)		–	–	–	–	–	–

交通経済統計調査室（内航船舶輸送統計年報）

国 内 フェリー
Domestic Ferry

長距離航路(long haul ferry boat)

年 度 Fiscal Year	航路数 Number of Waterways	自動車航送台数 （千台） Number of Cars Carried by Ferry Boats (Unit：Thousand)					
		普通トラック Ordinary Truck	乗用車 Passenger Car	バ ス Bus	その他 Others	総 計 Total	8トントラック 換算総計 Converted into 8 ton Trucks
H2 (1990)	21	1,236 (55.7)	941 (42.4)	9 (0.4)	32 (1.4)	2,218 (100.0)	1,653
H7 (1995)	21	1,386 (58.4)	948 (39.9)	8 (0.3)	32 (1.4)	2,374 (100.0)	1,806
H12 (2000)	21	1,465 (60.5)	931 (38.4)	9 (0.4)	18 (0.7)	2,422 (100.0)	1,864
H17 (2005)	15	1,463 (60.4)	936 (38.6)	…	23 (0.9)	2,422 (1.0)	1,861
H21 (2009)	11	1,090 (60.7)	681 (37.9)	…	26 (1.4)	1,797 (100.0)	1,389
H22 (2010)	11	1,107 (61.2)	678 (37.5)	…	24 (1.3)	1,809 (100.0)	1,402
H23 (2011)	12	1,123 (60.6)	711 (38.4)	…	13 (0.7)	1,852 (100.0)	1,425
H24 (2012)	11	1,130 (59.9)	729 (38.6)	…	23 (1.2)	1,887 (100.0)	1,445
H25 (2013)	11	1,189 (60.9)	744 (38.1)	…	15 (0.8)	1,952 (100.0)	1,501
H26 (2014)	11	1,165 (62.1)	692 (36.9)	4 (0.2)	12 (0.6)	1,875 (100.0)	1,458
H27 (2015)	11	1,162 (61.4)	713 (37.6)	6 (0.3)	13 (0.7)	1,894 (100.0)	1,465
H28 (2016)	11	1,227 (62.3)	741 (37.7)			1,968 (100.0)	1,535
H29 (2017)	11	1,244 (61.4)	762 (37.6)	5 (0.2)	14 (0.7)	2,026 (100.0)	1,569
H30 (2018)	12	1,263 (61.4)	775 (37.7)	6 (0.3)	13 (0.6)	2,056 (100.0)	1,591
R1 (2019)	12	1,258 (61.4)	773 (37.7)	5 (0.2)	14 (0.7)	2,049 (100.0)	1,586
資 料							国土交通省

(注)1. 長距離航路とは、片道航路距離が300km以上の航路をいう。

2. 航路数は、翌年4月1日現在の運航中の数である。

3. 8トントラック換算は、乗用車2.5台を1台としたものである。

4. （ ）は構成比である。

輸　送　量　（その１）
Transport（No.1）

| 自動車輸送量（百万台キロ）Thousand Car-km（Unit：Million） | | | | | | 旅客輸送人員（千人） | 旅客輸送量（百万人キロ） |
普通トラック Ordinary Truck	乗用車 Passenger Car	バス Bus	その他 Others	総計 Total	8トントラック換算総計 Converted into 8 ton Trucks	Passengers Carried (Thousand)	Volume of Passenger Traffic (Million Person-km)
808 (58.1)	554 (39.8)	4 (0.3)	24 (1.7)	1,390 (100.0)	859	4,626	2,325
918 (61.5)	546 (36.6)	4 (0.3)	25 (1.6)	1,493 (100.0)	1,165	3,937	2,046
941 (63.2)	541 (35.5)	4 (0.3)	13 (1.0)	1,498 (100.0)	1,174	3,715	1,970
921 (62.3)	543 (36.9)	…	15 (1.0)	1,479 (100.0)	1,153	3,091	1,550
1,090 (60.7)	681 (37.9)	…	26 (1.4)	1,797 (100.0)	1,388	2,328	1,165
712 (62.2)	415 (36.3)	…	16 (1.4)	1,144 (100.0)	895	2,104	1,171
728 (61.5)	443 (37.4)	…	9 (0.8)	1,183 (100.0)	917	2,229	1,234
734 (60.8)	454 (37.6)	…	17 (1.4)	1,207 (100.0)	928	2,186	1,249
820 (61.3)	501 (37.5)	…	13 (1.0)	1,337 (100.0)	1,033	2,262	1,373
750 (63.7)	427 (36.2)	2 (0.2)	8 (0.7)	1,178 (100.0)	922	2,144	1,188
735 (62.0)	438 (37.0)	3 (0.3)	8 (0.7)	1,185 (100.0)	923	2,374	1,308
779 (63.2)	454 (36.8)			1,233 (100.0)	968	2,358	1,298
797 (62.4)	469 (36.7)	3 (0.2)	9 (0.7)	1,278 (100.0)	997	2,385	1,318
812 (62.6)	474 (36.5)	3 (0.2)	8 (0.6)	1,298 (100.0)	1,013	2,407	1,329
805 (62.4)	474 (36.7)	3 (0.2)	9 (0.7)	1,291 (100.0)	1,006	2,388	1,330

海事局内航課

5. 本土…沖縄航路は含まない。

6. 自動車航送貨物定期航路事業（貨物フェリー）を除く。

7. 14年度以降のバスの航送台数・運送料はその他に含む。

8. 28年度以降は、集計区分が普通トラック、乗用車・その他になった。

国 内 フ ェ リ ー
Domestic Ferry

中距離航路（medium haul ferry boat）

| 年　度
Fiscal
Year | | 航路数

Number of
Waterways | 自動車航送台数（千台）
Number of Cars Carried by Ferry Boats（Unit：Thousand） | | | | | 8トントラック
換算総計
Converted
into 8 ton
Trucks |
			バ　ス Bus	乗用車 Passenger Car	普通トラック Ordinary Truck	その他 Others	総　計 Total	
H2	(1990)	22	10 (0.6)	630 (39.0)	958 (59.4)	16 (1.0)	1,614 (100.0)	1,236
H7	(1995)	22	6 (0.4)	540 (38.6)	837 (59.9)	15 (1.1)	1,398 (100.0)	1,074
H12	(2000)	9	3 (0.5)	196 (30.4)	444 (68.9)	1 (0.2)	644 (100.0)	526
H17	(2005)	6	…	156 (27.0)	419 (72.5)	3 (0.5)	578 (100.0)	485
H21	(2009)	4	…	114 (23.6)	369 (76.0)	2 (0.4)	485 (100.0)	417
H22	(2010)	4		93 (22.8)	313 (76.7)	2 (0.5)	408 (100.0)	194
H23	(2011)	5	…	101 (24.5)	309 (75.0)	0 (0.0)	412 (100.0)	352
H24	(2012)	3	…	149 (28.5)	357 (68.4)	14 (2.7)	522 (100.0)	431
H25	(2013)	2	…	150 (28.5)	360 (68.4)	14 (2.7)	526 (100.0)	434
H26	(2014)	5	1	157 (28.4)	382 (69.1)	13 (2.4)	553 (100.0)	459
H27	(2015)	5	1	162 (27.6)	385 (65.7)	12 (2.0)	586 (100.0)	463
H28	(2016)	4	1	159 (28.3)	390 (69.4)	12 (2.1)	562 (100.0)	467
H29	(2017)	4	1	156 (27.0)	408 (70.7)	12 (2.1)	577 (100.0)	483
H30	(2018)	4	1	162 (27.3)	419 (70.7)	11 (1.9)	593 (100.0)	496
R1	(2019)	4	1	151 (26.5)	407 (71.4)	11 (1.9)	570 (100.0)	479

資　料　　　　　　　　　　　　　　　　　　　　　　　国土交通省

（注）1．中距離航路とは、片道航路距離が100km以上300km未満の航路をいう。
　　　2．航路数は、翌年4月1日現在の運航中の数である。
　　　3．8トントラック換算は、乗用車2.5台を1台としたものである。
　　　4．（　）は構成比である。

輸　送　量　（その２）
Transport (No.2)

バ ス Bus	乗用車 Passenger Car	普通トラック Ordinary Truck	その他 Others	総　計 Total	8トントラック 換算総計 Converted into 8 ton Trucks	旅　客 輸送人員 （千人） Passengers Carried (Thousand)	旅客輸送量 （百万人キロ） Volume of Passenger Traffic (Thousand Person- km)
2 (0.7)	111 (37.6)	180 (60.6)	3 (1.1)	296 (100.0)	230	3,978	739
1 (0.5)	95 (36.6)	159 (61.6)	3 (1.3)	259 (100.0)	202	3,182	589
1 (0.6)	42 (30.4)	96 (69.0)	0 (0.1)	139 (100.0)	114	1,464	310
…	31 (25.8)	90 (73.6)	1 (0.6)	122 (100.0)	103	659	137
…	24 (23.1)	78 (76.4)	0 (0.5)	102 (100.0)	79	765	156
…	21 (22.6)	72 (76.9)	0 (0.4)	94 (100.0)	76	600	137
…	23 (24.1)	72 (75.5)	0 (0.0)	95 (100.0)	81	598	135
…	28 (26.6)	76 (71.5)	2 (1.6)	106 (100.0)	89	871	173
…	29 (26.8)	76 (71.3)	2 (1.6)	107 (100.0)	89	713	153
0.3 (0.3)	30 (27.0)	80 (71.3)	2 (1.4)	112 (100.0)	93	785	165
0.3 (0.3)	31 (27.7)	80 (70.8)	1 (1.3)	113 (100.0)	94	964	176
0.3 (0.3)	31 (27.2)	81 (71.1)	1 (0.9)	114 (100.0)	95	979	177
0.3 (0.3)	30 (25.9)	84 (72.4)	1 (0.9)	116 (100.0)	98	895	174
0.3 (0.3)	31 (26.1)	86 (72.3)	1 (0.8)	119 (100.0)	100	964	189
0.2 (0.2)	30 (25.9)	84 (72.4)	1 (0.9)	116 (100.0)	98	885	176

海事局内航課

5. 函館…青森、野辺地…函館、鹿児島…宮之浦、長崎…福江、鹿児島…種子島・屋久島、博多…壱岐…対馬、佐世保…上五島の各航路は含まない。

6. 14年度以降のバスの航送台数・運送料はその他に含む。

邦 船 社 に よ る
Volume of Oceangoing Cargo

暦年 Calender Year (注3)		合 計 Sum Total	輸　　出 Exports				
			計 Total	一般貨物船 General Cargo Vessels		油送船 Oil Tanker	計 Total
				定　期 Liner	不定期 Tramp		
S30	(1955)	28,283	3,913	2,348	1,508	57	20,799
S35	(1960)	61,120	6,429	4,284	1,914	231	50,665
S40	(1965)	134,512	10,213	6,368	3,446	400	118,144
S45	(1970)	364,688	22,364	9,887	12,311	166	310,010
S50	(1975)	526,982	34,074	10,116	23,136	822	415,567
S55	(1980)	540,552	40,884	12,257	27,572	1,054	425,138
S60	(1985)	546,156	42,842	10,528	30,339	1,975	400,697
H2	(1990)	597,821	32,970	9,839	19,657	3,474	469,612
H7	(1995)	703,606	38,761	10,759	21,958	6,045	529,929
H12	(2000)	739,377	34,960	11,009	19,085	4,146	538,875
H17	(2005)	777,869	45,404	15,387	22,642	7,371	529,239
H21	(2009)	823,851	44,963	10,936	25,073	8,954	457,996
H22	(2010)	819,075	44,758	11,320	26,576	6,862	465,898
H23	(2011)	966,697	51,863	12,891	30,414	8,558	535,977
H24	(2012)	1,001,130	50,414	11,089	33,931	5,394	530,855
H25	(2013)	1,026,983	52,001	10,154	34,130	7,717	540,872
H26	(2014)	1,035,239	58,431	12,789	37,361	8,282	535,244
H27	(2015)	1,056,144	60,802	16,583	38,339	5,881	544,702
H28	(2016)	1,018,441	65,911	12,971	43,515	9,425	513,114
H29	(2017)	997,068	68,756	11,983	49,691	7,082	510,768
H30	(2018)	1,032,337	78,717	13,714	57,763	7,240	536,171
H31・R1	(2019)	959,693	64,609	17,659	40,157	6,793	502,078
R2	(2020)	889,364	58,411	15,975	35,484	6,952	435,019
資 料							国土交通省

(注) 1. 外国用船による輸送量を含む。
　　 2. 三国間とは、本邦以外の諸港間の輸送をいう。
　　 3. 昭和60(1985)年までは年度実績、平成4(1992)年以降は暦年実績。

外　航　貨　物　輸　送　量
Carried by Japanese Shipping Firms

単位：千トン(Unit : 1000 Gross Ton)

輸　　　　入 Imports				三　国　間 Cross Trade		
一般貨物船 General Cargo Vessels		油送船	計	一般貨物船 General Cargo Vessels		油送船
定　期 Liner	不定期 Tramp	Oil Tanker	Total	定　期 Liner	不定期 Tramp	Oil Tanker
3,315	11,082	6,402	3,571	1,731	669	1,171
7,909	24,283	18,472	4,026	2,065	1,265	696
9,057	50,508	58,581	6,153	1,199	1,195	3,759
10,919	155,370	143,721	32,314	2,136	11,674	18,504
7,505	210,144	197,918	77,341	1,618	25,135	50,588
7,391	224,277	193,469	74,530	3,015	42,756	28,760
8,475	229,874	162,348	102,617	5,187	62,943	34,487
11,530	261,991	196,091	95,329	12,697	60,739	21,782
13,214	302,494	214,220	134,916	19,903	82,293	32,720
11,362	337,189	190,324	165,542	26,286	83,472	52,785
16,256	339,119	173,863	203,225	55,876	93,913	53,435
17,803	292,415	147,778	320,892	91,342	168,206	61,344
19,565	298,379	147,954	308,419	115,716	148,553	44,150
21,068	333,820	181,089	378,857	105,353	206,489	67,015
23,878	331,218	175,759	419,861	122,695	239,462	57,703
22,135	356,644	162,093	434,111	122,021	263,259	48,831
28,579	351,107	155,558	441,563	135,109	268,515	37,939
28,782	360,070	155,850	450,639	125,769	291,354	33,516
28,645	342,018	142,451	439,416	123,198	277,285	38,934
27,771	313,546	169,451	417,544	119,899	263,961	33,685
18,873	331,432	185,866	417,449	91,694	292,240	33,514
15,602	308,790	177,686	393,006	94,497	266,270	32,239
15,411	302,870	116,738	395,934	88,156	282,167	25,611

海事局外航課

邦 船 社 に よ る
Number of International Passengers Carried

暦年 Calender Year (注2)	合　　計 Sum Total			出　　国 Out Ward		
	計 Total	定　期 Liner	不定期 Tramp	計 Total	定　期 Liner	不定期 Tramp
S45　(1970)	94,618	94,516	102	42,207	42,206	1
S50　(1975)	74,664	54,428	20,236	35,574	25,547	10,027
S55　(1980)	70,066	46,426	23,640	39,305	26,651	12,382
S60　(1985)	94,006	49,453	44,553	53,789	28,723	25,066
H2　(1990)	201,936	126,464	75,472	109,627	71,051	38,576
H7　(1995)	275,991	199,881	76,110	141,487	104,541	36,946
H12　(2000)	462,611	426,596	36,015	235,067	216,602	18,465
H17　(2005)	563,146	541,416	21,730	286,083	275,262	10,821
H21　(2009)	503,714	503,714	5,534	240,300	240,300	2,985
H22　(2010)	607,691	604,409	3,282	302,662	301,240	1,422
H23　(2011)	515,450	512,027	3,423	260,851	258,885	1,966
H24　(2012)	614,800	606,289	8,511	312,542	308,425	4,117
H25　(2013)	526,960	526,960	…	264,499	264,499	…
H26　(2014)	520,141	520,141	…	256,839	256,839	…
H27　(2015)	697,726	697,726	…	349,651	349,651	…
H28　(2016)	668,946	668,946	…	333,036	333,036	…
H29　(2017)	699,664	699,664	…	350,432	350,432	…
H30　(2018)	673,492	673,492	…	336,309	336,309	…
H31・R1 (2019)	468,588	468,588	…	233,681	233,681	…
R2　(2020)	56,417	56,417	…	27,709	27,709	…
資　料						国土交通省

(注)1. 平成7年以降は外国用船による輸送量を含まない。
　　 2. 昭和60年(1985年)までは年度実績、平成2年(1990年)以降は暦年実績。

外 航 旅 客 輸 送 量
by Japanese Oceangoing Passenger Ships

単位：人（Unit：Persons)

入　　　　国 In Ward			三　　国　　間 Cross Trade		
計 Total	定　期 Liner	不定期 Tramp	計 Total	定　期 Liner	不定期 Tramp
51,020	50,919	101	1,391	1,391	…
39,085	28,881	10,204	5	…	5
31,033	19,775	11,258	…	…	…
38,988	20,730	18,258	1,229	…	1,229
92,309	55,413	36,896	…	…	…
134,504	95,340	39,164	…	…	…
227,544	209,994	17,550	…	…	…
277,063	266,154	10,909	…	…	…
263,414	263,414	2,549	…	…	…
305,029	303,169	1,860	…	…	…
254,599	253,142	1,457	…	…	833
302,258	297,864	4,394	…	…	…
262,461	262,461	…	…	…	…
263,302	263,302	…	…	…	…
348,075	348,075	…	…	…	…
335,910	335,910	…	…	…	…
349,232	349,232	…	…	…	…
337,183	337,183	…	…	…	…
234,907	234,907	…	…	…	…
28,708	28,708	…	…	…	…

海事局外航課

邦 船 社 に よ る 外 航
Volume of International Cargo Commodities

貨物船 （Cargo Vessel）

暦年 Calender Year (注3)		輸 出 (Exports)							
		計 Total	鋼材 steel material	セメント Cement	肥料 Fertilizers	繊維製品 Textiles	電気製品 Electric Products	自動車 Passenger Cars	機械 Machinery
S45	(1970)	22,203	10,865	839	2,332	297	370	703	841
S55	(1980)	39,828	13,251	5,160	984	360	1,011	5,955	3,993
S60	(1985)	40,868	15,669	5,621	392	359	1,280	6,530	3,240
H2	(1990)	32,971	9,556	2,822	240	215	945	5,950	2,786
H7	(1995)	38,760	11,229	3,365	256	236	737	4,646	3,279
H12	(2000)	34,960	11,316	2,491	338	123	544	5,190	2,783
H17	(2005)	45,404	13,382	1,325	288	77	490	8,027	5,256
H22	(2010)	44,758	7,401	1,230	125	85	393	10,438	3,225
H25	(2013)	52,001	14,443	4,276	636	79	253	8,080	3,220
H26	(2014)	58,431	19,700	3,407	2,446	118	284	7,203	4,598
H27	(2015)	60,802	21,117	2,535	3,288	95	307	10,236	4,880
H28	(2016)	65,911	22,862	3,006	3,229	71	204	9,659	4,579
H29	(2017)	68,756	21,078	3,566	3,144	174	78	11,456	3,432
H30	(2018)	78,717	28,880	3,279	2,944	17	83	14,707	3,344
H31・R1	(2019)	64,609	16,169	3,390	2,944	25	117	11,171	4,519
R2	(2020)	58,411	16,428	2,227	3,419	11	111	6,130	4,765
		64,485							

暦年 Calender Year (注3)		輸 入 (Imports)							
		綿花 Cotton	リン鉱石 Phosphates	塩 Salt	鉄鉱石 Iron Ore	スクラップ Iron & Steel Scrap	銅鉱 Copper Ore	ニッケル鉱 Nickel Ore	ボーキサイト Bauxite
S45	(1970)	472	1,718	3,252	70,846	1,122	926	4,630	3,631
S55	(1980)	239	2,351	3,666	93,193	550	1,235	3,555	5,476
S60	(1985)	170	2,222	3,733	86,386	451	1,354	3,048	3,149
H2	(1990)	125	2,083	4,342	89,626	122	1,270	3,241	1,698
H7	(1995)	68	1,950	5,999	101,310	32	964	3,400	1,980
H12	(2000)	50	1,135	4,697	114,987	14	1,126	4,281	1,925
H17	(2005)	42	256	3,625	125,634	2	602	2,517	1,287
H22	(2010)	8	53	5,555	114,709	5	1,654	1,088	819
H25	(2013)	14	623	2,723	124,633	2,706	615	2,062	795
H26	(2014)	19	3,367	1,124	128,336	54	2,049	3,530	32
H27	(2015)	20	6,971	1,120	122,629	6	1,290	3,412	0
H28	(2016)	25	6,840	1,707	117,028	3	323	2,889	0
H29	(2017)	16	2,543	3,372	96,606	16	761	2,661	174
H30	(2018)	6	3,177	3,913	109,123	16	2,001	2,961	0
H31・R1	(2019)	6	70	3,776	102,494	47	658	2,665	163
R2	(2020)	10	40	3,616	88,022	14	1,002	2,105	1
資料									国土交通省

(注)1. 外国用船による輸送量を含まない。

　　2. 三国間輸送を含まない。

　　3. 昭和60年までは年度実績、平成2年以降は暦年実績。

主 要 品 目 別 輸 送 量
Carried by Japanese Oceangoing Vessels

単位：千トン（Unit : 1000 Gross Ton）

		輸		入	(Imports)			
その他 Others	計 Total	小麦 Wheat	とうもろこし Maize	砂糖 Sugar	大豆 Soya Beans	木材 Wood	パルプ Pulp	チップ Chip
5,956	166,292	3,442	4,077	349	1,208	25,998	1,626	1,870
9,114	231,668	4,152	3,139	539	3,169	17,675	432	12,577
7,777	238,349	4,298	5,472	434	989	14,262	543	9,549
10,457	273,521	4,412	6,623	197	1,113	15,787	618	16,435
15,012	315,708	5,245	6,605	32	1,179	10,829	793	22,537
12,175	348,551	5,231	6,752	250	807	9,336	222	25,434
16,559	355,376	2,326	2,275	211	194	9,872	383	15,480
21,862	324,038	2,122	1,105	223	235	10,145	99	6,125
21,015	378,779	2,929	1,621	551	2,202	4,729	270	18,465
20,677	379,686	3,041	742	788	1,441	3,263	399	21,274
18,344	388,853	3,102	1,258	837	439	2,533	333	25,073
22,301	370,663	3,086	920	800	116	3,124	279	23,185
25,829	341,252	2,842	63	321	59	2,575	330	21,857
25,464	350,305	2,137	124	261	56	8,036	97	22,469
26,150	352,333	1,974	342	175	23	2,447	81	20,348
25,319	308,682	1,955	260	13	29	7,973	56	10,197

油送船 （Oil Tanker）

		輸出 (Exports)	輸	入		(Imports)	
石炭 Coal	その他 Others	計 Total	計 Total	原油 Crude Oil	重油 Heavy Oil	LPG・LNG	その他 Others
28,312	12,813	166	143,721	135,488	4,599	1,661	1,974
56,331	23,389	1,054	193,470	176,246	6,709	6,579	3,936
76,217	20,387	1,975	162,348	139,089	4,928	12,602	5,729
89,827	36,002	3,474	196,091	164,787	5,710	14,905	10,689
118,558	34,229	6,045	214,220	184,886	1,973	15,966	11,396
143,857	28,447	4,146	190,324	161,537	1,495	16,211	11,082
151,966	38,704	7,371	173,863	132,019	2,119	15,986	23,739
133,440	46,654	6,862	141,860	91,898	415	20,099	29,448
169,141	44,701	7,717	162,102	131,448	1,848	20,837	7,969
159,313	50,913	8,017 r	155,558	127,291	348	18,381	9,539
177,456	42,374	5,881	155,849	129,813	125	22,311	3,600
167,070	43,267	9,425	142,451	89,069	55	24,158	29,169
160,836 r	46,065	7,082 r	169,582	140,059	0	24,499	5,024 r
160,141	35,788	7,210	185,866	133,823	0	29,857	22,186
144,971	72,091	6,798	149,746	115,385	0	25,087	9,273
141,019	52,368	8,951	126,338	88,694	18	25,979	11,646

海事局外航課

4. 油送船の輸出は貨物船の輸出「その他」の内数である。

5. 輸出「鋼材」は、平成29(2017)年まで「鉄鋼」と表記。

6. 輸入「その他」は、「銅鉱」、「その他貨物」、「その他タンカー貨物」である。

貿易貨物船舶積取比率

Loading Shares of the Shipping Trade

単位：千トン（％）(Unit : 1000　Ton（％）)

暦年 Calender Year (注3)	輸　出　(Exports)				輸　入　(Imports)			
	我が国商船隊 Japanese Merchant Fleet			外国船 Foreign Registered Vessels	我が国商船隊 Japanese Merchant Fleet			外国船 Foreign Registered Vessels
	計 Total	邦船 Japanese Vessels	外国用船 Chartered Foreign Vessels		計 Total	邦船 Japanese Vessels	外国用船 Chartered Foreign Vessels	
S45　(1970)	22,367 (53.4)	15,682 (37.4)	6,685 (15.9)	19,547 (46.6)	310,013 (64.1)	216,212 (44.7)	93,801 (19.4)	173,551 (35.9)
S50　(1975)	34,074 (54.8)	14,408 (23.2)	19,666 (31.6)	28,148 (45.2)	415,566 (74.9)	256,461 (46.2)	159,105 (28.7)	139,331 (25.1)
S55　(1980)	40,884 (53.8)	15,400 (20.3)	25,484 (33.5)	35,156 (46.2)	425,138 (70.6)	225,118 (37.4)	200,020 (33.2)	177,128 (29.4)
S60　(1985)	42,842 (53.5)	14,328 (17.9)	28,514 (35.6)	37,166 (46.5)	400,697 (67.3)	244,242 (41.0)	156,455 (26.3)	194,641 (32.7)
H2　(1990)	32,970 (46.8)	4,848 (6.9)	28,122 (39.9)	37,449 (53.2)	469,612 (67.2)	199,944 (28.6)	269,668 (38.6)	229,695 (32.8)
H7　(1995)	38,761 (43.4)	2,980 (1.7)	35,781 (41.7)	58,621 (56.6)	529,929 (71.8)	152,735 (16.4)	377,194 (55.4)	226,907 (28.2)
H12　(2000)	34,960 (34.4)	1,514 (1.5)	33,445 (32.9)	66,767 (65.6)	538,875 (68.4)	98,148 (12.5)	440,727 (55.9)	249,112 (31.6)
H17　(2005)	45,404 (33.8)	1,803 (1.3)	43,601 (32.4)	88,962 (66.2)	529,239 (64.9)	53,463 (6.6)	475,776 (58.3)	286,389 (35.1)
H22　(2010)	44,758 (28.6)	1,188 (0.8)	43,570 (27.9)	111,650 (71.4)	465,898 (61.4)	41,961 (5.5)	423,937 (55.9)	293,143 (38.6)
H26　(2014)	58,431 (35.8)	1,440 (0.9)	56,991 (34.9)	104,784 (64.2)	535,245 (67.3)	91,293 (11.5)	443,952 (55.8)	260,128 (32.7)
H27　(2015)	60,802 (36.0)	1,421 (0.8)	59,381 (35.1)	108,175 (64.0)	544,702 (70.0)	104,138 (13.4)	440,564 (56.6)	233,034 (30.0)
H28　(2016)	65,911 (39.3)	1,732 (1.0)	64,179 (38.3)	101,750 (60.7)	513,114 (66.9)	112,192 (14.6)	400,922 (52.2)	254,445 (33.1)
H29　(2017)	r 68,756 (41.6)	r 1,636 (1.0)	r 67,120 (40.6)	r 96,403 (58.4)	510,768 (66.5)	141,500 (18.4)	369,268 (48.1)	257,090 (33.5)
H30　(2018)	78,717 (48.7)	2,091 (1.3)	76,625 (47.4)	82,920 (51.3)	536,171 (70.7)	149,487 (19.7)	386,684 (51.0)	222,035 (29.2)
H31・R1 (2019)	64,609 (40.5)	2,474 (1.5)	62,135 (38.9)	94,919 (59.5)	502,079 (68.0)	140,562 (19.0)	361,517 (49.0)	236,272 (32.0)
R2　(2020)	58,411 (38.7)	2,310 (1.5)	56,101 (37.2)	92,211 (61.3)	435,019 (65.4)	107,847 (16.2)	327,172 (49.2)	230,013 (34.6)
資　料	国土交通省海事局外航課							

(注) 1. 邦船輸送量は国土交通省資料による。
　　 2. 外国船輸送量は輸出入総量から邦船、外国用船の輸送量を差し引いたものである。
　　 3. 昭和60年（1985年）までは年度実績、平成2年（1990年）以降は暦年実績。

国際戦略港湾・国際拠点港湾入港船舶数（平成30年）

Number of Vessels Arriving at Specially Designated Major Ports（CY 2018）

単位：隻・千総トン（Unit : 1000 Tons）

港　名 Port and Harbor	合　計 Sum Total		外航商船 Oceangoing Merchant		内航商船 Domestic Merchant		そ　の　他 Others	
	隻数 No	総トン Ton	隻数 No	総トン Ton	隻数 No	総トン Ton	隻数 No	総トン Ton
苫小牧 Tomakomai	14,433	87,986	1,019	18,172	7,008	33,659	6,406	36,155
室　蘭 Muroran	5,331	22,856	631	13,881	3,622	7,412	1,078	1,563
仙台塩釜 Sendaishiogama	28,974	61,117	1,262	24,217	25,892	29,017	1,820	7,883
千　葉 Chiba	49,018	143,206	3,778	94,804	41,366	47,707	3,874	695
☆東　京 Tokyo	24,374	182,980	5,499	137,343	16,673	39,514	2,202	6,123
☆川　崎 Kawasaki	21,422	95,818	2,654	71,876	18,465	23,552	303	390
☆横　浜 Yokohama	34,324	296,656	9,597	254,076	20,996	34,187	3,731	8,393
新　潟 Niigata	11,046	40,964	878	15,383	4,389	4,517	5,779	21,064
伏木富山 Fushikitoyama	3,123	9,775	760	7,535	865	2,176	1,498	64
清　水 Shimizu	8,097	47,275	1,849	37,240	4,127	7,701	2,121	2,334
名古屋 Nagoya	23,404	237,614	8,007	197,812	23,522	36,327	-8,125	3,475
四日市 Yokkaichi	17,600	61,838	1,775	47,683	14,525	13,932	1,300	223
堺泉北 Sakaisenboku	30,333	80,868	1,726	48,056	26,278	26,326	2,329	6,486
☆大　阪 Osaka	23,102	112,957	4,923	72,461	15,842	15,613	2,337	24,883
☆神　戸 Kobe	32,957	189,183	6,745	144,021	19,834	23,228	6,378	21,934
姫　路 Himeji	27,866	27,318	679	17,226	23,652	6,533	3,535	3,559
和歌山下津 Wakayamashimotsu	11,684	40,375	855	25,761	7,689	7,322	3,140	7,292
水　島 Mizushima	32,767	90,341	3,464	64,368	27,868	25,114	1,435	859
広　島 Hiroshima	52,755	45,948	1,373	27,633	33,821	10,857	17,561	7,458
下　関 Shimonoseki	34,683	12,955	888	6,489	28,043	2,881	5,752	3,585
徳山下松 Tokuyamakudamatsu	24,283	39,860	1,657	20,915	20,775	17,212	1,851	1,733
博　多 Hakata	29,109	83,754	4,125	64,639	18,955	14,721	6,029	4,394
北九州 Kitakyushu	54,659	99,665	4,149	56,060	43,890	16,451	6,620	27,154
☆国際戦略港湾 計 Specially Major I Ports	136,179	877,594	29,418	679,778	91,810	136,094	14,951	61,722
国際拠点港湾 計 Specially Major II Ports	469,165	1,233,718	38,875	787,871	356,287	309,866	74,003	135,981
全　国　計 General Total	3,432,208	3,912,337	101,841	2,116,382	1,546,765	898,659	1,783,602	897,296
資　料	国土交通省総合政策局情報政策課交通経済統計調査室　　（港湾統計年報）							

(注)　外航商船、内航商船には自動車航送船を含む

　　平成24年度より、港湾区分が見直されて特定重要港湾が国際戦略港湾及び国際拠点港湾に改正された。

　　対象港湾は従前のとおり。

　　☆は、国際戦略拠点港湾、無印は国際拠点港湾を示す。

国際戦略港湾・国際拠点港湾入港船舶数（平成31年・令和元年）

Number of Vessels Arriving at Specially Designated Major Ports（CY 2019）

単位：隻、千総トン（Unit：1000 Tons）

港 名 Port and Harbor	合計 Sum Total		外航商船 Oceangoing Merchant		内航商船 Domestic Merchant		その他 Others	
	隻数 No	総トン Ton	隻数 No	総トン Ton	隻数 No	総トン Ton	隻数 No	総トン Ton
苫小牧 Tomakomai	14,017 r	88,041	1,014 r	17,780 r	6,976 r	34,110 r	6,027 r	36,151
室 蘭 Muroran	4,270	18,736	438	11,347	2,590	4,878	1,242	2,511
仙台塩釜 Sendaishiogama	29,036	58,082	1,157	21,626	26,144	28,392	1,735 r	8,065
千 葉 Chiba	47,013	136,110	3,661	90,327	39,561	45,013	3,791	770
☆東 京 Tokyo	23,382	179,912	5,238	134,028	16,419	40,078	1,725 r	5,807
☆川 崎 Kawasaki	19,595	98,164	2,802	76,698	16,531	21,161	262	305
☆横 浜 Yokohama	32,295	298,974	9,344	258,573	19,962	33,592	2,989 r	6,808
新 潟 Niigata	10,911	42,223	869	15,237	4,466	4,646	5,576 r	22,339
伏木富山 Fushikitoyama	3,121	9,853	792	8,030	756	1,763	1,573	60
清 水 Shimizu	8,628	50,271	1,959	38,362	4,489	8,961	2,180	2,948
名古屋 Nagoya	32,576	233,714	7,749	192,329	22,991	37,802	1,836	3,583
四日市 Yokkaichi	17,467	63,590	1,805	48,671	14,462	14,504	1,200	415
堺泉北 Sakaisenboku	30,678	78,036	1,644	45,183	26,763	26,572	2,271	6,281
☆大 阪 Osaka	22,622	114,960	4,818	72,491	15,471	15,944	2,333	26,525
☆神 戸 Kobe	31,305	188,008	6,626	141,685	18,774	23,440	5,905	22,883
姫 路 Himeji	27,050	26,549	637	16,600	22,939	6,443	3,474	3,506
和歌山下津 Wakayamashimotsu	11,432	41,114	837	25,299	7,409	8,331	3,186 r	7,485
水 島 Mizushima	30,200	88,481	3,275	62,446	25,375	24,824	1,550 r	1,210
広 島 Hiroshima	48,081	47,963	1,419	31,178	29,765	9,363	16,897	7,422
下 関 Shimonoseki	34,184	11,510	936	5,386	27,930	2,617	5,318	3,507
徳山下松 Tokuyamakudamatsu	r 24,261 r	40,268	1,642	20,695 r	20,771 r	17,811	1,848 r	1,761
博 多 Hakata	28,330	79,805	3,931	58,723	18,648	16,648	5,751	4,434
北九州 Kitakyushu	53,766	96,936	3,841	52,274	43,243	16,981	6,682	27,681
☆国際戦略港湾 計 Specally Major Ⅰ Ports	129,199	880,019	28,828	683,475	87,157	134,215	13,214 r	62,628
国際拠点港湾 計 Specally Major Ⅱ Ports	r 455,021 r	1,211,282	37,606 r	761,491	345,278 r	309,662	72,137	140,129
全 国 計 General Total	r 3,360,297 r	3,884,981	98,206 r	2,080,601 r	1,509,951 r	894,392 r	1,752,140	909,988
資 料	国土交通省総合政策局情報政策課交通経済統計調査室　　（港湾統計年報）							

(注) 外航商船、内航商船には自動車航送船を含む

平成24年度より、港湾区分が見直されて特定重要港湾が国際戦略港湾及び国際拠点港湾に改正された。

対象港湾は従前のとおり。

☆は、国際戦略拠点港湾、無印は国際拠点港湾を示す。

国際戦略港湾・国際拠点港湾入港船舶数（令和2年）

Number of Vessels Arriving at Specially Designated Major Ports（CY 2020）

単位：隻、千総トン（Unit : 1000 Tons）

港　名 Port and Harbor	合計 Sum Total		外航商船 Oceangoing Merchant		内航商船 Domestic Merchant		そ の 他 Others	
	隻数 No	総トン Ton	隻数 No	総トン Ton	隻数 No	総トン Ton	隻数 No	総トン Ton
苫小牧 Tomakomai	12,970	86,749	1,008	16,120	6,743	34,329	5,219	36,300
室　蘭 Muroran	3,940	14,261	328	7,978	2,287	3,994	1,325	2,289
仙台塩釜 Sendaishiogama	21,963	55,690	1,179	20,403	19,003	27,346	1,781	7,942
千　葉 Chiba	45,774	130,856	3,646	85,027	38,966	45,302	3,162	528
☆東　　京 Tokyo	21,154	167,332	4,943	123,017	14,703	38,841	1,508	5,474
☆川　　崎 Kawasaki	16,236	85,562	2,519	66,246	13,523	19,083	194	233
☆横　　浜 Yokohama	28,995	264,581	8,435	226,737	17,629	30,514	2,931	7,330
新　潟 Niigata	9,699	41,055	759	13,616	3,945	3,988	4,995	23,451
伏木富山 Fushikitoyama	2,883	9,259	785	7,853	644	1,389	1,454	17
清　水 Shimizu	7,720	43,861	1,790	33,146	4,099	8,378	1,831	2,339
名 古 屋 Nagoya	29,243	210,770	7,168	172,212	20,552	35,441	1,523	3,117
四 日 市 Yokkaichi	15,986	59,792	1,627	45,771	13,259	13,851	1,100	171
堺 泉 北 Sakaisenboku	28,643	75,978	1,520	43,270	25,058	25,947	2,065	6,762
☆大　　阪 Osaka	21,118	104,163	4,632	64,237	14,303	15,719	2,183	24,207
☆神　　戸 Kobe	26,375	169,178	6,181	130,765	14,783	16,951	5,411	21,462
姫　路 Himeji	26,331	26,641	748	17,289	22,390	5,989	3,193	3,363
和歌山下津 Wakayamashimotsu	10,278	35,534	662	19,749	6,573	8,334	3,043	7,450
水　島 Mizushima	28,569	78,556	3,018	53,743	23,927	23,925	1,624	889
広　島 Hiroshima	42,320	39,509	1,196	23,312	24,933	8,931	16,191	7,266
下　関 Shimonoseki	28,118	9,137	764	3,227	22,792	2,331	4,562	3,579
徳山下松 Tokuyamakudamatsu	22,360	38,784	1,528	19,658	18,970	16,838	1,862	2,288
博　多 Hakata	25,949	55,983	3,070	35,788	17,184	16,263	5,695	3,932
北 九 州 Kitakyushu	46,268	90,689	3,681	47,029	36,343	16,045	6,244	27,615
☆国際戦略港湾 計 Specally Major I Ports	113,878	790,816	26,710	611,002	74,941	121,107	12,227	58,706
国際拠点港湾 計 Specally Major II Ports	409,014	1,103,106	34,477	665,189	307,668	298,620	66,869	139,297
全　国　計 General Total	3,115,099	3,513,669	88,927	1,779,975	1,362,505	849,400	944,502	72,622
資　料	国土交通省総合政策局情報政策課交通経済統計調査室　　（港湾統計年報）							

(注)　外航商船、内航商船には自動車航送船を含む

　　平成24年度より、港湾区分が見直されて特定重要港湾が国際戦略港湾及び国際拠点港湾に改正された。
　　対象港湾は従前のとおり。

　　☆は、国際戦略拠点港湾、無印は国際拠点港湾を示す。

全 国 港 湾
Volume of Cargo

| 暦　年
Calender
Year | | 港湾数
Harbors | 合　計　(Sum Total) | | | 輸 |
			計 Total	外国貿易 International Trade	内国貿易 Domestic Trade	計 Total
S25	(1950)	570	118,554	17,828	100,726	52,923
S30	(1955)	772	257,320	50,028	207,293	114,310
S35	(1960)	799	455,369	107,031	348,337	193,441
S40	(1965)	904	827,122	241,715	585,407	324,846
S45	(1970)	927	1,875,740	552,916	1,322,824	717,104
S50	(1975)	939	2,552,552	703,313	1,849,239	1,023,777
S55	(1980)	946	2,925,228	828,365	2,096,863	1,195,152
S60	(1985)	889	2,840,133	859,301	1,980,832	1,180,239
H2	(1990)	889	3,252,616	968,976	2,283,640	1,313,075
H7	(1995)	889	3,418,410	1,071,084	2,347,326	1,358,275
H12	(2000)	819	3,177,771	1,137,401	2,040,370	1,239,163
H17	(2005)	814	3,174,046	1,226,323	1,947,723	1,243,731
H19	(2007)	814	3,201,018	1,256,467	1,944,551	1,264,513
H20	(2008)	814	3,215,001	1,291,555	1,923,446	1,280,556
H21	(2009)	814	3,145,777	1,299,032	1,846,745	1,249,538
H22	(2010)	717	2,636,328	1,092,976	1,543,352	1,028,507
H23	(2011)	717	2,807,248	1,235,348	1,571,900	1,080,481
H24	(2012)	717	2,783,949	1,226,319	1,557,630	1,053,462
H25	(2013)	717	2,900,507	1,291,117	1,609,390	1,100,945
H26	(2014)	717	2,879,650	1,276,722	1,602,928	1,094,408
H27	(2015)	694	2,811,982	1,253,432	1,558,550	1,074,642
H28	(2016)	694	2,783,453	1,238,712	1,544,741	1,062,230
H29	(2017)	694	2,825,478	1,252,606	1,572,872	1,079,298
H30	(2018)	694	2,821,102	1,249,513	1,571,589	1,081,421
H31・R1	(2019)	694	r 2,747,455	r 1,216,384	r 1,531,071	r 1,058,761
R2	(2020)	678	2,470,058	1,086,068	1,383,989	942,367
資　料						国土交通省総合政策局情報政策課

(注) 自動車航送船を含む。

取 扱 貨 物 量

Handled at Ports

単位：千トン（Unit：1000 Gross Tons）

移 出		輸　移　入		
輸　出 Exports	移　出 Outward	計 Total	輸　入 Imports	移　入 Inward
4,169	48,754	65,631	13,659	51,972
9,294	105,016	143,010	40,733	102,277
14,819	178,622	261,927	92,212	169,715
29,949	294,897	502,276	211,766	290,510
59,901	657,203	1,158,636	493,015	665,621
95,625	928,152	1,528,775	607,688	921,087
152,551	1,042,601	1,730,076	675,814	1,054,261
187,570	992,669	1,659,894	671,731	988,163
171,143	1,141,932	1,939,541	797,833	1,141,708
187,806	1,170,469	2,060,135	883,278	1,176,858
203,244	1,035,919	1,938,608	934,157	1,004,451
260,664	983,067	1,930,315	965,659	964,656
284,812	979,701	1,936,505	971,655	964,850
303,832	976,724	1,934,445	987,723	946,722
309,788	939,750	1,896,239	989,244	906,995
245,219	783,288	1,607,821	847,757	760,064
285,847	794,634	1,726,767	949,501	777,266
270,997	782,464	1,730,487	955,322	775,165
289,690	811,255	1,799,562	1,001,427	798,135
287,292	807,115	1,785,242	989,430	795,813
293,602	781,039	1,737,340	959,829	777,511
286,768	775,463	1,721,223	951,945	769,278
289,649	789,650	1,746,179	962,957	783,222
292,755	788,666	1,739,681	956,758	782,923
r 290,303	r 768,458	r 1,688,694	r 926,081	r 762,613
248,180	694,187	1,527,690	837,888	689,802

交通経済統計調査室（港湾統計年報）

全 国 港 湾 主 要

Volume of Cargo Handled by

	暦 年 Calendar Year		合計 Sum Total	米穀類 Rice Grain	飲食物 Food & Drink	水産品 Marine	木材 Wood	石炭 Coal	鉄鉱石 Ironore	砂利・砂 石材等 Gvavel, Sand & Stones
合計 Sum Total	S55	(1980)	2,066,605	47,316	29,787	10,166	77,893	106,568	145,861	130,719
	H2	(1990)	2,247,717	45,240	30,881	9,886	73,689	147,134	143,166	157,719
	H12	(2000)	2,338,352	42,894	34,722	8,683	61,554	164,187	140,796	167,178
	H22	(2010)	2,209,453	38,763	35,673	7,046	42,509	209,879	137,610	81,923
	H29	(2017)	2,250,740	35,633	38,439	6,119	40,382	216,293	132,017	91,048
	H30	(2018)	2,246,072	36,022	38,943	6,382	40,561	212,535	125,446	88,890
	H31・R1	(2019)	r 2,176,362	35,578	r 39,677	6,136	r 40,773	r 208,722	121,256	r 88,060
	R2	(2020)	1,962,485	34,747	37,999	5,557	34,223	195,744	98,019	85,645
輸出 Exports	S55	(1980)	152,550	736	2,110	262	184	71	0	101
	H2	(1990)	171,037	68	1,815	448	113	32	10	494
	H12	(2000)	203,046	438	1,847	542	192	314	709	1,135
	H22	(2010)	285,613	283	1,721	1,075	681	38	59	3,161
	H29	(2017)	289,190	155	2,364	789	1,009	112	52	6,925
	H30	(2018)	292,417	192	2,495	937	1,296	306	212	6,752
	H31・R1	(2019)	r 290,045	228	2,633	878	r 1,199	49	446	r 6,845
	R2	(2020)	248,053	119	2,528	774	1,384	35	15	6,525
輸入 Imports	S55	(1980)	675,814	30,000	8,383	1,193	64,286	70,953	133,959	1,104
	H2	(1990)	797,729	32,579	11,251	3,161	64,307	110,245	126,263	3,376
	H12	(2000)	934,034	33,081	18,054	4,263	55,674	139,048	128,596	7,318
	H22	(2010)	949,247	29,529	19,506	3,463	35,806	178,176	131,695	2,045
	H29	(2017)	960,764	27,301	20,720	3,073	32,903	183,827	126,069	1,458
	H30	(2018)	956,405	27,336	21,126	3,142	32,814	181,698	123,539	1,366
	H31・R1	(2019)	r 925,802	27,015	21,619	2,989	r 32,979	177,982	119,309	1,798
	R2	(2020)	837,690	26,665	20,505	2,645	26,597	166,097	97,238	1,639
移出 Outward	S55	(1980)	613,675	8,322	15,005	1,421	5,802	18,136	8,315	45,016
	H2	(1990)	639,185	6,208	13,474	819	4,517	19,681	11,047	61,054
	H12	(2000)	615,949	4,972	10,065	963	2,471	12,841	6,471	76,098
	H22	(2010)	496,171	4,569	9,513	492	2,751	16,829	2,665	31,970
	H29	(2017)	504,569	4,035	9,926	554	3,142	17,953	2,445	31,739
	H30	(2018)	501,690	4,321	9,590	599	3,191	16,392	560	30,612
	H31・R1	(2019)	r 483,638	4,270	r 9,544	533	3,166	r 16,799	481	r 29,699
	R2	(2020)	440,709	4,178	8,993	562	3,007	15,979	144	29,116
移入 Inward	S55	(1980)	624,566	8,258	4,289	7,290	7,621	17,408	3,587	84,498
	H2	(1990)	639,766	6,385	4,341	5,458	4,752	17,176	5,846	92,795
	H12	(2000)	585,323	4,403	4,756	2,915	3,217	11,984	5,020	82,627
	H22	(2010)	478,422	4,382	4,933	2,015	3,270	14,836	3,191	44,747
	H29	(2017)	496,217	4,142	5,429	1,703	3,328	14,401	3,451	50,926
	H30	(2018)	495,560	4,173	5,732	1,704	3,260	14,139	1,135	50,160
	H31・R1	(2019)	r 476,877	4,065	r 5,880	1,736	3,429	r 13,892	1,019	r 49,718
	R2	(2020)	436,033	3,785	5,973	1,576	3,235	13,633	622	48,365

資 料　　　　　　　　　　　　　国土交通省総合政策局情報政策課
(注)1. 自動車航送船及び鉄道連絡船による取扱量を除く。
　　2. 「米穀類」は麦、米、とうもろこし、豆類、その他雑穀の合計である。
　　3. 「飲食物」は野菜・果物、砂糖、製造食品、飲料、水、たばこ、その他食料工業品の合計である。

品 目 別 取 扱 量
Commodity at All Ports in Japan

単位：千トン（Unit：1000 Gross Ton）

原油 Crude Oil	石灰石 Lime Stone	鉄・くず鉄 非鉄金属 Iron, Non-ferrous metals Products	金属製品 Metal Goods	セメント Cement	石油製品 Oil Products	化学薬品 Chemicals	化学肥料 Fertilizers	その他 Others
351,139	80,799	188,147	5,750	98,104	201,904	43,837	8,434	540,181
280,298	88,800	191,322	4,546	114,318	314,864	65,363	7,618	572,873
295,407	95,630	170,452	5,512	108,619	350,942	71,878	6,785	613,113
252,406	72,947	177,607	9,799	68,900	410,816	73,357	5,483	584,734
225,896	76,632	167,409	12,142	75,264	372,739	74,227	4,719	681,781
213,776	79,414	168,083	13,001	75,863	370,737	74,510	4,588	697,321
203,127 r	77,807 r	160,964	13,279 r	73,570 r	401,926 r	70,881	4,328 r	630,231
173,862	71,175	136,854	10,864	70,785	375,210	64,388	4,214	563,199
1	1,392	30,439	2,728	5,774	774	3,837	2,096	102,045
78	1,845	17,744	1,860	4,872	4,124	6,557	789	130,188
6	2,551	32,206	1,563	5,094	4,961	11,452	1,050	138,986
757	3,089	49,258	2,733	6,446	18,881	17,497	880	179,054
777	3,364	46,564	2,941	7,407	16,446	19,650	552	180,083
597	3,949	44,401	3,175	7,216	16,489	19,427	481	184,492
265	4,163 r	43,451	3,368	6,515	21,941	18,768	504 r	178,792
3,622	4,580	42,493	2,456	5,509	13,363	17,528	483	146,639
246,606	16	8,155	338	54	38,054	2,656	1,480	69,577
205,114	257	18,122	929	2,499	115,496	6,961	1,980	95,189
224,268	356	14,776	2,001	1,427	160,859	7,846	2,098	134,369
194,452	409	12,657	5,086	471	178,110	10,020	1,909	145,913
167,098	1,223	14,103	6,310	324	203,269	11,904	1,762	159,420
157,374	782	14,408	6,961	189	205,648	13,127	1,893	165,002
154,614 r	722 r	14,264	7,157	104	191,451	11,714	1,595 r	160,490
129,036	478	11,249	6,269	91	188,150	11,244	1,567	148,220
55,365	38,133	74,535	1,232	47,491	82,686	18,684	2,277	191,255
36,813	44,913	78,546	803	54,567	99,509	24,980	2,342	179,912
35,488	47,081	62,744	860	52,931	93,877	25,861	1,803	181,423
30,733	32,849	58,663	921	31,279	112,573	24,179	1,380	134,806
32,154	34,335	53,517	1,461	34,218	75,888	21,651	1,390	180,161
29,688	36,390	54,833	1,314	35,148	74,209	21,265	1,262	182,316
26,366	36,079	51,852	1,295 r	34,412 r	97,585 r	20,618	1,295 r	149,644
22,415	32,220	41,750	1,103	33,526	90,714	18,378	1,296	137,328
50,167	41,258	75,018	1,452	44,785	80,390	18,660	2,581	177,304
38,293	41,785	76,910	954	52,380	95,735	26,865	2,507	167,584
35,645	45,642	60,726	1,088	49,167	91,245	26,719	1,834	158,335
26,464	36,600	57,029	1,060	30,704	101,252	21,662	1,314	124,961
25,867	37,710	53,225	1,430	33,315	77,136	21,022	1,015	162,117
26,117	38,293	54,441	1,551	33,310	74,391	20,691	952	165,511
21,882	36,843	51,396	1,458 r	32,539 r	90,949 r	19,782	934 r	141,355
18,789	33,897	41,362	1,036	31,659	82,983	17,238	868	131,012

交通経済統計調査室　（港湾統計年報）
　4.「木材」は原木、製材、木材チップ、その他林産品の合計である。
　5.「鉄・くず鉄・非鉄金属」は鉄鋼、鋼材、非鉄金属、金属くずの合計である。
　6.「石油製品」は石油製品にLNG、LPG、その他石油製品を加えた合計である。

国際戦略港湾・国際拠点港湾取扱貨物量（平成30年）

Volume of Cargo Handled at Specially Designated Major Ports（CY 2018）

単位：千トン（Unit：1000 Gross Ton）

港 名 Port and Harbor	合 計 Sum Total	外国貿易 International Trade			内国貿易 Domestic Trade		
		計 Total	輸 出 Exports	輸 入 Imports	計 Total	移 出 Outward	移 入 Inward
苫小牧 Tomakomai	107,444	17,549	1,282	16,267	89,893	44,544	45,349
室 蘭 Muroran	22,673	11,777	1,565	10,212	10,897	6,059	4,838
仙台塩釜 Sendaishiogama	48,255	16,177	1,960	14,217	32,077	14,935	17,142
千 葉 Chiba	153,198	92,401	9,645	82,756	60,797	33,683	27,114
☆東 京 Tokyo	91,543	49,826	13,289	36,537	41,717	15,751	25,966
☆川 崎 Kawasaki	81,088	50,727	7,492	43,235	30,361	14,757	15,604
☆横 浜 Yokohama	113,958	78,478	32,851	45,627	35,479	14,685	20,794
新 潟 Niigata	32,297	15,195	1,131	14,064	17,102	7,234	9,868
伏木富山 Fushikitoyama	6,702	4,685	1,200	3,485	2,017	125	1,892
清 水 Shimizu	18,945	12,786	4,548	8,238	6,158	1,596	4,562
名 古 屋 Nagoya	196,593	129,649	53,711	75,938	66,934	35,134	31,800
四 日 市 Yokkaichi	60,562	40,204	4,222	35,982	20,358	14,778	5,580
堺 泉 北 Sakaisenboku	72,116	26,758	3,787	22,971	45,358	18,237	27,121
☆大 阪 Osaka	84,332	36,218	9,626	26,592	48,115	21,393	26,722
☆神 戸 Kobe	95,487	52,161	23,708	28,453	43,325	17,960	25,365
姫 路 Himeji	33,342	20,049	873	19,176	13,293	5,388	7,905
和歌山下津 Wakayamashimotsu	35,355	20,795	4,490	16,305	14,560	8,324	6,236
水 島 Mizushima	86,739	55,674	9,997	45,677	31,064	20,238	10,826
広 島 Hiroshima	15,085	6,469	4,380	2,089	8,616	3,760	4,856
下 関 Shimonoseki	5,489	3,335	1,764	1,571	2,154	863	1,291
徳山下松 Tokuyamakudamatsu	51,334	20,080	3,637	16,443	31,254	16,023	15,231
博 多 Hakata	36,862	19,401	8,333	11,068	17,462	5,291	12,171
北 九 州 Kitakyushu	101,762	32,543	7,271	25,272	69,220	32,641	36,579
☆国際戦略港湾 計 Specally Major I Ports	466,408	267,411	86,966	180,445	198,997	84,546	114,451
国際拠点港湾 計 Specally Major II Ports	1,084,752	545,527	123,796	421,731	540,325	269,961	270,364
全 国 計 General Total	2,821,102	1,249,513	292,755	956,758	1,571,589	788,666	782,923
資料	国土交通省総合政策局情報政策課交通経済統計調査室（港湾統計年報）						

(注) 自動車航送船を含む。

平成24年度より、港湾区分が見直されて特定重要港湾が国際戦略港湾及び国際拠点港湾に改正された。

対象港湾は従前のとおり。

☆は、国際戦略拠点港湾、無印は国際拠点港湾を示す。

国際戦略港湾・国際拠点港湾取扱貨物量（平成31年・令和元年）

Volume of Cargo Handled at Specially Designated Major Ports（CY 2019）

単位：千トン（Unit：1000 Gross Ton）

港　名 Port and Harbor	合　計 Sum Total	外国貿易 International Trade			内国貿易 Domestic Trade		
		計 Total	輸　出 Exports	輸　入 Imports	計 Total	移　出 Outward	移　入 Inward
苫小牧 Tomakomai	107,294	17,480	1,181	16,299	89,814	44,471	45,343
室　蘭 Muroran	16,263	8,806	1,091	7,715	7,458	4,103	3,355
仙台塩釜 Sendaishiogama	43,628	15,005	1,732	13,273	28,624	13,022	15,602
千　葉 Chiba	140,011	83,784	9,313	74,471	56,228	28,659	27,569
☆東　京 Tokyo	87,806	48,494	12,735	35,759	39,312	15,054	24,258
☆川　崎 Kawasaki	79,386	53,574	8,401	45,173	25,812	13,152	12,660
☆横　浜 Yokohama	110,623	79,943	29,648	50,295	30,680	14,484	16,196
新　潟 Niigata	r 31,769	14,696	1,000	13,696	r 17,072	r 7,239	r 9,833
伏木富山 Fushikitoyama	6,735	5,136	1,231	3,905	1,600	237	1,363
清　水 Shimizu	16,862	9,987	3,688	6,299	6,876	2,038	4,838
名古屋 Nagoya	194,436	126,377	52,851	73,526	68,059	35,745	32,314
四日市 Yokkaichi	60,866	40,225	4,633	35,592	20,641	15,069	5,572
堺泉北 Sakaisenboku	r 69,245	24,422	3,879	20,543	r 44,823	r 17,824	r 26,999
☆大　阪 Osaka	85,189	35,670	9,014	26,656	49,520	21,908	27,612
☆神　戸 Kobe	94,009	51,513	22,927	28,586	42,494	17,879	24,615
姫　路 Himeji	31,456	18,887	766	18,121	12,570	5,218	7,352
和歌山下津 Wakayamashimotsu	r 35,470	r 20,635	r 4,996	r 15,639	14,834	7,725	7,109
水　島 Mizushima	80,573	50,010	9,516	40,494	30,563	18,559	12,004
広　島 Hiroshima	14,131	6,007	4,492	1,515	8,125	3,407	4,718
下　関 Shimonoseki	4,470	2,610	1,088	1,522	1,861	814	1,047
徳山下松 Tokuyamakudamatsu	r 50,785	19,433	3,385	16,048	r 31,353	r 16,323	15,030
博　多 Hakata	37,140	20,276	8,855	11,421	16,864	5,147	11,717
北九州 Kitakyushu	98,600	30,655	7,280	23,375	67,946	32,178	35,768
☆国際戦略港湾 計 Specially Major Ⅰ Ports	457,013	269,194	82,725	186,469	187,819	82,478	105,341
国際拠点港湾 計 Specially Major Ⅱ Ports	r 1,039,735	r 514,428	r 120,976	r 393,452	r 525,308	r 257,775	r 267,533
全　国　計 General Total	r 2,747,455	r 1,216,384	r 290,303	r 926,081	r 1,531,071	r 768,458	r 762,613
資　料	国土交通省総合政策局情報政策課交通経済統計調査室（港湾統計年報）						

（注）　自動車航送船を含む。

　　　平成24年度より、港湾区分が見直されて特定重要港湾が国際戦略港湾及び国際拠点港湾に改正された。

　　　対象港湾は従前のとおり。

　　　☆は、国際戦略拠点港湾、無印は国際拠点港湾を示す。

国際戦略港湾・国際拠点港湾取扱貨物量（令和2年）

Volume of Cargo Handled at Specially Designated Major Ports（CY 2020）

単位：千トン（Unit : 1000 Gross Ton）

港 名 Port and Harbor	合 計 Sum Total	外国貿易 International Trade			内国貿易 Domestic Trade		
		計 Total	輸 出 Exports	輸 入 Imports	計 Total	移 出 Outward	移 入 Inward
苫小牧 Tomakomai	100,298	13,812	905	12,907	86,486	41,862	44,624
室 蘭 Muroran	11,932	5,825	577	5,248	6,107	3,469	2,638
仙台塩釜 Sendaishiogama	40,457	13,422	1,341	12,081	27,035	11,670	15,365
千 葉 Chiba	134,009	80,148	8,838	71,310	53,861	30,543	23,318
☆東 京 Tokyo	80,867	46,370	11,883	34,487	34,498	14,339	20,159
☆川 崎 Kawasaki	67,627	46,274	5,977	40,297	21,353	11,635	9,718
☆横 浜 Yokohama	93,623	65,212	23,878	41,334	28,411	11,139	17,272
新 潟 Niigata	42,526	13,255	961	12,294	15,244	6,414	8,830
伏木富山 Fushikitoyama	6,266	4,875	1,214	3,661	1,392	134	1,258
清 水 Shimizu	15,975	9,397	3,368	6,029	6,578	1,855	4,723
名 古 屋 Nagoya	168,548	107,624	41,051	66,573	60,924	32,072	28,852
四 日 市 Yokkaichi	56,270	36,490	3,749	32,741	19,780	14,804	4,976
堺 泉 北 Sakaisenboku	65,078	23,297	3,400	19,897	41,782	17,511	24,271
☆大 阪 Osaka	80,547	34,275	8,362	25,913	46,272	20,337	25,935
☆神 戸 Kobe	82,884	46,262	19,979	26,283	36,622	15,387	21,235
姫 路 Himeji	31,387	20,109	856	19,253	11,278	4,872	6,406
和歌山下津 Wakayamashimotsu	28,239	14,630	3,062	11,568	13,609	7,029	6,580
水 島 Mizushima	71,283	41,266	8,055	33,211	30,017	18,160	11,857
広 島 Hiroshima	11,571	4,867	3,540	1,327	6,704	2,421	4,283
下 関 Shimonoseki	3,840	2,421	852	1,569	1,420	717	703
徳山下松 Tokuyamakudamatsu	46,334	17,711	3,164	14,547	28,623	14,798	13,825
博 多 Hakata	34,375	18,625	8,206	10,419	15,751	4,945	10,806
北 九 州 Kitakyushu	88,459	27,891	7,338	20,553	60,568	28,347	32,221
☆国際戦略港湾 計 Specally Major Ⅰ Ports	405,548	238,392	70,079	168,313	167,156	72,837	94,319
国際拠点港湾 計 Specally Major Ⅱ Ports	942,819	455,664	100,477	355,187	487,155	241,621	245,534
全 国 計 General Total	2,470,058	1,086,068	248,180	837,888	1,383,989	694,187	689,802
資 料	国土交通省総合政策局情報政策課交通経済統計調査室（港湾統計年報）						

（注） 自動車航送船を含む。

平成24年度より、港湾区分が見直されて特定重要港湾が国際戦略港湾及び国際拠点港湾に改正された。

対象港湾は従前のとおり。

☆は、国際戦略拠点港湾、無印は国際拠点港湾を示す。

港湾運送事業者による船舶積卸し量

Volume of Cargo Unloaded by Port Transportation Business

単位：千トン（Unit：1000 Gross Ton）

	年 Year		指定港湾数 No. of Designated Ports	総 量 Total	揚 荷 Landing Cargo	積 荷 Pile Cargo	移出入 Outward & Inward	輸出入 Export & Import	接 岸 Wharf	沖 取 Offshore
暦年 Calendar Year	S40	(1965)	92	290,503	194,981	95,522	148,695	141,808	244,533	37,970
	S45	(1970)	91	560,150	393,795	166,355	226,466	333,684	500,692	59,458
	S50	(1975)	93	622,962	413,980	208,982	223,791	399,171	589,795	33,167
年度 Fiscal Year	S55	(1980)	97	865,882	545,835	320,047	303,447	562,435	844,800	21,082
	S60	(1985)	97	933,207	576,734	356,473	316,157	617,050	919,950	13,257
	H2	(1990)	96	1,046,547	665,688	380,859	367,257	679,290	1,039,937	6,610
	H7	(1995)	96	1,121,674	721,055	409,619	368,026	753,648	1,118,191	3,484
	H12	(2000)	94	1,195,088	742,684	452,403	355,253	839,834	1,192,860	2,228
	H17	(2005)	93	1,353,254	801,494	551,759	376,381	976,872	1,351,743	1,510
	H22	(2010)	93	1,234,034	816,120	573,323	354,355	1,035,087	1,387,787	1,157
	H25	(2013)	93	1,443,345	845,366	597,979	370,288	1,073,057	1,442,225	1,121
	H26	(2014)	93	1,437,651	839,047	598,604	369,831	1,067,820	1,436,652	999
	H27	(2015)	93	1,399,008	814,443	583,642	356,840	1,042,169	1,398,291	717
	H28	(2016)	93	1,411,280	820,629	588,893	366,466	1,044,814	1,410,580	701
	H29	(2017)	93	1,454,861	844,466	610,396	378,391	1,076,470	1,454,040	821
	H30	(2018)	93	1,465,673	850,932	614,741	383,034	1,082,640	1,465,164	509
	H31・R1	(2019)	93	1,426,710	828,445	598,264	369,520	1,057,189	1,426,414	296
	R2	(2020)	93	1,296,406	754,755	541,651	338,405	958,000	1,296,266	140
資料			国土交通省港湾局港湾経済課							

(注)1. 船舶積卸し量とは、港湾運送事業法の適用港湾においてする船舶への貨物の積込み及び船舶からの貨物の取卸し量をいう。

2. 昭和50年までは暦年実績、昭和55年以降は年度実績。

営業倉庫貨物取扱量

Volume of Cargo Handled by Warehouse Business

Unit : Thousand Ton, ㎥

年 度 Fiscal Year	普通倉庫 Ordinary Warehouses		冷蔵倉庫 Refrigeration Warehouses		水面倉庫 Pond for Timber Storage	
	入庫量 Warehousing Volume	平均月末 在 庫 量 Inventory	入庫量 Warehousing Volume	平均月末 在 庫 量 Inventory	入庫量 Warehousing Volume	平均月末 在 庫 量 Inventory
	千トン	千トン	千トン	千トン	千㎡	千㎡
S35 (1960)	33,339	5,976	2,102	270	2,580	378
S40 (1965)	53,638	8,335	3,479	511	3,830	496
S45 (1970)	93,790	15,444	5,015	777	7,801	1,084
S50 (1975)	113,073	19,948	7,123	1,264	7,439	1,556
S55 (1980)	151,231	25,380	8,683	1,686	7,834	1,903
S60 (1985)	183,993	35,503	11,083	2,026	5,342	1,202
H2 (1990)	236,328	48,475	15,015	2,723	4,599	1,271
H7 (1995)	247,158	63,420	18,207	3,097	2,565	818
H12 (2000)	244,813	68,261	20,675	3,288	1,641	353
H16 (2004)	243,764	36,202	24,279	3,789	920	212
H17 (2005)	282,020	39,349	20,662	3,227	691	166
H18 (2006)	236,048	36,027	17,787	2,827	612	141
H19 (2007)	228,375	32,205	19,006	2,973	690	198
H20 (2008)	221,493	35,966	18,632	3,034	483	150
H21 (2009)	204,356	34,240	18,327	3,002	292	96
H22 (2010)	226,594	33,766	18,999	2,889	377	80
H23 (2011)	206,118	28,523	19,897	3,142	208	50
H24 (2012)	231,628	34,693	20,101	3,251	164	54
H25 (2013)	227,798	35,145	21,234	3,294	141	27
H26 (2014)	228,156	36,579	20,088	3,218	101	25
H27 (2015)	252,580	39,547	23,379	3,619	170	37
H28 (2016)	243,935	42,664	23,084	3,424	132	39
H29 (2017)	256,723	40,110	23,089	3,452	194	30
H30 (2018)	263,395	41,594	23,587	3,633	117	19
資　料	国土交通白書(資料編)					

注　普通倉庫の数値は、1～3類倉庫、野積倉庫、貯蔵槽倉庫及び危険品倉庫の合計である。

輸

送

船 舶 及 び 航 空 機

Passenger Departure and

区分	暦 年 Calendar Year		計　Total			船
			計 Total	日本人 Japanese	外国人 Foreigner	計 Total
出国者数 (Departure)	S35	(1960)	309,665	119,420	190,245	119,552
	S45	(1970)	1,706,962	936,205	770,757	186,561
	S55	(1980)	5,186,888	3,909,333	1,277,555	73,884
	H2	(1990)	14,339,931	10,997,431	3,342,500	226,121
	H12	(2000)	22,965,316	17,818,590	5,146,726	403,828
	H17	(2005)	24,759,130	17,403,565	7,355,565	644,123
	H22	(2010)	26,078,876	16,637,224	9,441,652	895,313
	H24	(2012)	27,586,104	18,490,657	9,095,447	814,645
	H25	(2013)	28,630,294	17,472,748	11,157,546	779,306
	H26	(2014)	30,881,937	16,903,388	13,978,549	786,156
	H27	(2015)	35,687,409	16,213,789	19,473,620	696,766
	H28	(2016)	40,133,573	17,116,420	23,017,153	751,546
	H29	(2017)	45,065,044	17,889,292	27,175,752	1,012,710
	H30	(2018)	48,807,196	18,954,031	29,853,165	956,522
	H31・R1	(2019)	51,041,173	20,080,669	30,960,504	750,778
	R2	(2020)	7,857,294	3,174,219	4,683,075	34,673
入国者数 (Arrivals)	S35	(1960)	252,202	105,321	146,881	66,641
	S45	(1970)	1,702,633	927,572	775,061	200,082
	S55	(1980)	5,195,435	3,899,569	1,295,866	62,834
	H2	(1990)	14,456,692	10,952,222	3,504,470	190,166
	H12	(2000)	22,928,041	17,655,946	5,272,095	386,261
	H17	(2005)	24,776,252	17,326,149	7,450,103	639,028
	H22	(2010)	26,055,580	16,611,884	9,443,696	883,486
	H24	(2012)	27,580,331	18,408,185	9,172,146	810,597
	H25	(2013)	r 28,677,218	17,421,997	11,255,221	r 781,839
	H26	(2014)	31,065,982	16,915,797	14,150,185	794,587
	H27	(2015)	24,056,512	16,258,889	19,688,247	701,382
	H28	(2016)	40,307,164	17,088,252	23,218,912	752,179
	H29	(2017)	45,305,235	17,876,453	27,428,782	862,949
	H30	(2018)	49,011,056	18,908,954	30,102,102	958,814
	H31・R1	(2019)	51,217,234	20,030,055	31,187,179	729,422
	R2	(2020)	7,990,527	3,683,270	4,307,257	42,046
資 料						法務省

(注) 1. 正規出入国者の数である。

2. 日米間の地位協定による軍人等の協定該当者は計に含まない。

別 出 入 国 者 数

Arrivals by Ship and Air

単位：人(Unit：Persons)

舶 Ship		航 空 機 Aircraft		
日本人	外国人	計	日本人	外国人
Japanese	Foreigner	Total	Japanese	Foreigner
56,112	63,440	190,113	63,308	126,805
157,928	28,633	1,520,401	778,277	742,124
37,565	36,319	5,113,004	3,871,768	1,241,236
106,038	120,083	14,113,810	10,891,393	3,222,417
197,653	206,175	22,561,488	17,620,937	4,940,551
216,158	427,965	24,115,007	17,187,407	6,927,600
187,219	708,094	25,183,563	16,450,005	8,733,558
210,491	604,154	26,771,459	18,280,166	8,491,293
164,617	614,689	27,850,988	17,308,131	10,542,857
157,577	628,579	30,095,781	16,745,811	13,349,970
132,397	564,369	34,990,643	16,081,392	18,909,251
154,283	597,263	39,382,027	16,962,137	22,419,890
278,257	734,453	44,052,334	17,611,035	26,441,299
183,581	772,941	47,850,674	18,770,450	29,080,224
216,336	534,442	50,290,395	19,864,333	30,426,062
9,227	25,446	7,822,621	3,164,992	4,657,629
48,664	17,977	185,561	56,657	128,904
174,909	25,173	1,502,551	752,663	749,888
34,047	28,787	5,132,601	3,865,522	1,267,079
84,552	105,614	14,266,526	10,867,670	3,398,856
186,013	200,248	22,541,780	17,469,933	5,071,847
211,363	427,665	24,137,224	17,114,786	7,022,438
180,594	702,892	25,172,094	16,431,290	8,740,804
205,734	604,863	26,769,734	18,202,451	8,567,283
163,436	618,403	27,895,379	17,258,561	10,636,818
155,255	639,332	30,271,395	16,760,542	13,510,853
130,511	570,871	35,245,754	16,128,378	19,117,376
150,819	601,360	39,554,985	16,937,433	22,617,552
122,078	740,871	44,442,286	17,754,375	26,687,911
179,933	778,881	48,052,242	18,729,021	29,323,221
186,505	542,917	50,487,812	19,843,550	30,644,262
12,956	29,090	7,948,481	3,670,314	4,278,167

（出入国管理統計年報）

目 的 別 入

Number of Foreign

暦 年 Calendar Year	合 計 Sum Total	滞 在 客			
		計 Total		観 光 客	
			小 計 Sub Total	観光客 Tourist	短期滞在者 Sojourner
S35　(1960)	212,314	159,416	97,776	73,520	…
S40　(1965)	366,649	299,346	204,252	157,464	…
S45　(1970)	854,419	770,573	565,346	484,638	…
S50　(1975)	811,672	707,790	447,073	373,126	…
S55　(1980)	1,316,632	1,165,010	728,371	597,722	…
S60　(1985)	2,327,047	2,102,296	1,328,782	…	1,324,546
H2　(1990)	3,235,860	3,117,592	1,879,497	…	1,878,495
H7　(1995)	3,345,274	3,241,650	1,731,439	…	1,730,682
H12　(2000)	4,757,146	4,614,193	2,693,357	…	2,692,522
H17　(2005)	6,727,926	6,653,039	4,368,573	4,368,570	…
H20　(2008)	8,350,835	8,350,835	6,048,681	6,048,681	…
H21　(2009)	6,789,658	6,789,658	4,759,833	4,759,833	…
H22　(2010)	8,611,175	8,611,175	6,361,974	6,361,974	…
H23　(2011)	6,218,752	6,218,752	4,057,235	4,057,235	…
H24　(2012)	8,358,105	8,358,105	6,041,645	6,041,645	…
H25　(2013)	10,363,904	10,363,904	7,962,517	7,962,517	…
H26　(2014)	13,413,467	13,413,467	10,880,604	10,880,604	…
H27　(2015)	19,737,409	19,737,409	16,969,126	16,969,126	…
H28　(2016)	24,039,700	24,039,700	21,049,676	21,049,676	…
H29　(2017)	28,691,073	28,691,073	25,441,593	25,441,593	…
H30　(2018)	31,191,856	31,191,856	27,766,112	27,766,112	…
H31・R1 (2019)	31,882,049	31,882,049	28,257,141	28,257,141	…
R2　(2020)	4,115,828	4,115,828	3,312,230	3,312,230	…
資 料	法務省及び				

(注)　永久滞在者、軍要員及び乗員を含まない。

　　　09'から、「一時上陸客」は、観光客に含む

国　外　客　数

Entries by Purpose

単位：人（Unit :Persons）

Sojourner				一時上陸客
Tourist		商用客	その他	
通過観光客	通過客			Shore Excursionist
Transit Passenger	Transit Passenger	Business	Other	
12,398	11,858	14,929	46,711	52,898
17,746	29,042	29,184	65,910	67,303
28,814	51,894	75,286	129,941	83,846
10,138	63,809	83,923	176,794	103,882
3,715	126,934	115,843	320,796	151,622
4,236	...	555,685	217,829	224,751
1,002	...	870,738	367,357	118,268
757	...	1,047,536	462,675	103,624
5	...	1,292,889	627,947	142,953
...	...	1,477,162	807,304	74,887
...	...	1,455,284	846,870	...
...	...	1,192,622	837,203	...
...	...	1,394,586	854,615	...
...	...	1,243,484	918,033	...
...	...	1,442,946	873,514	...
...	...	1,464,850	936,537	...
...	...	1,537,114	995,749	...
...	...	1,641,300	1,126,983	...
...	...	1,701,902	1,288,122	...
...	...	1,782,677	1,466,803	...
...	...	1,795,213	1,630,531	...
...	...	1,757,403	1,867,505	...
...	...	216,026	587,572	...

日本政府観光局（JNTO）

国 籍 別 入

Number of Foreign

暦 年 Calendar Year	計 Total	アメリカ U.S.A	カナダ Canada	イギリス U.K.	フランス France	ドイツ Germany	ロシア C.I.S
S30 (1955)	55,592	28,194	1,269	4,610	1,229	957	43
S40 (1965)	299,274	155,533	8,831	16,988	6,135	7,706	1,659
S45 (1970)	770,573	320,654	43,442	38,720	21,172	23,774	4,641
S50 (1975)	707,790	241,065	24,103	46,637	15,977	25,340	5,441
S55 (1980)	1,192	279	41	90	26	40	6
S60 (1985)	2,102	484	61	183	40	49	9
H2 (1990)	3,118	554	64	209	51	66	24
H7 (1995)	3,242	540	75	199	54	68	24
H12 (2000)	4,616	726	119	384	79	88	29
H17 (2005)	6,653	822	150	222	111	118	60
H20 (2008)	8,350	768	168	207	148	126	66
H21 (2009)	6,790	700	153	181	141	111	47
H22 (2010)	8,611	727	153	184	151	124	51
H23 (2011)	6,219	566	101	140	95	81	34
H24 (2012)	8,368	717	135	174	130	109	50
H25 (2013)	10,364	799	153	192	155	122	61
H26 (2014)	13,413	892	183	220	179	140	64
H27 (2015)	19,737	1,033	231	258	214	163	54
H28 (2016)	24,040	1,243	273	292	253	183	55
H29 (2017)	28,691	1,375	306	310	269	196	77
H30 (2018)	31,192	1,526	331	334	305	215	95
H31・R1 (2019)	31,882	1,724	375	424	336	237	120
R2 (2020)	4,116	219	53	51	43	30	22
R3 (2021)	246	20	4	7	7	5	4
資 料						法務省及び	

(注)1. 昭和30年の数字には通過観光客の数を含まない。
　　2. 中国は、中華人民共和国、台湾及び香港の合計値である。
　　3. イギリスには英国籍の香港人を含む。

国　外　客　数

Entries by Nationality

単位：人（昭和55年より千人）(Unit : Persons（〜1975）, 1000 Persons（1980〜）)

オーストラリア	インド	タイ	フィリピン	中国	韓国	その他
Australia	India	Thailand	Philippines	China	Korea	Other
541	1,300	1,168	2,497	6,083	867	6,879
15,194	3,719	3,408	9,078	18,790	9,572	42,661
31,815	15,427	10,185	21,559	56,711	41,818	140,665
27,850	7,276	11,801	12,578	96,689	52,189	140,844
52	14	18	28	264	88	246
55	24	43	63	491	174	426
53	19	66	88	722	719	483
61	22	48	69	783	858	440
147	36	59	105	1,249	1,031	562
206	53	119	135	2,197	1,732	728
242	67	192	82	1 000	2 382	2,902
212	59	178	71	1,006	1,587	2,345
226	67	215	77	1,413	2,440	2,783
163	59	145	63	1,043	1,658	2,071
206	69	261	85	1,430	2,044	2,958
245	75	454	108	1,314	2,456	4,230
303	88	658	184	2,409	2,755	5,338
376	103	797	268	4,994	4,002	7,244
445	123	902	348	6,374	5,090	8,459
495	134	987	424	14,151	7,140	2,827
552	154	1,132	504	15,345	7,539	3,160
622	176	1,319	613	16,776	5,585	3,576
144	27	220	109	2,110	488	600
3	9	3	6	49	19	110

日本政府観光局（JNTO）

国民一人当たり平均宿泊旅行回数及び宿泊数

Times of Overnight Trips per Capitation by the Japanese Public
and Number of Overnight Stay

単位：回

年 度 Fiscal Year	一人当たり 回数 Times of trips	一人当たり 宿泊数 No of Overnight Stayed
H18 (2006)	1.7	2.7
H19 (2007)	1.5	2.5
H20 (2008)	1.5	2.4
H21 (2009)	1.5	2.4
H22 (2010)	1.3	2.1
H23 (2011)	1.3	2.1
H24 (2012)	1.4	2.1
H25 (2013)	1.4	2.3
H26 (2014)	1.3	2.1
H27 (2015)	1.4	2.3
H28 (2016)	1.4	2.3
H29 (2017)	1.4	2.3
H30 (2018)	1.3	2.1
R1 (2019)	1.4	2.3
R2 (2020)	0.7	1.2
資 料	令和3年版 観光庁観光白書	

注1. 観光庁「旅行・観光消費動向調査」による。
注2. 平成20年度までは、20歳から79歳までが調査対象。

商品別観光消費

Tourism consumption,

項　目	区　分	宿泊旅行 Tourrists travelling only within Japan	日帰り旅行 Same-day visitors travelling only within Japan
		a	b
合　計	Total	16,469	4,920
旅行前後支出額	Expenditure for the trip	2,232	830
旅行前支出	Expenditure before the trip	2,148	794
旅行後支出	Expenditure after the trip	83	36
旅行中支出計	Expenditure during trips	13,791	4,090
旅行会社収入	Travel agent fee	227	35
交通費	Passenger transport services	5,431	2,065
宿泊費	Accommodation services	3,624	0
飲食費	Food and beverage serving services	1,971	602
土産代・買物代	Souvenirs and other goods	1,806	915
入場料・娯楽費・その他	Cultural services,Recreation and other services	732	475
別荘の帰属家賃	Imputed rent of second home	446	0
資料			観光庁

注1．平成21年より、調査単位を年度から暦年に変更している。
注2．入場料・施設使用料には、その他を含む。

商品別観光消費

Tourism consumption,

項　目	区　分	宿泊旅行 Tourrists travelling only within Japan	日帰り旅行 Same-day visitors travelling only within Japan
		a	b
合　計	Total	16,508	5,031
旅行前後支出額	Expenditure for the trip	2,144	818
旅行前支出	Expenditure before the trip	2,068	787
旅行後支出	Expenditure after the trip	76	32
旅行中支出計	Expenditure during trips	13,913	4,212
旅行会社収入	Travel agent fee	225	33
交通費	Passenger transport services	5,320	2,128
宿泊費	Accommodation services	3,697	0
飲食費	Food and beverage serving services	2,008	620
土産代・買物代	Souvenirs and other goods	1,880	924
入場料・娯楽費・その他	Cultural services,Recreation and other services	783	507
別荘の帰属家賃	Imputed rent of second home	451	0
資料			観光庁

注1．平成21年より、調査単位を年度から暦年に変更している。
注2．入場料・施設使用料には、その他を含む。

（平成28歴年）
by products　（CY 2016）

単位：10億円（Unit：Billions of yen）

海外旅行 （国内分） Visitors travelling abroad	国内観光消費 Domestic tourism consumption	訪日観光消費 Inbound tourism consumption	内部観光消費 （訪日＋国内） Internal tourism consumption	海外観光消費 Outbound tourism consumption	国民観光消費 （国内＋海外） National tourism consumption
c	d=a+b+c	e	f=d+e	g	h=d+g
1,354	22,744	3,628	26,372	2,805	25,549
322	3,383	0	3,383	12	3,395
309	3,251	0	3,251	12	3,263
13	132	0	132	0	132
1,033	18,914	3,628	22,542	2,793	21,707
158	420	18	438	23	443
775	8,271	672	8,943	920	9,191
18	3,642	903	4,545	972	4,614
22	2,595	675	3,269	419	3,014
54	2,775	1,270	4,046	287	3,063
5	1,212	90	1,302	170	1,382
0	446	0	446	0	446

（旅行・観光産業の経済効果に関する調査研究　2016年版）

（平成29歴年）
by products　（CY 2017）

単位：10億円（Unit：Billions of yen）

海外旅行 （国内分） Visitors travelling abroad	国内観光消費 Domestic tourism consumption	訪日観光消費 Inbound tourism consumption	内部観光消費 （訪日＋国内） Internal tourism consumption	海外観光消費 Outbound tourism consumption	国民観光消費 （国内＋海外） National tourism consumption
c	d=a+b+c	e	f=d+e	g	h=d+g
1,432	22,971	4,146	27,117	2,897	25,868
342	3,304	0	3,304	7	3,311
323	3,178	0	3,178	7	3,184
19	126	0	126	0	126
1,090	19,215	4,146	23,362	2,891	22,106
159	417	22	439	27	444
852	8,301	748	9,049	1,041	9,342
18	3,714	1,077	4,791	883	4,597
20	2,648	766	3,415	400	3,048
39	2,843	1,418	4,264	397	3,240
2	1,292	115	1,406	144	1,435
0	451	0	451	0	451

（旅行・観光産業の経済効果に関する調査研究　2017年版）

輸

送

商品別観光消費

Tourism consumption,

区 分 項 目		宿泊旅行 Tourrists travelling only within Japan a	日帰り旅行 Same-day visitors travelling only within Japan b
合 計	Total	16,239	4,678
旅行前後支出額	Expenditure for the trip	1,942	700
旅行前支出	Expenditure before the trip	1,801	653
旅行後支出	Expenditure after the trip	141	47
旅行中支出計	Expenditure during trips	13,851	3,978
旅行会社収入	Travel agent fee	177	24
交通費	Passenger transport services	4,916	1,903
宿泊費	Accommodation services	3,734	0
飲食費	Food and beverage serving services	1,968	583
土産代・買物代	Souvenirs and other goods	2,073	950
入場料・娯楽費・その他	Cultural services,Recreation and other services	982	518
別荘の帰属家賃	Imputed rent of second home	446	0
資料			観光庁

注1. 平成21年より、調査単位を年度から暦年に変更している。
注2. 入場料・施設使用料には、その他を含む。

商品別観光消費

Tourism consumption,

区 分 項 目		宿泊旅行 Tourrists travelling only within Japan a	日帰り旅行 Same-day visitors travelling only within Japan b
合 計	Total	17,505	4,773
旅行前後支出額	Expenditure for the trip	2,097	777
旅行前支出	Expenditure before the trip	1,967	723
旅行後支出	Expenditure after the trip	130	55
旅行中支出計	Expenditure during trips	14,976	3,996
旅行会社収入	Travel agent fee	168	25
交通費	Passenger transport services	5,411	1,843
宿泊費	Accommodation services	3,991	0
飲食費	Food and beverage serving services	2,253	587
土産代・買物代	Souvenirs and other goods	2,118	956
入場料・娯楽費・その他	Cultural services,Recreation and other services	1,035	585
別荘の帰属家賃	Imputed rent of second home	432	0
資料			観光庁

注1. 平成21年より、調査単位を年度から暦年に変更している。
注2. 入場料・施設使用料には、その他を含む。

（平成30歴年）

by products　（CY 2018）

単位：10億円（Unit：Billions of yen）

海外旅行（国内分）Visitors travelling abroad	国内観光消費 Domestic tourism consumption	訪日観光消費 Inbound tourism consumption	内部観光消費（訪日＋国内）Internal tourism consumption	海外観光消費 Outbound tourism consumption	国民観光消費（国内＋海外）National tourism cosumption
c	d=a+b+c	e	f=d+e	g	h=d+g
1,514	22,431	5,000	27,431	3,113	25,544
325	2,967	0	2,967	8	2,975
311	2,765	0	2,765	8	2,773
14	202	0	202	0	202
1,189	19,018	5,000	24,018	3,105	22,123
148	349	23	372	56	406
961	7,780	842	8,622	1,020	8,801
14	3,748	1,391	5,139	954	4,702
23	2,574	1,025	3,600	413	2,987
39	3,062	1,557	4,619	496	3,559
3	1,503	162	1,665	165	1,668
0	446	0	446	0	446

（旅行・観光産業の経済効果に関する調査研究　2018年版）

（平成31・令和1歴年）

by products　（CY 2019）

単位：10億円（Unit：Billions of yen）

海外旅行（国内分）Visitors travelling abroad	国内観光消費 Domestic tourism consumption	訪日観光消費 Inbound tourism consumption	内部観光消費（訪日＋国内）Internal tourism consumption	海外観光消費 Outbound tourism consumption	国民観光消費（国内＋海外）National tourism cosumption
c	d=a+b+c	e	f=d+e	g	h=d+g
1,523	23,801	5,364	29,165	3,185	26,986
334	3,208	0	3,208	10	3,218
324	3,013	0	3,013	10	3,023
10	195	0	195	0	195
1,189	20,161	5,364	25,525	3,175	23,336
159	352	24	377	58	410
942	8,197	872	9,068	1,006	9,203
13	4,003	1,499	5,502	887	4,891
27	2,866	1,100	3,966	379	3,245
45	3,119	1,689	4,808	645	3,764
2	1,623	180	1,803	200	1,823
0	432	0	432	0	432

（旅行・観光産業の経済効果に関する調査研究　2019年版）

日本国内における旅行消費額の
Economic Effect of

	旅行消費額 Travel consumption	生産波及効果 Production diffusion effect		
	(最終需要) (Final demand)	直接効果 Direct effect	波及効果 Diffusion effect (直接＋1次効果) (direct＋1st effect)	波及効果 Diffusion effect (直接＋1次効果 +2次効果) (direct＋1st ＋ 2nd effect)
				10億円
平成28年　日本国内における旅行・観光消費の経済効果 Contributiion to Japan's economy CY2016	26,366	25,111	43,414	53,370
産業全体に占める割合シェア※ Share of all Japanese industry		2.5 %	4.4 %	5.4 %
乗数(波及効果／直接効果) Multiplier(Diffusion effect / Direct effect)			1.7	2.1
前年の推計値 Estimate value CY 2015	25,480	24,168	41,838	51,911
対前年増加率(平成28年／平成27年) Year on year growth rate (CY 2016/2015)	3.5 %	3.9 %	3.8 %	2.8 %
※産業全体に相当する数値 All Japanese industry		国民経済計算における 産出額　　　　　　　994.9 兆円 Total domestic production　　　trillion yen		

	税収効果＜試算＞ Tax generation effect		
	直接効果 Direct effect	波及効果 Diffusion (直接＋1次効果) (direct＋1st effect)	波及効果 Diffusion (直接＋1次効果 +2次効果) (direct＋1st ＋ 2nd effect)
	10億円(Thousand million yen)		
平成28年　日本国内における旅行・観光消費の経済効果 Contributiion to Japan's economy CY2016	2,204	3,829	4,868
税収全体に占める割合シェア※ Share of tax revenues	2.3 %	3.9 %	5.0 %
前年の推計値 Estimate value CY 2015	2,079	3,559	4,572
対前年増加率(平成28年／平成27年) Year on year growth rate (CY 2016/2015)	6.0 %	7.6 %	6.5 %
※税収全体の数値(国税＋地方税) All tax revenues in Japan	平成28年度　(2016FY)	97.7 兆円	

注1. 観光庁「旅行・観光産業の経済効果に関する調査研究」2018年版、前年度の値は2016年版の数値を記載。
　　2. 平成21年より、調査単位を年度から暦年に変更している。
　　3. 税収は、国税収入(決算額)と地方税収入(見込額)を足し合わせたもの。

経済効果 （平成28歴年）
Consumption on Japan （CY 2016）

付加価値効果 Added value generation effect			雇用効果 Employment generation effect		
直接効果 Direct effect	波及効果 Diffusion effect（直接＋1次効果）(direct＋1st effect)	波及効果 Diffusion effect（直接＋1次効果＋2次効果）(direct＋1st＋2nd effect)	直接効果 Direct effect	波及効果 Diffusion effect（直接＋1次効果）(direct＋1st effect)	波及効果 Diffusion effect（直接＋1次効果＋2次効果）(direct＋1st＋2nd effect)
（Thousand million yen）			千人 （Thousand Persons）		
12,761	21,827	27,438	2,231	3,469	4,209
2.4 %	4.1 %	5.1 %	3.3 %	5.2 %	6.3 %
	1.7	2.1		1.6	1.9
12,102	20,331	25,730	2,303	3,599	4,395
5.4 %	7.4 %	6.6 %	△ 3.1 %	△ 3.6 %	△ 4.2 %

国民経済計算における
GDP（名目）　r　　　534.2 兆円

（at current prices）　　　　trillion yen

国民経済計算における就業者数

　6,685.2 万人(Ten tousand persons)

Corresponding to number of employed persons in the national economy compulation

輸

送

日本国内における旅行消費額の

Economic Effect of

	旅行消費額 Travel consumption (最終需要) (Final demand)	生産波及効果 Production diffusion effect		
		直接効果 Direct effect	波及効果 Diffusion effect (直接＋1次効果) (direct＋1st effect)	波及効果 Diffusion effect (直接＋1次効果 +2次効果) (direct＋1st ＋ 2nd effect)
				10億円
平成29年 日本国内における旅行・観光消費の経済効果 Contributiion to Japan's economy CY2017	r 27,088	r 25,788	r 42,738	r 52,004
産業全体に占める割合シェア※ Share of all Japanese industry		2.5 %	r 4.2 %	r 5.1 %
乗数（波及効果／直接効果） Multiplier(Diffusion effect / Direct effect)			1.7	2.0
前年の推計値 Estimate value CY 2016	26,366	25,111	43,414	53,370
対前年増加率（平成29年／平成28年） Year on year growth rate (CY 2017/2016)	r 2.7 %	2.7 %	△ 1.6 %	r △ 2.6 %

※産業全体に相当する数値　All Japanese industry

国民経済計算における

産出額　1,025.8 兆円

Total domestic production　trillion yen

	税収効果＜試算＞ Tax generation effect		
	直接効果 Direct effect	波及効果 Diffusion (直接＋1次効果) (direct＋1st effect)	波及効果 Diffusion (直接＋1次効果 +2次効果) (direct＋1st ＋ 2nd effect)
	10億円(Thousand million yen)		
平成29年 日本国内における旅行・観光消費の経済効果 Contributiion to Japan's economy CY2017	r 2,289	r 3,805	r 4,792
税収全体に占める割合シェア※ Share of tax revenues	2.3 %	r 3.7 %	r 4.7 %
前年の推計値 Estimate value CY 2016	2,204	3,829	4,868
対前年増加率（平成29年／平成28年） Year on year growth rate (CY 2017/2016)	3.9 %	△ 0.6 %	△ 1.6 %

※税収全体の数値（国税＋地方税）　All tax revenues in Japan　平成29年度 (2017FY)　101.5兆円

注1. 観光庁「旅行・観光産業の経済効果に関する調査研究」2019年版から。前年の推計値は2018年版の数値。
2. 平成21年より、調査単位を年度から暦年に変更している。
3. 税収は、国税収入（決算額）と地方税収入（見込み額）を足し合わせたもの。

経済効果 （平成29歴年）
Consumption on Japan （CY 2017）

付加価値効果 Added value generation effect			雇用効果 Employment generation effect		
直接効果 Direct effect	波及効果 Diffusion effect （直接＋1次効果） (direct＋1st effect)	波及効果 Diffusion effect （直接＋1次効果+2次効果） (direct＋1st+2nd effect)	直接効果 Direct effect	波及効果 Diffusion effect （直接＋1次効果） (direct＋1st effect)	波及効果 Diffusion effect （直接＋1次効果+2次効果） (direct＋1st+2nd effect)
(Thousand million yen)			千人　(Thousand Persons)		
r　13,059	r　21,434	r　26,691	r　2,316	r　3,477	r　4,174
2.4 %	r　3.9 %	r　4.8 %	r　3.5 %	r　5.2 %	r　5.2 %
	1.6	2.0		1.5	1.8
12,761	21,827	r　27,438	r　2,231	r　3,469	r　4,209
r　2.3 %	△ 1.8 %	r　△ 2.7 %	r　3.8 %	r　0.2 %	r　△ 0.8 %

国民経済計算における GDP（名目）　r　545.9 兆円 (at current prices)　trillion yen	国民経済計算における就業者数 6,750.1 万人(Ten tousand persons) Corresponding to number of employed persons in the national economy compulation

日本国内における旅行消費額の

Economic Effect of

	旅行消費額 Travel consumption (最終需要) (Final demand)	生産波及効果 Production diffusion effect		
		直接効果 Direct effect	波及効果 Diffusion effect (直接＋1次効果) (direct＋1st effect)	波及効果 Diffusion effect (直接＋1次効果＋2次効果) (direct＋1st ＋ 2nd effect)
				10億円
平成30年 日本国内における旅行・観光消費の経済効果 Contributiion to Japan's economy CY2018	r 27,430	r 26,113	r 43,418	r 52,490
産業全体に占める割合シェア※ Share of all Japanese industry		2.5 %	r 4.1 %	r 5.0 %
乗数(波及効果／直接効果) Multiplier(Diffusion effect / Direct effect)			1.7	r 2.0
前年の推計値 Estimate value CY 2017	r 27,098	r 25,798	r 42,738	r 52,004
対前年増加率(平成30年／平成29年) Year on year growth rate (CY 2018/2017)	1.2 %	r 1.2 %	1.6 %	r 0.9 %

※産業全体に相当する数値
All Japanese industry

国民経済計算における

産出額　　　1,042.7　　兆円

Total
domestic production　　　trillion yen

	税収効果＜試算＞ Tax generation effect		
	直接効果 Direct effect	波及効果 Diffusion (直接＋1次効果) (direct＋1st effect)	波及効果 Diffusion (直接＋1次効果＋2次効果) (direct＋1st ＋ 2nd effect)
	10億円(Thousand million yen)		
平成30年 日本国内における旅行・観光消費の経済効果 Contributiion to Japan's economy CY2018	r 2,374	r 3,965	r 4,972
税収全体に占める割合シェア※ Share of tax revenues	2.3 %	r 3.8 %	r 4.8 %
前年の推計値 Estimate value CY 2017	r 2,289	r 3,805	r 4,792
対前年増加率(平成30年／平成29年) Year on year growth rate (CY 2018/2017)	r 3.7 %	r 4.2 %	r 3.8 %
※税収全体の数値(国税＋地方税) All tax revenues in Japan	平成30年度 (2018FY)		103.7兆円

注1. 観光庁「旅行・観光産業の経済効果に関する調査研究」2019年版から。各項目は2019年版の数値を記載。
　 2. 平成21年より、調査単位を年度から暦年に変更している。
　 3. 税収は、国税収入(決算額)と地方税収入(見込額)を足し合わせたもの。

経済効果　（平成30歴年）
Consumption on Japan　（CY 2018）

付加価値効果 Added value generation effect			雇用効果 Employment generation effect		
直接効果 Direct effect	波及効果 Diffusion effect （直接＋1次効果） (direct＋1st effect)	波及効果 Diffusion effect （直接＋1次効果 ＋2次効果） (direct＋1st＋ 2nd effect)	直接効果 Direct effect	波及効果 Diffusion effect （直接＋1次効 果） (direct＋1st effect)	波及効果 Diffusion effect （直接＋1次効果 ＋2次効果） (direct＋1st＋ 2nd effect)
(Thousand million yen)			千人　(Thousand Persons)		
r　13,166	r　21,659	r　26,805	r　2,421	r　3,580	r　4,263
2.4 %	r　3.9 %	r　4.8 %	r　3.6 %	r　5.3 %	r　6.3 %
	1.6	r　2.0		1.5	1.8
r　13,059	r　21,434	r　26,691	r　2,316	r　3,477	4,174
0.8 %	r　1.0 %	r　0.4 %	r　4.5 %	r　3.0 %	2.1 %

国民経済計算における

GDP（名目）　　　547.1　兆円

（at current prices）　　　trillion yen

国民経済計算における就業者数

6,862.6　万人（Ten tousand persons）

Corresponding to number of employed persons
in the national economy compulation

日本国内における旅行消費額の
Economic Effect of

	旅行消費額 Travel consumption	生産波及効果 Production diffusion effect		
	(最終需要) (Final demand)	直接効果 Direct effect	波及効果 Diffusion effect (直接＋1次効果) (direct＋1st effect)	波及効果 Diffusion effect (直接＋1次効果 +2次効果) (direct＋1st＋2nd effect)
				10億円
平成31・令和元年 日本国内における旅行・観光消費の経済効果 Contributiion to Japan's economy CY2019	29,165	27,771	46,275	55,752
産業全体に占める割合シェア※ Share of all Japanese industry		2.7 %	4.4 %	5.3 %
乗数(波及効果／直接効果) Multiplier(Diffusion effect / Direct effect)			1.7	2.0
前年の推計値 Estimate value CY 2018	27,430	26,113	43,418	52,490
対前年増加率(平成31・令和1年／平成30年) Year on year growth rate (CY 2019/2018)	6.3 %	6.3 %	6.6 %	6.2 %
※産業全体に相当する数値 All Japanese industry	国民経済計算における 産出額　1,007.2 兆円 Total domestic production　trillion yen			

	税収効果＜試算＞ Tax generation effect		
	直接効果 Direct effect	波及効果 Diffusion (直接＋1次効果) (direct＋1st effect)	波及効果 Diffusion (直接＋1次効果 +2次効果) (direct＋1st＋2nd)
	10億円(Thousand million yen)		
平成31・令和元年 日本国内における旅行・観光消費の経済効果 Contributiion to Japan's economy CY2019	2,517	4,219	5,276
税収全体に占める割合シェア※ Share of tax revenues	2.5 %	4.1 %	5.2 %
前年の推計値 Estimate value CY 2018	2,374	3,965	4,972
対前年増加率(平成31・令和元年／平成30年) Year on year growth rate (CY 2019/2018)	6.0 %	6.4 %	6.1 %
※税収全体の数値(国税＋地方税) All tax revenues in Japan	令和元年度　(2019FY)　102.4兆円		

注1. 観光庁「旅行・観光産業の経済効果に関する調査研究」2019年版から。各項目は2019年版の数値を記載。
　2. 平成21年より、調査単位を年度から暦年に変更している。
　3. 税収は、国税収入(決算額)と地方税収入(見込額)を足し合わせたもの。

経済効果 （平成31・令和1歴年）
Consumption on Japan　（CY 2019）

付加価値効果 Added value generation effect			雇用効果 Employment generation effect		
直接効果 Direct effect	波及効果 Diffusion effect (直接＋1次効果) (direct＋1st effect)	波及効果 Diffusion effect (直接＋1次効果 +2次効果) (direct＋1st + 2nd effect)	直接効果 Direct effect	波及効果 Diffusion effect (直接＋1次効果) (direct＋1st effect)	波及効果 Diffusion effect (直接＋1次効果 +2次効果) (direct＋1st + 2nd effect)
(Thousand million yen)			千人 (Thousand Persons)		
13,957	23,046	28,422	2,601	3,844	4,557
2.5 %	4.1 %	5.1 %	3.8 %	5.6 %	6.6 %
	1.7	2.0		1.5	1.8
13,166	21,659	26,805	2,421	3,580	4,263
6.0 %	6.4 %	6.0 %	7.4 %	7.4 %	6.9 %

国民経済計算における GDP（名目） 561.3 兆円 (at current prices) trillion yen	国民経済計算における就業者数 68,626,622.0　万人(Ten tousand persons) Corresponding to number of employed persons in the national economy compulation

輸

送

鉄　道　車　両
Number of Rolling

年度（Fiscal Year）

区分　Section			S35(1960)	S45(1970)	S55(1980)	H2(1990)	H12(2000)
合計	Sum Total	電気機関車	70	77	24	19	7
		ディーゼル機関車	149	310	59	2	4
		その他の機関車	…	2	2	…	…
		電車	897	1,272	1,514	2,051	1,456
		ディーゼル車	582	214	245	248	34
		客車	238	425	391	73	11
		その他の旅客車	104	29	12	20	2
		貨物車	8,946	4,797	1,515	786	197
		特殊車両	…	60	6	9	25
JR向け	JR	電気機関車	47	77	18	16	7
		ディーゼル機関車	32	198	8	…	3
		その他の機関車	…	…	…	…	…
		電車	400	499	783	1,098	830
		ディーゼル車	443	99	217	91	21
		客車	49	253	307	…	…
		その他の旅客車	…	…	…	…	…
		貨物車	7,082	3,147	1,096	651	145
		特殊車両	…	56	…	…	25
民鉄等向け	Private Railways	電気機関車	6	…	4	1	…
		ディーゼル機関車	85	88	4	…	1
		その他の機関車	…	1	…	…	…
		電車	497	733	613	942	393
		ディーゼル車	18	4	4	11	13
		客車	6	…	…	7	…
		その他の旅客車	104	29	12	20	2
		貨物車	1,330	1,350	336	135	52
		特殊車両	…	3	…	…	…
公的企業向け	Public Corporations	電気機関車	…	…	…	…	…
		ディーゼル機関車	…	…	…	…	…
		その他の機関車	…	…	…	…	…
		電車	…	…	…	…	…
		ディーゼル車	…	…	…	…	…
		客車	…	…	…	…	…
		その他の旅客車	…	…	…	…	…
		貨物車	…	…	…	…	…
		特殊車両	…	…	…	…	…
輸出	Exports	電気機関車	17	…	2	2	…
		ディーゼル機関車	32	24	47	2	…
		その他の機関車	…	1	2	…	…
		電車	…	40	118	11	233
		ディーゼル車	121	111	24	146	…
		客車	183	172	84	66	11
		その他の旅客車	…	…	…	…	…
		貨物車	534	300	83	…	…
		特殊車両	…	1	…	9	…
資料						国土交通省総合政策局情報政策課	

（注）1. 平成26年度において調査対象範囲の見直しを行い、平成27年3月分以前と平成27年4月分以降は調査対象
事業所数が異なるため、公表値の連続性は担保されない。

2. 平成27年4月分より、『JR』、『民需』の需要先について、『JR』、『民鉄等』と名称変更している。

3. 昭和35年度の特殊車両は、貨物車に含まれている。

生 産 実 績

Stock Produced

単位：両　（Unit：Vehicles）

H17(2005)	H22(2010)	H27(2015)	H28(2016)	H29(2017)	H30(2018)	R1(2019)	R2(2020)
42	29	14	3	2	4	4	12
4	3	10	12	7	5	14	11
…	…	…	…	…	…		
1,747	1,781	1,451	1,262	1,566	1,860	1,664	1,514
13	51	42	22	47	37	94	212
65	…	4	4	…	…	6	…
…	…	…	…	…	…	4	
130	77	223	459	417	6	26	14
11	15	8	7	8	19	11	21
24	29	14	3	2	4	2	12
4	2	4	5	4	5	11	7
…	…	…	…	…	…	…	
735	1,184	664	516	627	874	574	558
…	44	36	15	45	23	92	203
…	…	…	…	…	…	…	…
…	…	…	…	…	…	…	…
100	76	209	443	412	…	…	4
7	15	4	6	3	4	4	2
…	…	…	…	…	…	2	
…	1	6	6	3	…	2	4
…	…	…	…	…	…	…	…
670	435	601	673	680	643	947	744
13	7	6	7	2	14	2	3
3	…	4	4	…	…	6	…
…	…	…	…	…	…	…	…
30	1	14	16	5	6	26	10
4	…	4	1	3	2	7	18
…	…	14	3	…	…	…	4
…	…	4	5	3	5	2	4
…	…	…	…	…	…	…	…
…	…	397	379	282	303	485	334
…	…	42	5	10	27	22	7
…	…	…	…	…	…	…	…
…	…	209	443	412	…	…	…
…	…	2	…	3	1	1	16
18	…	…	…	…	…	…	…
…	…	…	1	…	…	1	
…	…	…	…	…	…	…	…
342	162	186	73	259	343	143	212
…	…	…	…	…	…	…	6
62	…	…	…	…	…	…	…
…	…	…	…	…	…	4	
…	…	…	…	…	…	…	…
…	…	…	…	2	13	…	1

交通経済統計調査室（鉄道車両等生産動態統計年報）

4. 公的企業とは特殊法人及び独立行政法人等であって、政府による監督・所有関係（政府による出資比率
   50%以上であること等）が存在するものである。
5. 「公的企業向け」の数値は、国内向けの「JR向け」「民鉄等向け」の内数である。

鋼　船　建　造
Number of Steel

用途別 Use Division

年度 Fiscal Year		合　計 Sum Total		貨物船 Cargo Vessel		貨客船 Cargo-Passenger Boat		客　船 Passenger Ship	
		隻数 Ships	総トン Ton	隻数 Ships	総トン Ton	隻数 Ships	総トン Ton	隻数 Ships	総トン Ton
S35	(1960)	1,148	1,759,885	379	944,079	13	28,285	24	5,135
S45	(1970)	2,200	9,917,345	585	2,065,645	17	56,117	48	5,613
S55	(1980)	1,529	6,886,970	247	1,287,528	4	514	24	3,178
H2	(1990)	1,012	6,696,033	182	470,932	3	209	44	98,530
H7	(1995)	832	8,739,889	168	398,797	…	…	19	1,908
H12	(2000)	573	11,610,579	33	58,770	…	…	10	665
H15	(2003)	481	12,392,061	28	136,748	1	199	10	1,549
H16	(2004)	526	14,833,096	32	36,960	2	1,578	11	34,625
H17	(2005)	594	16,507,637	40	84,444	1	145	6	1,096
H18	(2006)	585	17,330,126	42	140,666	1	61	6	606
H19	(2007)	634	17,725,019	61	384,006	2	3,374	5	945
H20	(2008)	629	17,652,635	53	336,559	1	5,910	4	3,797
H21	(2009)	667	19,345,089	43	550,316	…	…	3	137
H22	(2010)	612	18,969,006	49	738,336	…	…	8	242
H23	(2011)	622	19,047,679	58	728,278	…	…	3	1,230
H24	(2012)	620	16,512,159	48	773,728	1	160	5	733
H25	(2013)	579	13,812,219	73	630,925	1	460	7	5,924
H26	(2014)	587	13,249,075	74	490,096	1	5,681	3	198
H27	(2015)	573	13,308,309	69	685,732	1	19	3	222
H28	(2016)	561	12,506,989	68	394,485	…	…	15	38,466
H29	(2017)	498	12,485,700	60	910,857	…	…	11	3,451
H30	(2018)	529	14,277,574	70	1,508,952	2	368	10	521
R1	(2019)	538	15,981,033	60	774,952	…	…	9	670
R2	(2020)	526	11,918,049	51	378,439	1	6,099	10	824
資　料						国土交通省総合政策局情報政策課			

（竣　工）　実　績　（その１）

Vessels　Produced　(No.1)

単位：総トン　(Unit：Ton)

油送船 Oil Tanker		漁　船 Fishing Boat		その他 （自動車航送船含） Other		輸出船 Ship Exports	
隻数 Ships	総トン Ton	隻数 Ships	総トン Ton	隻数 Ships	総トン Ton	隻数 Ships	総トン Ton
239	693,195	363	72,521	130	16,670	...	...
240	1,614,878	592	95,462	503	94,769	215	5,984,861
219	1,655,524	451	66,103	301	49,866	283	3,824,257
105	812,171	227	39,804	225	180,778	226	5,093,609
88	65,939	79	12,747	195	103,877	283	8,156,621
34	313,040	70	7,353	113	33,608	313	11,197,143
21	195,538	50	6,277	50	31,065	321	12,020,685
25	463,720	37	5,681	53	59,174	366	14,231,358
35	96,980	29	2,578	68	68,828	415	16,253,566
29	24,462	27	2,798	68	52,995	412	17,108,538
39	60,702	29	4,229	54	19,767	444	17,251,996
35	167,409	27	3,085	70	27,488	439	17,108,387
42	807,876	32	5,230	73	16,092	474	17,962,438
27	27,243	26	1,860	44	8,064	458	18,193,261
31	338,106	20	5,169	60	19,567	450	17,955,329
39	274,925	61	8,790	65	76,824	401	15,376,999
50	278,320	54	12,776	70	25,490	324	12,858,324
35	345,349	40	7,615	86	40,414	348	12,359,722
22	67,575	31	3,558	87	87,510	381	12,463,712
23	218,531	31	5,063	88	65,924	336	11,783,530
31	170,140	39	6,808	74	63,217	283	11,331,227
41	499,562	29	4,286	105	104,708	272	12,159,177
27	325,247	36	7,230	66	43,478	330	14,800,061
49	45,402	46	10,106	79	51,812	290	11,425,367

交通経済統計調査室（造船造機統計月報、平成21年4月より造船統計月報）

鋼 船 建 造
Number of Steel

トン数別 Tonnage Division

年度 Fiscal Year	合 計 Sum Total		100総トン未満		100総トン以上		1000総トン以上	
	隻数 Ships	総トン Ton	隻数 Ships	総トン Ton	隻数 Ships	総トン Ton	隻数 Ships	総トン Ton
S35 (1960)	1,148	1,759,885	434	24,616	539	178,269	46	65,263
S45 (1970)	2,200	9,917,345	808	31,360	950	284,724	46	74,748
S55 (1980)	1,529	6,886,970	539	19,560	621	225,296	28	43,086
H2 (1990)	1,012	6,696,033	294	7,929	456	165,480	6	9,730
H7 (1995)	832	8,739,889	202	4,773	315	120,762	11	18,097
H12 (2000)	573	11,610,579	130	3,262	114	42,209	4	6,712
H15 (2003)	481	12,392,061	57	1,772	89	32,322	4	6,044
H16 (2004)	526	14,833,096	46	1,114	98	36,844	4	6,009
H17 (2005)	594	16,507,637	63	1,261	103	40,252	2	3,004
H18 (2006)	585	17,330,126	65	1,613	92	40,249	3	4,991
H19 (2007)	634	17,725,019	57	1,526	107	49,230	4	6,769
H20 (2008)	629	17,652,635	49	964	107	46,364	7	10,077
H21 (2009)	667	19,342,089	54	1,067	117	47,633	6	8,132
H22 (2010)	612	18,931,597	47	888	91	37,996	3	4,225
H23 (2011)	622	19,047,679	35	943	118	50,906	3	4,059
H24 (2012)	620	16,511,709	57	1,537	124	47,293	10	16,533
H25 (2013)	588	14,422,948	72	1,392	142	58,667	7	10,717
H26 (2014)	584	13,293,748	68	1,631	133	58,808	15	24,935
H27 (2015)	570	12,519,182	84	1,809	104	46,225	8	11,404
H28 (2016)	564	12,988,027	73	1,983	120	51,002	11	17,271
H29 (2017)	503	12,566,123	71	1,856	110	44,416	6	8,481
H30 (2018)	529	14,277,574	83	2,238	129	51,397	7	10,520
R1 (2019)	538	15,981,033	60	1,297	111	46,309	7	11,036
R2 (2020)	526	11,918,049	80	1,791	125	57,939	9	12,868
資 料							国土交通省総合政策局情報政策課	

（竣 工）実 績 （その２）
Vessels Produced (No.2)

単位：総トン　(Unit : Ton)

2,000総トン以上		4,000総トン以上		6,000総トン以上		8,000総トン以上		10,000総トン以上 (うち50,000総トン以上)	
隻数 Ships	総トン Ton	隻数 Ships	総トン Ton	隻数 Ships	総トン Ton	隻数 Ships	総トン Ton	隻数 Ships	総トン Ton
27	79,121	13	59,464	13	89,329	29	263,647	47	1,000,176
117	358,762	41	203,786	11	74,424	23	207,498	204	8,682,043
86	276,989	31	151,478	8	54,823	17	155,626	199	5,960,112
73	212,807	27	124,811	12	87,140	7	63,178	137	6,024,958
46	145,233	40	205,654	9	66,031	2	18,775	207	8,160,564
19	60,790	31	150,110	10	71,304	9	86,328	256	11,189,864
20	63,708	26	127,404	10	70,031	12	111,952	263	11,978,828
16	47,739	18	91,305	11	77,405	15	138,003	318	14,434,677
27	84,368	20	104,097	8	55,944	20	182,471	352	16,036,240
19	59,945	23	113,552	10	71,894	21	194,898	352	16,842,984
24	78,863	16	73,734	16	114,785	26	247,454	384	17,152,658
23	70,892	23	116,208	19	138,632	29	264,223	372	17,005,475
33	106,534	12	60,958	16	139,108	26	241,243	400	18,737,414
18	57,550	18	90,548	16	114,063	23	213,744	396	18,412,583
10	34,094	20	100,341	15	108,920	18	173,194	403 (122)	18,575,222 (10,473,199)
26	82,454	8	39,597	12	88,091	20	193,161	363 (102)	16,043,043 (8,541,201)
21	68,583	12	60,296	8	57,543	17	159,857	309 (87)	14,005,893 (7,330,098)
30	100,238	28	137,880	11	78,033	11	104,455	288 (59)	12,787,768 (5,554,731)
17	58,353	17	81,845	11	81,678	20	87,296	309 (48)	12,150,572 (44,413,334)
8	24,036	14	69,616	11	77,938	18	170,249	309 (48)	12,575,932 (4,680,004)
16	57,827	15	82,218	14	98,532	14	134,130	257 (53)	12,138,663 (6,025,374)
15	47,799	14	68,765	14	95,702	11	100,946	257 (76)	13,901,207 (8,836,990)
7	21,366	20	96,357	13	90,116	17	156,307	303 (75)	15,558,245 (8,407,885)
12	38,514	12	57,171	13	88,926	26	249,927	249 (50)	11,410,913 (5,075,165)

交通経済統計調査室(造船造機統計月報、平成21年4月より造船統計月報)

生

産

船 舶 用 機 器
Number of Ship

年　度 Fiscal Year	蒸気タービン Steam Turbine		焼 玉 機 関 Semi-Diesel-Engine		火花点火機関 Spark-Ignition-Engine	
	数量(No)	出力(PS)	数量(No)	出力(PS)	数量(No)	出力(PS)
S45 (1970)	395	1,696,835	10	100	...	...
S55 (1980)	428	466,358	...	...	1,638	21,510
H2 (1990)	259	333,321	...	...	28,197	1,304,997
H12 (2000)	247	683,300	...	...	70,845	8,040,778
H17 (2005)	545	2,057,509	...	...	71,958	13,813,120
H22 (2010)	512	1,462,325	...	...	37,360	6,134,275
H24 (2012)	215	651,393	...	...	46,040	7,227,312
H25 (2013)	187	682,988	...	...	53,668	8,701,722
H26 (2014)	195	710,896	...	...	79,081	12,115,523
H27 (2015)	436	1,293,404	...	...	95,472	15,709,340
H28 (2016)	591	1,720,721	...	...	40,009	6,885,686
H29 (2017)	436	1,239,504	...	...	52,735	8,566,407
H30 (2018)	387	1,130,794	...	...	59,185	9,241,642
R1 (2019)	270	751,663	...	...	56,445	9,522,909
R2 (2020)	290	687,455	...	...	49,638	8,394,830

年　度 Fiscal Year	船 外 機 Out Board Engine		ボ イ ラ Boiler		補助機器(除発電機・電動機) Auxiliary machine (exclude dynamo・eiectric motor)	
	数量(No)	出力(PS)	数量(No)	重量(トン)tons	数量(No)	重量(トン)tons
S45 (1970)	72,656	511,136	918	20,175	147,378	...
S55 (1980)	370,953	6,628,913	842	12,398	256,185	...
H2 (1990)	370,789	11,742,492	506	9,415	295,772	...
H12 (2000)	457,800	20,573,270	538	8,250	303,156	41,636
H17 (2005)	646,921	35,260,055	717	15,129	374,820	155,124
H22 (2010)	548,494	24,291,365	698	10,799	181,393	953,687
H24 (2012)	574,267	26,456,305	647	6,653	170,662	138,790
H25 (2013)	585,239	28,846,495	586	24,239	177,387	225,553
H26 (2014)	528,500	30,277,719	636	6,434	184,741	117,255
H27 (2015)	509,321	32,501,714	668	6,542	172,895	406,535
H28 (2016)	507,450	32,161,689	2,485	877,568	154,889	625,990
H29 (2017)	531,407	37,242,346	604	712,075	141,278	330,597
H30 (2018)	555,579	41,842,896	567	4,295	122,539	119,791
R1 (2019)	520,844	42,597,690	576	5,163	125,595	226,231
R2 (2020)	455,468	33,938,118	477	3,671	117,246	474,306

資料　国土交通省総合政策局情報政策課

（注）　平成11年1月より甲板機械は、係船・荷役機械となり、補助機械の電気機器は発電機・電動機・配電盤・起動器に分割したため前年度の数値と一致しない。　造機統計は平成21年度より公表項目の分類を見直した。

製 造 実 績
Components Constructed

ディーゼル機関　(Diesel Engine)					
Up to 1000PS未満		Up to 10000PS未満		10000PS以上 or above	
数量(No)	出力(PS)	数量(No)	出力(PS)	数量(No)	出力(PS)
47,293	2,198,116	1,031	2,414,295	106	1,754,200
49,661	3,463,956	1,318	2,981,826	256	4,111,490
29,296	3,979,217	1,067	2,134,069	165	3,171,260
30,661	4,355,438	852	1,882,501	215	3,922,945
22,347	3,500,324	1,328	2,792,864	352	7,200,445
20,672	3,736,423	2,070	4,289,981	417	8,036,905
14,019	3,460,210	1,782	3,883,137	317	5,872,717
15,355	3,351,772	1,941	4,082,928	291	6,076,524
12,225	3,144,849	2,213	4,557,159	295	5,076,968
10,832	2,887,963	1,710	3,491,867	335	5,816,025
12,542	3,212,466	1,964	4,240,660	326	6,042,545
13,130	3,214,268	1,795	3,915,606	255	5,836,249
9,345	2,941,642	1,979	3,814,572	271	5,914,864
9,199	2,952,060	2,189	3,879,183	323	5,860,336
13,346	3,225,238	1,875	3,535,142	228	4,448,744

補助機器 (発電機・電動機) Auxiliary machine (dynamo・electric motor)		甲 板 機 械 Deck machine		軸系及びプロペラ Propeller system	
数量(No)	出力(PS)	数量(No)	重量(トン)tons	数量(No)	重量(トン)tons
…	…	10,878	48,254	86,745	12,170
…	…	9,502	81,591	69,563	14,178
…	…	7,317	56,792	278,624	9,374
52,737	2,303,984	7,646	102,847	271,825	10,179
59,333	3,774,614	9,609	124,596	429,672	53,233
63,105	3,654,123	9,797	172,528	37,160	54,971
53,798	3,142,133	24,076	147,750	256,535	2,869,756
51,959	2,923,174	26,196	406,529	183,664	3,439,412
59,197	3,692,574	34,034	130,095	117,310	178,556
54,639	3,554,895	36,756	141,850	145,853	227,971
50,512	3,516,314	18,626	162,734	102,861	145,455
54,198	3,253,476	6,273	109,454	176,713	283,896
49,219	3,083,085	9,720	111,041	152,167	234,771
49,126	3,505,282	13,779	120,858	95,611	133,479
41,409	3,116,679	10,933	97,790	140,528	209,391

交通経済統計調査室(造船造機統計月報、平成21年4月より造機統計四半期報)

生

産

自 動 車

Number of Motor

年度 Fiscal Year		合 計 Sum Total	乗 用 車 (Automobile)			
			計 Total	普通車 Ordinary	小型四輪車 Small	軽四輪車 Light motor
S35	(1960)	560,815	196,605	...	146,818	49,787
S45	(1970)	5,454,524	3,354,327	52,126	2,527,916	774,285
S55	(1980)	11,175,628	7,100,659	391,295	6,505,678	203,686
H2	(1990)	13,591,709	9,988,517	1,829,701	7,254,942	903,874
H7	(1995)	10,085,650	7,562,698	2,513,827	4,100,035	948,836
H12	(2000)	10,044,293	8,297,117	3,353,591	3,660,495	1,283,031
H15	(2003)	10,356,377	8,534,645	3,860,469	3,336,862	1,337,314
H16	(2004)	10,617,038	8,817,949	4,069,074	3,379,489	1,369,386
H17	(2005)	10,893,529	9,154,147	4,341,874	3,395,315	1,416,958
H18	(2006)	11,501,208	9,787,234	5,113,775	3,109,817	1,563,642
H19	(2007)	11,790,059	10,104,399	6,088,209	2,633,706	1,382,484
H20	(2008)	10,005,637	8,554,399	4,698,610	2,443,843	1,411,946
H21	(2009)	8,864,905	7,708,731	4,140,564	2,304,576	1,263,591
H22	(2010)	8,993,839	7,741,063	4,585,888	1,956,228	1,198,947
H23	(2011)	9,266,957	7,911,073	4,519,486	2,107,442	1,284,145
H24	(2012)	9,550,883	8,188,904	4,508,926	2,068,080	1,611,898
H25	(2013)	9,912,403	8,443,378	4,718,155	1,917,691	1,807,532
H26	(2014)	9,590,733	8,087,895	4,613,278	1,662,282	1,812,335
H27	(2015)	9,187,599	7,773,128	4,803,694	1,538,911	1,430,523
H28	(2016)	9,357,382	8,036,668	5,030,758	1,699,956	1,305,954
H29	(2017)	9,683,262	8,339,404	5,236,008	1,650,895	1,452,501
H30	(2018)	9,750,021	8,369,480	5,264,273	1,613,718	1,491,489
R1	(2019)	9,489,304	8,171,124	5,190,698	1,524,908	1,455,518
R2	(2020)	7,969,529	6,842,917	4,114,187	1,333,894	1,394,836
資 料						日本自動車工業会

(注) 二輪及びノックダウンセットは含まれていない。

生 産 台 数

Vehicles　Produced

単位：台（Unit：Cars）

| トラック（Track） | | | | バス |
計 Total	普通車 Ordinary	小型四輪車 Small	軽四輪車 Light motor	Bus
355,009	90,751	201,849	62,409	9,201
2,055,813	259,639	1,248,094	548,080	44,384
3,973,543	897,061	2,100,317	976,165	101,426
3,562,385	1,262,697	1,255,999	1,043,689	40,807
2,472,459	783,442	905,008	784,009	50,493
1,692,596	620,356	491,488	580,752	54,580
1,761,874	780,962	464,219	516,693	59,858
1,736,269	771,692	440,398	524,179	62,820
1,660,865	694,276	433,659	532,930	78,517
1,621,093	707,680	408,840	504,573	92,881
1,559,205	741,413	358,507	459,285	126,455
1,329,877	615,420	288,345	426,112	121,361
1,062,595	422,013	226,115	414,467	93,579
1,146,804	500,831	228,808	417,165	105,972
1,244,733	562,518	253,656	428,559	111,151
1,237,262	573,227	278,546	385,489	124,717
1,333,945	583,923	312,319	437,703	135,080
1,364,318	612,362	331,222	420,734	138,520
1,279,403	567,075	325,892	386,436	135,068
1,192,689	496,900	314,652	381,137	128,025
1,224,728	517,189	292,916	414,623	119,130
1,265,838	519,410	307,325	439,103	114,703
1,196,578	493,910	281,725	420,943	121,602
1,064,697	418,361	261,072	385,264	61,915

（自動車統計月報）

生

産

鉄 道 施 設

Railway Infrastructure

年度末 At the End of Fiscal Year	J R				
	旅客営業キロ Wagonkm （km）	複線以上区間 Section double lines （km）	電化区間営業キロ Electrified Section （km）	停車場数 Stations （箇所）	踏切道数 Level Crossings （箇所）
S25 (1950)	19,786	...	1,659	4,272	43,184
S35 (1960)	20,482	2,607	2,699	4,934	42,439
S45 (1970)	20,890	4,919	6,021	5,224	32,996
S55 (1980)	21,322	5,641	8,414	5,296	29,865
H2 (1990)	20,252	5,953	9,601	5,032 r	24,057
H12 (2000)	20,051	5,964	9,886	5,022 r	22,319
H22 (2010)	20,124	5,766	9,744	4,906 r	21,079
H25 (2013)	20,127	5,767	9,774	4,643	20,938
H26 (2014)	20,022	5,584	9,710	4,584	20,582
H27 (2015)	20,132	5,606	9,516	4,582	20,478
H28 (2016)	20,117	5,593	9,518	4,564	20,407
H29 (2017)	20,117	5,577	9,518	4,802	20,349
H30 (2018)	19,956	5,579	9,518	4,763	20,182
R1 (2019)	19,940	5,579	9,516	4,761	20,135
R2 (2020)	...	5,580	...	...	19,909
資 料	国土交通省鉄道局（鉄道統計年報）、				

(注) 1. 営業キロとは、旅客又は貨物の営業を行う駅間の距離をいう。

2. 民鉄の複数以上区間のキロ数は、営業キロではなく、本線路延長である。

3. 停車場には、停留場を含む。

の　推　移

Development

民　　鉄　(Private)				
旅客営業キロ Wagonkm (km)	複線以上区間 Section double lines (km)	電化区間営業キロ Electrified Section (km)	停車場数 Stations (箇所)	踏切道数 Level Crossings (箇所)
7,615	2,512	5,796	3,748	24,200
7,420	2,717	6,034	6,913	27,608
6,214	2,637	5,383	5,082 r	20,234
5,594	2,711	4,907	4,223 r	15,888
7,156	2,988	5,189	4,815 r	15,598
7,387	3,388	5,502	5,092 r	14,395
7,527	3,849	5,480	5,095 r	12,979
7,369	3,848	5,439	5,136	12,717
7,472	4,041	5,689	5,171	12,946
7,367	4,055	5,739	5,200	12,954
7,707	4,051	5,738	5,198 r	12,925
7,784	4,051	5,661	5,194	12,901
7,833	4,134	5,675	5,226	12,916
7,847	4,080	5,674	5,259	12,869
…	4,083	…	…	12,824

運輸総合研究所(数字で見る鉄道)

施

設

鉄　道　車　両
Current　Inventory

年度末 At the End of Fiscal Year	合　計 Sum Total		機　関　車 (Locomotives) 計 Total		電　気 Electric Locomotives		ディーゼル Diesel Locomotives	
	計 Total	うちJR Part of JR	計 Total	うちJR Part of JR	計 Total	うちJR Part of JR	計 Total	うちJR Part of JR
S25　(1950)	...	125,371	6,221	5,458	578	356	26	...
S35　(1960)	...	140,774	5,607	4,974	1,071	782	385	218
S45　(1970)	201,702	180,537	5,218	4,677	2,118	1,810	1,464	1,266
S55　(1980)	173,080	132,442	4,387	3,970	2,058	1,856	2,310	2,109
H2　(1990)	r 83,635	r 59,855	2,234	1,921	1,185	1,035	1,034	878
H12　(2000)	r 72,557	r 45,296	1,722	1,458	943	819	759	629
H17　(2005)	r 69,295	r 41,685	1,517	1,285	856	747	640	528
H22　(2010)	r 66,488	r 38,141	r 1,224	r 1,018	r 675	r 578	r 527	r 429
H25　(2013)	65,201	36,896	1,097	904	608	514	466	378
H26　(2014)	r 64,790	r 36,400	1,017	820	610	514	384	294
H27　(2015)	64,212	35,984	1,034	828	573	480	438	336
H28　(2016)	r 64,416	36,193	986	802	559	475	406	315
H29　(2017)	r 64,557	r 36,305	964	778	556	469	387	297
H30　(2018)	64,379	36,094	936	755	537	455	378	288
R1　(2019)	64,189	35,814	908	734	530	449	358	273

年　度 Fiscal Year	旅客車 その他 Others		貨　物　車 計 Total		有がい貨車 Covered Freight Car		無がい貨車 Open Freight Car	
	計 Total	うちJR Part of JR	計 Total	うちJR Part of JR	計 Total	うちJR Part of JR	計 Total	うちJR Part of JR
S25　(1950)	...	...	...	105,939	...	47,176	...	57,077
S35　(1960)	162	...	...	118,003	...	62,498	...	42,061
S45　(1970)	96	...	154,390	149,591	92,583	91,082	47,024	44,726
S55　(1980)	74	...	101,815	99,693	63,014	62,552	29,042	28,017
H2　(1990)	94	94	r 32,708	r 31,775	8,076	8,030	r 2,657	r 2,148
H12　(2000)	57	47	r 19,027	r 18,352	1,492	1,459	r 1,206	r 847
H17　(2005)	49	37	15,909	15,359	705	679	867	613
H22　(2010)	32	22	12,159	11,625	424	406	763	485
H25　(2013)	241	23	10,938	10,470	24	12	669	443
H26　(2014)	241	23	10,587	10,116	23	11	622	396
H27　(2015)	19	9	10,350	9,881	14	2	641	415
H28　(2016)	7	1	10,698	10,234	14	2	642	417
H29　(2017)	29	1	10,826	10,366	13	1	641	416
H30　(2018)	8	1	10,564	10,115	13	1	627	414
R1　(2019)	8	1	10,508	10,031	12	0	584	399
資　料							国土交通省鉄道局	

(注)1. 貨車のみ、私有車は含まない。
　　2. 昭和62年度から集計区分が変更になったので前年度までとつながらない車種がある。
　　(1) 昭和61年度まで旅客車のその他に含まれていた鋼索客車と無軌条電車は、昭和62年度よりそれぞれ客車、電車に編入した。

保 有 数

of Rolling Stocks

単位：両　(Unit : Vehicles)

| 蒸気・その他 Steam・Others | | 旅　客　車 (Car for Passennger Transportation) | | | | | | | |
| | | 計 Total | | 電 車 Electric Passenger Car | | ディーゼル車 Diesel Car | | 客 車 Passenger Car | |
計 Total	うちJR Part of JR	計 Total	うちJR Part of JR	計 Total	うちJR Part of JR	計 Total	うちJR Part of JR	計 Total	うちJR Part of JR
5,617	5,102	...	13,974	10,383	2,580	343	123	13,893	11,271
4,151	3,974	31,039	17,797	16,447	4,376	2,366	2,059	12,064	11,362
1,636	1,601	42,094	26,334	27,591	12,377	5,599	5,346	8,808	8,611
18	5	46,878	28,809	35,215	17,595	5,244	5,038	6,345	6,176
15	8	48,438	25,936	41,998	20,213	3,616	3,148	2,730	2,481
20	10	51,597	25,313	47,084	21,686	3,220	2,629	1,236	951
21	10	r 51,693	24,902	r 47,827	21,921	2,928	2,349	889	595
22	11	r 52,946	r 25,378	r 49,563	r 22,776	r 2,814	r 2,306	r 537	r 274
21	12	53,020	25,425	49,536	22,947	2,718	2,209	531	246
21	12	53,050	25,373	49,558	22,891	2,726	2,219	525	240
21	12	52,693	25,192	49,548	22,866	2,688	2,165	438	152
21	12	r 52,550	25,068	r 49,454	22,790	2,694	2,174	395	103
21	12	52,625	25,074	r 49,504	22,795	2,702	2,182	390	96
21	12	52,735	25,137	49,651	22,882	2,684	2,161	392	93
20	12	52,628	24,958	49,599	22,696	2,657	2,168	364	93

| (Freight Car) | | | | | | | | 特殊車 (Special Kind Car) | |
| タンク車 Tank Car | | ホッパ車 Hopper Car | | 貨物電車 Freight Electric Car | | その他 Others | | 計 Total | |
計 Total	うちJR Part of JR	計 Total	うちJR Part of JR	計 Total	うちJR Part of JR	計 Total	うちJR Part of JR	計 Total	うちJR Part of JR
...	409	...		...	77	...	1,200	...	...
...	300	...	10,917	...	74	...	2,153	...	...
201	161	11,174	10,458	216	106	3,192	3,058	...	...
32	20	5,403	4,989	218	101	4,106	4,014	...	...
r 10,413	r 10,392	r 3,374	r 3,104	70	12	r 8,118	r 8,089	255	223
r 6,541	r 6,540	r 1,530	r 1,298	50	8	r 8,208	r 8,200	211	173
4,722	4,721	1,250	1,026	87	48	8,278	8,272	176	139
2,098	2,097	875	676	78	44	r 7,921	r 7,917	159	120
1,655	1,654	746	549	72	44	r 7,772	r 7,768	146	97
1,612	1,611	682	483	73	44	r 7,575	r 7,571	136	91
1,592	1,591	676	477	71	44	r 7,356	r 7,352	135	83
1,930	1,929	748	550	68	44	r 7,296	r 7,292	142	89
1,896	1,895	737	541	66	44	7,473	7,469	142	87
1,896	1,895	721	525	65	44	7,242	7,236	144	87
1,855	1,854	772	520	66	44	7,219	7,214	145	91

(鉄道統計年報)

(2) 昭和61年度まで旅客車の電車・客車に含まれていた電源車・合造車は、旅客車のその他に編入した。

　3. 貨物車のその他は、コンテナ車、荷物車、その他(ラッセル車・事業用車両等)である。

自　動　車　保
Number of Motor

区　分				Section	S46(1971)	S56(1981)	H3(1991)
合　計				Sum Total	18,919,020	38,992,023	60,498,850
登録車両 Registration-car	計			Total	12,779,069	31,249,932	42,730,451
	貨物車 Truck	普通車 Ordinary	計	Total	813,845	1,502,408	2,206,081
			自家用	Private use	555,218	1,051,653	1,474,161
			営業用	Business use	258,627	450,755	731,920
		小型車 Small	計	Total	4,622,780	7,123,257	6,539,695
			自家用	Private use	4,530,498	7,036,635	6,445,958
			営業用	Business use	92,282	86,622	93,737
		被けん引車 Trailer	計	Total	23,768	57,313	88,765
			自家用	Private use	9,141	8,564	6,491
			営業用	Business use	14,627	48,749	82,274
	バス Bus	普通車 Ordinary	計	Total	103,762	106,655	115,103
			自家用	Private use	20,524	21,736	28,137
			営業用	Business use	83,238	84,919	86,966
		小型車 Small	計	Total	86,304	122,774	130,741
			自家用	Private use	84,614	119,225	122,877
			営業用	Business use	1,690	3,549	7,864
	乗用車 Passenger Car	普通車 Ordinary	計	Total	76,759	479,843	1,933,533
			自家用	Private use	73,877	478,204	1,926,169
			営業用	Business use	2,882	1,639	7,364
		小型車 Small	計	Total	6,700,190	21,063,657	30,502,964
			自家用	Private use	6,485,298	20,814,702	30,250,739
			営業用	Business use	214,892	248,955	252,225
	特種（殊）用途車 Special purpose vehicle	普通車 Ordinary	計	Total	157,498	385,192	630,742
			自家用	Private use	121,643	309,933	494,476
			営業用	Business use	35,855	75,259	136,266
		小型車 Small	計	Total	72,525	119,438	160,020
			自家用	Private use	66,908	115,411	152,982
			営業用	Business use	5,617	4,027	7,038
		大型特殊車		Large-special	121,638	289,395	422,807
その他 Others	計			Total	6,139,951	7,742,091	17,768,399
	小型二輪車			Small	171,533	444,975	999,854
	軽自動車 Light motor	計		Total	5,968,418	7,297,116	16,768,545
		四輪	計		5,298,271	6,721,513	15,025,762
			乗用		2,327,644	2,102,619	2,715,334
			貨物＋特殊		2,970,627	4,618,894	12,310,428
		二　輪			558,807	574,271	1,741,548
		三　輪			111,304	1,332	1,235
資　料							国土交通省自動車局

(注)1. 車種の定義は、道路運送車両法施行規則参照。

有　車　両　数
Vehicles　Owned

（各年3月末現在）　　（単位：両　(Unit：Vehicles)）

H13(2001)	H23(2011)	H28(2016)	H31(2019)	R2(2020)	R3(2021)
75,524,973	78,660,773	80,900,730	81,789,318	81,849,782	82,077,752
52,461,216	49,610,327	47,144,660	47,332,790	47,205,414	47,136,151
2,581,592	2,271,951	2,317,131	2,386,166	2,412,396	2,433,359
1,680,488	1,415,352	1,444,268	1,473,399	1,486,117	1,502,123
901,104	856,599	872,863	912,767	926,279	931,236
5,390,652	3,789,886	3,538,682	3,501,382	3,494,061	3,492,803
5,311,156	3,714,240	3,466,101	3,428,428	3,420,834	3,420,039
79,496	75,646	72,581	72,954	73,227	72,764
134,042	153,010	163,018	175,792	181,759	185,669
9,306	9,287	11,430	13,922	15,612	17,370
124,736	143,723	151,588	161,870	166,147	168,299
110,285	107,850	110,839	112,501	111,651	107,848
27,458	22,704	21,704	21,111	20,788	20,325
82,827	107,850	89,135	91,390	90,863	87,523
125,265	118,989	119,764	120,491	119,400	114,478
109,544	95,907	95,157	96,135	95,462	91,818
15,721	23,082	24,607	24,356	23,938	22,660
14,163,357	16,838,550	18,000,955	19,268,854	19,614,910	19,975,314
14,132,311	16,790,700	17,944,156	19,209,478	19,555,497	19,918,231
31,046	47,850	56,799	59,376	59,413	57,083
28,201,712	23,296,582	21,353,690	20,176,826	19,665,498	19,206,187
29,976,415	23,094,498	21,176,179	20,012,028	19,504,253	19,052,461
225,297	202,084	177,511	164,798	161,245	153,726
1,214,603	1,024,990	1,054,328	1,091,786	1,101,116	1,111,663
992,452	760,067	771,104	794,552	801,601	808,963
222,151	264,923	283,224	297,234	299,515	302,700
216,559	150,686	147,089	150,190	152,689	154,697
204,147	137,025	133,034	135,819	138,247	140,415
12,412	13,661	14,055	14,371	14,442	14,282
323,149	322,652	339,164	348,802	351,934	354,133
23,063,757	30,437,937	33,756,070	34,456,528	34,644,368	34,781,900
1,308,417	1,535,181	1,628,461	1,680,416	1,704,542	1,748,026
21,755,340	28,902,756	32,127,609	32,776,112	32,939,826	33,033,874
20,041,396	26,925,889	30,155,913	30,805,992	30,966,247	31,018,414
10,084,285	18,004,339	21,477,247	22,324,893	22,528,178	22,735,611
9,957,111	8,921,550	8,678,666	8,481,099	8,438,069	8,282,803
1,712,597	1,975,623	1,970,471	1,968,905	1,972,367	2,014,251
1,347	1,244	1,225	1,215	1,212	1,209

（自動車保有車両数）

都 道 府 県 別 自 動

Number of Motor Vehicles

（平成30(2018)年3月31日現在）

運輸局別 運輸支局別		合　計 Sum Total	貨　物　車　Truck					バ　ス Bus
			計 Total	普　通 Ordinary	小　型 Small	被牽引車 Trailer	軽 Light	
合　計		r 81,000,337	r 14,382,846	r 2,358,011	r 3,508,612	r 170,909	r 8,345,314	r 233,542
北海道	計	3,764,121	654,890	188,816	182,203	27,632	256,239	14,132
	札　幌	1,707,987	245,121	71,437	81,988	6,056	85,640	6,769
	函　館	319,051	54,723	12,585	13,410	403	28,325	1,158
	旭　川	500,097	95,036	25,230	27,338	1,358	41,110	2,004
	室　蘭	382,332	78,073	19,209	17,549	13,459	27,856	1,556
	釧　路	274,664	56,137	17,551	12,958	3,543	22,085	830
	帯　広	322,811	69,262	24,682	16,095	1,845	26,640	924
	北　見	257,179	56,538	18,122	12,865	968	24,583	891
東北	計	7,146,911	1,439,545	229,022	315,799	8,091	886,633	22,769
	青　森	1,007,109	215,279	33,374	47,423	1,006	133,476	3,838
	岩　手	1,029,867	228,235	36,871	46,102	891	144,371	3,595
	宮　城	1,701,601	300,454	58,971	78,547	3,259	159,677	5,039
	秋　田	815,284	174,511	20,683	29,913	632	123,283	2,333
	山　形	935,441	188,491	24,292	37,757	521	125,921	2,578
	福　島	1,657,609	332,575	54,831	76,057	1,782	199,905	5,386
関東	計	23,069,078	3,686,024	681,458	1,059,323	46,086	1,899,157	68,101
	茨　城	2,602,273	483,597	87,619	120,413	7,742	267,823	7,063
	栃　木	1,726,933	287,788	53,984	71,077	2,512	160,215	4,638
	群　馬	1,797,923	319,640	55,719	71,079	3,142	189,700	3,981
	埼　玉	4,112,370	619,327	131,400	177,250	4,219	306,458	10,285
	千　葉	3,636,160	598,445	109,676	170,677	7,370	310,722	11,753
	東　京	4,419,478	671,639	124,639	250,303	8,615	288,082	16,272
	神奈川	4,016,395	551,786	100,420	171,686	11,761	267,919	11,913
	山　梨	757,546	153,802	18,001	26,838	725	108,238	2,196
北陸信越	計	5,561,240	1,056,843	144,694	227,173	5,275	679,701	16,536
	新　潟	1,845,258	343,821	50,059	79,970	2,558	211,234	6,154
	富　山	902,637	148,559	25,794	37,055	1,035	84,675	2,117
	石　川	909,776	145,736	23,156	39,277	617	82,686	2,785
	長　野	1,903,569	418,727	45,685	70,871	1,065	301,106	5,480
中部	計	12,003,162	1,948,360	331,256	550,022	23,837	1,043,245	26,931
	福　井	666,955	122,514	17,331	25,774	1,095	78,314	1,904
	岐　阜	1,682,941	296,561	49,465	75,858	1,399	169,839	4,567
	静　岡	2,885,520	484,727	79,644	130,192	4,075	270,816	6,494
	愛　知	5,251,743	768,550	144,955	261,232	14,459	347,904	10,499
	三　重	1,516,003	276,008	39,861	56,966	2,809	176,372	3,467
資　料							国土交通省自動車局	

(注)1. 車種の定義は、道路運送車両法施行規則参照。
　　2. 特種(殊)用途車は軽自動車を含む。

車 保 有 車 両 数 （その１）

Registered by Prefecture （No.1）

単位：両 （Unit：Vehicles）

乗　用　車　Passenger car				特種(殊)用途車 Special Purpose Vehicle	二　輪　車 Two-wheeled motor		
計 Total	普　通 Ordinary	小　型 Small	軽 Light		計 Total	小　型 Small	軽 Light
r 61,584,906	r 18,887,429	r 20,646,353	r 22,051,124	r 1,737,221	3,061,822	r 1,794,969	r 1,266,853
2,806,902	871,082	1,044,798	891,022	146,409	141,788	56,650	85,138
1,322,965	439,534	505,071	378,360	60,991	72,141	27,599	44,542
243,882	62,768	86,349	94,765	10,096	9,192	4,046	5,146
362,772	109,543	132,635	120,594	20,650	19,635	8,190	11,445
276,708	80,139	104,767	91,802	12,542	13,453	4,915	8,538
196,750	58,434	71,319	66,997	12,860	8,087	3,581	4,506
226,157	66,844	83,163	76,150	16,616	9,852	4,219	5,633
177,668	53,820	61,494	62,354	12,654	9,428	4,100	5,328
5,276,782	1,400,891	1,809,233	2,066,658	176,409	231,406	116,198	115,208
729,768	173,411	237,322	319,035	31,719	26,505	12,336	14,169
740,510	185,728	244,609	310,173	26,226	31,301	14,935	16,366
1,293,521	373,838	463,750	455,933	35,833	66,754	34,194	32,560
593,895	143,066	204,704	246,125	23,088	21,457	10,392	11,065
695,273	168,238	243,087	283,948	23,502	25,597	13,328	12,269
1,223,815	356,610	415,761	451,444	36,041	59,792	31,013	28,779
17,479,139	6,382,174	6,280,932	4,816,033	474,254	1,361,560	608,723	752,837
1,972,682	617,154	706,675	648,853	48,598	90,333	50,674	39,659
1,333,945	416,420	479,893	437,632	30,459	70,103	38,057	32,046
1,376,259	413,613	466,694	495,952	32,164	65,879	35,267	30,612
3,201,806	1,066,409	1,147,377	988,020	82,313	198,639	97,236	101,403
2,806,324	958,785	1,018,817	828,722	79,034	140,604	78,649	61,955
3,163,001	1,528,622	1,125,488	508,891	101,998	466,568	169,673	296,895
3,070,083	1,223,010	1,161,080	685,993	83,777	298,836	124,872	173,964
555,039	158,161	174,908	221,970	15,911	30,598	14,295	16,303
4,198,511	1,088,219	1,395,206	1,715,086	120,902	168,448	87,174	81,274
1,392,317	328,703	458,428	605,186	45,745	57,221	29,301	27,920
710,139	183,475	247,975	278,689	19,800	22,022	12,365	9,657
721,276	200,607	253,356	267,313	18,563	21,416	12,063	9,353
1,374,779	375,434	435,447	563,898	36,794	67,789	33,445	34,344
9,355,604	2,977,046	3,099,591	3,278,967	213,767	458,500	226,104	232,396
511,707	140,558	166,454	204,695	15,445	15,385	7,979	7,406
1,297,822	385,332	423,520	488,970	32,541	51,450	26,325	25,125
2,216,641	631,917	715,741	868,983	46,856	130,802	58,849	71,953
4,173,345	1,495,206	1,422,628	1,255,511	90,277	209,072	106,977	102,095
1,156,089	324,033	371,248	460,808	28,648	51,791	25,974	25,817

（自動車保有車両数）

都 道 府 県 別 自 動

Number of Motor Vehicles

（平成30(2018)年3月31日現在）

運輸局別 運輸支局別		合 計 Sum Total	貨　物　車　Truck					バ ス Bus
			計 Total	普 通 Ordinary	小 型 Small	被牽引車 Trailer	軽 Light	
近 畿	計	10,744,012	1,844,009	288,760	444,931	24,195	1,086,123	30,243
	滋 賀	1,031,693	174,849	26,713	33,424	810	113,902	2,734
	京 都	1,335,788	233,966	33,789	55,005	832	144,340	4,807
	大 阪	3,760,422	652,878	118,544	192,615	11,518	330,201	10,766
	奈 良	834,108	133,586	19,786	26,925	590	86,285	2,206
	和歌山	752,059	162,180	16,149	26,433	929	118,669	1,701
	兵 庫	3,029,942	486,550	73,779	110,529	9,516	292,726	8,029
中 国	計	5,532,502	1,030,589	140,709	191,207	6,757	691,916	13,953
	鳥 取	466,086	99,943	10,914	13,288	323	75,418	1,244
	島 根	553,846	118,919	12,784	16,675	280	89,180	1,745
	岡 山	1,538,421	294,409	43,037	53,816	2,063	195,493	3,157
	広 島	1,899,939	320,635	49,337	68,807	2,237	200,254	5,234
	山 口	1,074,210	196,683	24,637	38,621	1,854	131,571	2,573
四 国	計	2,988,577	633,462	74,316	110,640	5,663	442,843	7,023
	徳 島	620,610	131,347	14,996	24,159	847	91,345	1,604
	香 川	786,092	152,929	20,939	29,996	930	101,064	1,749
	愛 媛	1,019,179	218,317	25,576	37,558	3,433	151,750	2,313
	高 知	562,696	130,869	12,805	18,927	453	98,684	1,357
九 ・ 州	計	9,625,875	1,885,595	251,166	389,049	20,825	1,224,555	30,069
	福 岡	3,386,677	568,404	91,891	147,116	10,770	318,627	10,775
	佐 賀	678,450	136,877	18,316	27,390	1,233	89,938	2,092
	長 崎	951,850	185,580	18,687	29,031	531	137,331	4,453
	熊 本	1,387,797	283,660	35,993	63,081	1,730	182,856	3,842
	大 分	921,385	183,304	22,740	34,622	1,748	124,194	2,468
	宮 崎	946,733	211,485	27,059	35,108	1,710	147,608	2,144
	鹿児島	1,352,983	316,285	36,480	52,701	3,103	224,001	4,295
沖縄	沖 縄	1,127,623	203,529	27,814	38,265	2,548	134,902	3,785
資　料								国土交通省自動車局

(注)1. 車種の定義は、道路運送車両法施行規則参照。
　　2. 特種(殊)用途車は軽自動車を含む。

車 保 有 車 両 数 （その２）

Registered by Prefecture (No.2)

単位：両 （Unit：Vehicles）

乗 用 車 Passenger car				特種(殊)用途車 Special Purpose Vehicle	二 輪 車 Two-wheeled motor		
計 Total	普 通 Ordinary	小 型 Small	軽 Light		計 Total	小 型 Small	軽 Light
8,097,631	2,645,573	2,655,423	2,796,635	221,135	550,994	233,915	317,079
799,304	228,864	233,530	336,910	18,010	36,796	18,202	18,594
1,007,134	322,675	326,471	357,988	27,958	61,923	32,010	29,913
2,781,116	985,852	984,511	810,753	82,788	232,874	92,569	140,305
652,469	188,266	207,907	256,296	14,474	31,373	14,682	16,691
540,544	124,421	150,192	265,931	15,826	31,808	11,121	20,687
2,317,064	795,495	752,812	768,757	62,079	156,220	65,331	90,889
4,193,144	1,072,086	1,282,033	1,839,025	111,023	183,793	89,031	94,762
345,194	77,191	104,537	163,466	9,596	10,109	5,324	4,785
408,945	84,850	128,082	196,013	11,961	12,276	5,749	6,527
1,158,445	297,255	345,626	515,564	31,147	51,263	26,397	24,866
1,457,487	408,099	446,192	603,196	38,685	77,898	36,238	41,660
823,073	204,691	257,596	360,786	19,634	32,247	15,323	16,924
2,184,394	520,980	638,718	1,024,696	61,269	102,429	47,696	54,733
456,562	114,107	139,037	203,418	11,647	19,450	9,069	10,381
588,540	147,677	173,786	267,077	15,844	27,030	12,817	14,213
742,259	173,184	212,856	356,219	21,633	34,657	15,831	18,826
397,033	86,012	113,039	197,982	12,145	21,292	9,979	11,313
7,150,371	1,788,354	2,188,205	3,173,812	191,691	368,149	173,500	194,649
2,594,780	756,606	832,178	1,005,996	62,055	150,663	71,137	79,526
504,265	117,288	143,123	243,854	13,378	21,838	12,635	9,203
697,665	144,378	195,052	358,235	19,011	45,141	16,270	28,871
1,033,739	253,650	311,207	468,882	27,916	38,640	23,090	15,550
692,194	167,506	212,521	312,167	17,007	26,412	13,175	13,237
675,786	153,337	198,911	323,538	19,319	37,999	16,300	21,699
951,942	195,589	295,213	461,140	33,005	47,456	20,893	26,563
842,428	141,024	252,214	449,190	20,362	57,519	18,622	38,897

（自動車保有車両数）

施 設

都 道 府 県 別 自 動

Number of Motor Vehicles

(平成31(2019)年3月31日現在)

運輸局別 運輸支局別	合 計 Sum Total		貨 物 車 Truck					バ ス Bus
			計 Total	普 通 Ordinary	小 型 Small	被牽引車 Trailer	軽 Light	
合 計	r	81,786,379	r 14,367,832	r 2,386,166	r 3,501,382	r 175,793	r 8,304,491	r 232,992
北海道 計	r	3,773,838	655,348	190,659	182,365	28,134	254,190	13,981
札 幌	r	1,716,918	245,969	72,186	82,416	6,166	85,201	6,742
函 館	r	318,310	54,673	12,690	13,391	410	28,182	1,124
旭 川	r	499,980	94,937	25,618	27,139	1,389	40,791	1,983
室 蘭	r	383,065	78,376	19,343	17,662	13,688	27,683	1,521
釧 路	r	274,565	55,836	17,636	12,896	3,603	21,701	809
帯 広	r	323,924	69,243	25,037	16,129	1,884	26,193	926
北 見	r	257,076	56,314	18,149	12,732	994	24,439	876
東北 計	r	7,148,249	1,429,773	228,735	312,564	8,370	880,104	22,381
青 森	r	1,006,412	214,438	33,601	46,906	1,048	132,883	3,794
岩 手	r	1,031,375	227,029	36,745	45,838	915	143,531	3,558
宮 城	r	1,705,247	298,392	58,377	77,992	3,325	158,698	4,963
秋 田	r	812,275	173,185	20,672	29,731	637	122,145	2,274
山 形	r	935,188	186,980	24,285	37,309	540	124,846	2,559
福 島	r	1,657,752	329,749	55,055	74,788	1,905	198,001	5,233
関東 計	r	23,123,525	3,691,051	690,048	1,056,862	47,536	1,896,605	68,469
茨 城	r	2,612,308	482,683	88,628	119,584	8,134	266,337	7,046
栃 木	r	1,732,560	287,355	54,586	70,578	2,683	159,508	4,589
群 馬	r	1,800,957	318,107	56,274	70,535	3,242	188,056	3,945
埼 玉	r	4,131,473	622,845	133,960	177,685	4,487	306,713	10,336
千 葉	r	3,652,862	600,450	111,455	170,727	7,611	310,657	11,965
東 京	r	4,414,836	671,483	125,158	248,746	8,823	288,756	16,442
神奈川	r	4,018,715	554,767	101,788	172,369	11,786	268,824	11,943
山 梨	r	759,814	153,361	18,199	26,638	770	107,754	2,203
北陸信越 計	r	5,569,658	1,052,273	145,585	225,708	5,348	675,632	16,281
新 潟	r	1,845,136	341,578	50,276	79,095	2,568	209,639	6,044
富 山	r	902,313	147,479	25,874	36,841	1,062	83,702	2,088
石 川	r	914,529	145,749	23,481	39,278	642	82,348	2,740
長 野	r	1,907,680	417,467	45,954	70,494	1,076	299,943	5,409
中部 計	r	12,055,317	1,949,317	336,291	549,680	24,661	1,038,685	26,879
福 井	r	669,710	122,928	17,717	25,801	1,169	78,241	1,886
岐 阜	r	1,687,629	295,360	49,735	75,449	1,440	168,736	4,534
静 岡	r	2,893,796	483,360	80,562	129,135	4,261	269,402	6,435
愛 知	r	5,282,887	772,036	147,925	262,091	14,910	347,110	10,586
三 重	r	1,521,295	275,633	40,352	57,204	2,881	175,196	3,438
資 料							国土交通省自動車局	

(注)1. 車種の定義は、道路運送車両法施行規則参照。
　　 2. 特種(殊)用途車は軽自動車を含む。

車 保 有 車 両 数 （その１）

Registered by Prefecture （No.1）

単位：両 （Unit：Vehicles）

乗　用　車　Passenger car				特種(殊)用途車 Special Purpose Vehicle	二 輪 車 Two-wheeled motor		
計 Total	普 通 Ordinary	小 型 Small	軽 Light		計 Total	小 型 Small	軽 Light
r 61,784,732	r 19,268,854	r 20,176,826	r 22,339,052	r 1,751,502	3,649,321	r 1,680,416	r 1,968,905
2,812,081	891,589	1,018,452	902,040	r 148,255	144,173	57,686	86,487
1,328,557	450,827	493,408	384,322	r 61,846	73,804	28,233	45,571
243,120	64,085	83,559	95,476	r 10,168	9,225	4,063	5,162
362,288	111,838	128,966	121,484	r 20,888	19,884	8,336	11,548
276,869	81,778	102,246	92,845	r 12,633	13,666	5,013	8,653
196,721	59,533	69,305	67,883	r 13,002	8,197	3,644	4,553
226,933	68,786	81,030	77,117	r 16,918	9,904	4,240	5,664
177,593	54,742	59,938	62,913	r 12,800	9,493	4,157	5,336
5,285,202	1,432,641	1,771,289	2,081,272	r 176,720	234,173	118,026	116,147
730,538	176,992	232,737	320,809	r 31,853	25,789	12,472	13,317
742,619	190,445	239,758	312,416	r 26,403	31,766	15,261	16,505
1,298,799	382,549	455,089	461,161	r 35,719	67,374	34,791	32,583
592,157	145,696	199,316	247,145	r 23,089	21,570	10,473	11,097
696,091	173,070	237,950	285,071	r 23,683	25,875	13,608	12,267
1,224,998	363,889	406,439	454,670	r 35,973	61,799	31,421	30,378
17,514,372	6,472,305	6,136,434	4,905,633	r 479,032	1,370,601	615,782	754,819
1,981,843	629,558	693,256	659,029	r 48,874	91,862	51,886	39,976
1,338,867	424,452	469,403	445,012	r 30,604	71,145	38,600	32,545
1,379,972	421,501	455,085	503,386	r 32,405	66,528	35,799	30,729
3,214,035	1,082,497	1,120,907	1,010,631	r 83,512	200,745	98,739	102,006
2,818,419	976,801	995,783	845,835	r 79,723	142,305	80,069	62,236
3,158,219	1,541,368	1,098,358	518,493	r 102,872	465,820	169,915	295,905
3,065,708	1,234,471	1,132,579	698,658	r 85,094	301,203	126,173	175,030
557,309	161,657	171,063	224,589	r 15,948	30,993	14,601	16,392
4,210,160	1,115,621	1,361,217	1,733,322	r 121,347	169,597	88,054	81,543
1,394,021	336,883	446,804	610,334	r 45,880	57,613	29,589	28,024
710,768	188,096	241,428	281,244	r 19,867	22,111	12,445	9,666
725,616	207,004	248,032	270,580	r 18,732	21,692	12,272	9,420
1,379,755	383,638	424,953	571,164	r 36,868	68,181	33,748	34,433
9,399,663	3,039,788	3,032,652	3,327,223	r 215,068	464,390	229,453	234,937
513,378	144,340	162,270	206,768	r 15,799	15,719	8,112	7,607
1,302,925	393,151	413,821	495,953	r 32,534	52,276	26,900	25,376
2,225,105	643,964	699,150	881,991	r 47,083	131,813	59,675	72,138
4,196,906	1,525,784	1,395,143	1,275,979	r 90,965	212,394	108,459	103,935
1,161,349	332,549	362,268	466,532	r 28,687	52,188	26,307	25,881

（自動車保有車両数）

都 道 府 県 別 自 動

Number of Motor Vehicles

（平成31(2019)年3月31日現在）

運輸局別 運輸支局別			合 計 Sum Total	貨　物　車　Truck					バ ス Bus
				計 Total	普 通 Ordinary	小 型 Small	被牽引車 Trailer	軽 Light	
近 畿	計	r	10,777,058	1,847,735	293,753	446,355	24,986	1,082,641	30,454
	滋 賀	r	1,039,003	175,128	27,226	33,576	877	113,449	2,731
	京 都	r	1,338,127	234,454	34,279	55,216	892	144,067	4,820
	大 阪	r	3,776,172	656,081	120,960	193,503	11,954	329,664	11,006
	奈 良	r	835,051	133,400	20,034	26,856	652	85,858	2,182
	和歌山	r	754,762	161,289	16,279	26,266	958	117,786	1,692
	兵 庫	r	3,033,943	487,383	74,975	110,938	9,653	291,817	8,023
中 国	計	r	5,546,296	1,028,793	142,936	191,526	6,932	687,399	13,833
	鳥 取	r	466,804	99,358	10,991	13,312	334	74,721	1,221
	島 根	r	555,162	118,471	12,935	16,621	279	88,636	1,734
	岡 山	r	1,544,095	294,481	43,843	54,077	2,149	194,412	3,135
	広 島	r	1,906,171	320,890	50,283	68,912	2,299	199,396	5,195
	山 口	r	1,074,064	195,593	24,884	38,604	1,871	130,234	2,548
四 国	計	r	2,994,532	630,357	75,127	110,091	5,708	439,431	6,983
	徳 島	r	621,161	130,399	15,130	23,884	846	90,539	1,592
	香 川	r	788,986	152,303	21,187	29,956	965	100,195	1,762
	愛 媛	r	1,021,505	217,693	25,881	37,453	3,446	150,913	2,278
	高 知	r	562,880	129,962	12,929	18,798	451	97,784	1,351
九 州	計	r	9,652,587	1,878,650	254,562	387,636	21,355	1,215,097	29,931
	福 岡	r	3,397,763	568,613	93,714	147,236	11,041	316,622	10,738
	佐 賀	r	680,129	135,787	18,419	27,115	1,261	88,992	2,084
	長 崎	r	954,496	184,733	18,880	28,818	559	136,476	4,394
	熊 本	r	1,392,838	282,752	36,291	62,663	1,792	182,006	3,792
	大 分	r	924,004	182,553	22,900	34,459	1,760	123,434	2,446
	宮 崎	r	948,274	210,052	27,469	34,888	1,729	145,966	2,137
	鹿児島	r	1,355,083	314,160	36,889	52,457	3,213	221,601	4,340
沖縄	沖 縄	r	1,145,319	204,535	28,470	38,595	2,763	134,707	3,800
資 料								国土交通省自動車局	

(注)1. 車種の定義は、道路運送車両法施行規則参照。
　　2. 特種(殊)用途車は軽自動車を含む。

車 保 有 車 両 数 （その２）

Registered by Prefecture（No.2）

単位：両 （Unit：Vehicles）

乗　用　車 Passenger car				特種(殊)用途車 Special Purpose Vehicle	二 輪 車 Two-wheeled motor		
計 Total	普　通 Ordinary	小　型 Small	軽 Light		計 Total	小　型 Small	軽 Light
8,120,020	2,696,830	2,585,675	2,837,515	r　223,651	555,198	236,705	318,493
805,510	234,063	228,716	342,731	r　18,169	37,465	18,655	18,810
1,008,063	328,083	317,513	362,467	r　28,294	62,496	32,826	29,670
2,791,128	1,007,198	959,561	824,369	r　84,086	233,871	93,098	140,773
653,139	191,168	202,186	259,785	r　14,550	31,780	14,869	16,911
543,298	128,054	145,780	269,464	r　15,969	32,514	11,354	21,160
2,318,882	808,264	731,919	778,699	r　62,583	157,072	65,903	91,169
4,206,906	1,095,942	1,254,649	1,856,315	r　111,631	185,133	90,050	95,083
346,366	79,596	102,265	164,505	r　9,643	10,216	5,399	4,817
410,505	87,395	125,512	197,598	r　12,003	12,449	5,848	6,601
1,163,380	305,048	336,351	521,981	r　31,400	51,699	26,710	24,989
1,462,922	414,926	437,587	610,409	r　38,869	78,295	36,550	41,745
823,733	208,977	252,934	361,822	r　19,716	32,474	15,543	16,931
2,191,996	532,929	623,192	1,035,875	r　61,388	103,808	48,864	54,944
457,806	116,719	135,842	205,245	r　11,735	19,629	9,231	10,398
591,429	151,203	169,448	270,778	r　15,859	27,633	13,287	14,346
744,799	176,960	207,591	360,248	r　21,668	35,067	16,170	18,897
397,962	88,047	110,311	199,604	r　12,126	21,479	10,176	11,303
7,185,838	1,840,776	2,140,888	3,204,174	r　193,518	364,650	176,642	188,008
2,611,374	777,835	815,887	1,017,652	r　62,930	144,108	72,272	71,836
506,722	121,290	139,398	246,034	r　13,411	22,125	12,942	9,183
700,344	148,670	190,318	361,356	r　19,221	45,804	16,446	29,358
1,039,069	261,794	304,025	473,250	r　28,203	39,022	23,717	15,305
694,925	172,106	207,305	315,514	r　17,137	26,943	13,483	13,460
677,893	158,150	194,409	325,334	r　19,459	38,733	16,539	22,194
955,511	200,931	289,546	465,034	r　33,157	47,915	21,243	26,672
858,494	150,433	252,378	455,683	r　20,892	57,598	19,154	38,444

（自動車保有車両数）

都 道 府 県 別 自 動

Number of Motor Vehicles

（令和2(2020)年3月31日現在）

| 運輸局別
運輸支局別 | 合 計
Sum
Total | 貨 物 車　Truck | | | | | バ ス
Bus |
		計 Total	普 通 Ordinary	小 型 Small	被牽引車 Trailer	軽 Light	
合　計	81,849,782	14,367,134	2,412,396	3,494,061	181,759	8,278,918	231,051
北　計	3,774,223	659,063	192,294	183,119	29,037	254,613	13,755
海　札 幌	1,722,564	248,461	72,922	83,200	6,421	85,918	6,616
函 館	316,243	54,470	12,676	13,288	446	28,060	1,097
旭 川	498,815	94,979	25,786	27,022	1,439	40,732	1,950
道　室 蘭	382,554	79,092	19,733	17,809	14,014	27,536	1,514
釧 路	273,494	56,016	17,731	12,936	3,758	21,591	791
帯 広	324,191	69,698	25,228	16,180	1,929	26,361	917
北 見	256,362	56,347	18,218	12,684	1,030	24,415	870
東　計	7,129,844	1,419,748	228,420	309,784	8,479	873,065	22,015
青 森	1,003,188	213,016	33,544	46,403	1,066	132,003	3,768
北　岩 手	1,029,153	225,484	36,652	45,377	931	142,524	3,506
宮 城	1,703,753	296,342	58,051	77,598	3,362	157,331	4,873
秋 田	807,848	171,304	20,612	29,357	615	120,720	2,248
山 形	931,835	185,557	24,234	36,958	550	123,815	2,522
福 島	1,654,067	328,045	55,327	74,091	1,955	196,672	5,098
計	23,149,992	3,702,324	698,783	1,053,891	49,631	1,900,019	68,511
茨 城	2,620,645	482,364	89,440	118,765	8,620	265,539	6,992
関　栃 木	1,735,720	287,057	54,945	70,004	2,982	159,126	4,557
群 馬	1,802,624	317,240	56,991	70,152	3,417	186,680	3,889
埼 玉	4,141,741	627,152	136,489	177,803	4,754	308,106	10,323
東　千 葉	3,665,600	605,083	113,897	171,315	8,023	311,848	12,001
東 京	4,409,797	672,282	125,444	246,961	9,116	290,761	16,628
神奈川	4,013,001	558,250	103,182	172,429	11,918	270,721	11,961
山 梨	760,864	152,896	18,395	26,462	801	107,238	2,160
北　計	5,564,584	1,046,580	145,793	223,741	5,396	671,650	16,034
陸　新 潟	1,841,573	338,609	50,271	78,011	2,608	207,719	5,941
信　富 山	901,191	146,697	25,878	36,613	1,081	83,125	2,021
越　石 川	916,225	145,347	23,545	39,073	630	82,099	2,724
長 野	1,905,595	415,927	46,099	70,044	1,077	298,707	5,348
計	12,074,686	1,949,918	340,653	548,877	25,462	1,034,926	26,598
中　福 井	670,372	122,829	17,917	25,733	1,196	77,983	1,871
岐 阜	1,686,858	294,884	49,992	75,040	1,506	168,346	4,442
静 岡	2,896,198	482,489	81,081	128,332	4,371	268,705	6,340
部　愛 知	5,298,564	774,736	150,748	262,579	15,454	345,955	10,553
三 重	1,522,694	274,980	40,915	57,193	2,935	173,937	3,392
資　料				国土交通省自動車局			

(注)1. 車種の定義は、道路運送車両法施行規則参照。
　　2. 特種(殊)用途車は軽自動車を含む。

車 保 有 車 両 数 （その1）

Registered by Prefecture （No.1）

単位：両 （Unit : Vehicles）

乗 用 車　Passenger car				特種(殊)用途車 Special Purpose Vehicle	二 輪 車 Two-wheeled motor		
計 Total	普 通 Ordinary	小 型 Small	軽 Light		計 Total	小 型 Small	軽 Light
61,808,586	19,614,910	19,665,498	22,528,178	1,766,102	3,676,909	1,704,542	1,972,349
2,804,822	909,788	989,319	905,715	150,454	146,129	59,014	87,115
1,329,729	461,483	480,736	387,510	62,639	75,119	29,013	46,106
241,042	64,817	80,876	95,349	10,339	9,295	4,134	5,161
360,499	113,846	125,003	121,650	21,175	20,212	8,442	11,770
275,335	83,278	99,262	92,795	12,773	13,840	5,132	8,708
195,324	60,450	66,847	68,027	13,267	8,096	3,769	4,327
226,261	70,368	78,488	77,405	17,280	10,035	4,360	5,675
176,632	55,546	58,107	62,979	12,981	9,532	4,164	5,368
5,275,957	1,459,713	1,728,792	2,087,452	176,968	235,156	119,097	116,059
728,824	180,535	227,409	320,880	31,928	25,652	12,734	12,918
741,571	194,375	234,054	313,142	26,545	32,047	15,507	16,540
1,299,258	390,020	444,988	464,250	35,643	67,637	35,115	32,522
589,568	148,215	194,078	247,275	23,161	21,567	10,544	11,023
693,826	176,963	231,965	284,898	23,680	26,250	13,880	12,370
1,222,910	369,605	396,298	457,007	36,011	62,003	31,317	30,686
17,511,325	6,551,944	5,982,621	4,976,760	483,688	1,384,144	624,006	760,138
1,988,688	639,395	680,386	668,907	49,244	93,357	53,037	40,320
1,341,256	431,035	458,690	451,531	30,760	72,090	39,046	33,044
1,382,128	429,230	443,920	508,978	32,580	66,787	36,281	30,506
3,217,304	1,096,509	1,092,983	1,027,812	84,606	202,356	99,917	102,439
2,824,042	991,922	972,226	859,894	80,552	143,922	81,575	62,347
3,145,072	1,553,365	1,065,879	525,828	103,840	471,975	171,660	300,315
3,054,361	1,245,290	1,101,347	707,724	86,141	302,288	127,545	174,743
558,474	165,198	167,190	226,086	15,965	31,369	14,945	16,424
4,209,868	1,137,755	1,324,768	1,747,345	122,110	169,992	88,615	81,377
1,392,788	343,698	433,997	615,093	45,991	58,244	29,772	28,472
710,418	191,822	235,043	283,553	20,035	22,020	12,398	9,622
727,153	211,571	242,641	272,941	18,892	22,109	12,408	9,701
1,379,509	390,664	413,087	575,758	37,192	67,619	34,037	33,582
9,414,070	3,094,694	2,956,496	3,362,880	216,397	467,703	231,790	235,913
513,835	147,618	158,358	207,859	16,009	15,828	8,196	7,632
1,302,175	400,350	402,594	499,231	32,726	52,631	27,209	25,422
2,228,131	654,763	680,496	892,872	47,210	132,028	60,405	71,623
4,206,978	1,552,547	1,362,693	1,291,738	91,677	214,620	109,210	105,410
1,162,951	339,416	352,355	471,180	28,775	52,596	26,770	25,826

（自動車保有車両数）

都 道 府 県 別 自 動

Number of Motor Vehicles

（令和2(2020)年3月31日現在）

運 輸 局 別 運 輸 支 局 別		合 計 Sum Total	貨 物 車 Truck					バ ス Bus
			計 Total	普 通 Ordinary	小 型 Small	被牽引車 Trailer	軽 Light	
近 畿	計	10,787,892	1,853,605	299,262	447,782	25,743	1,080,818	30,339
	滋 賀	1,042,772	175,424	27,782	33,663	924	113,055	2,682
	京 都	1,337,364	234,885	34,940	54,898	970	144,077	4,801
	大 阪	3,783,922	661,502	123,337	195,082	12,436	330,647	11,045
	奈 良	834,594	133,493	20,416	26,752	671	85,654	2,159
	和歌山	755,087	160,811	16,631	26,265	1,029	116,886	1,666
	兵 庫	3,034,153	487,490	76,156	111,122	9,713	290,499	7,986
中 国	計	5,549,569	1,027,819	144,999	191,851	7,170	683,799	13,703
	鳥 取	466,972	99,091	11,131	13,277	344	74,339	1,205
	島 根	553,918	117,874	12,988	16,374	282	88,230	1,740
	岡 山	1,547,244	295,219	44,780	54,362	2,244	193,833	3,081
	広 島	1,909,278	321,197	51,009	69,254	2,394	198,540	5,181
	山 口	1,072,157	194,438	25,091	38,584	1,906	128,857	2,496
四 国	計	2,996,795	627,862	75,850	109,598	5,921	436,493	6,914
	徳 島	618,909	129,268	15,182	23,554	839	89,693	1,582
	香 川	790,926	152,002	21,482	29,904	1,027	99,589	1,764
	愛 媛	1,024,246	217,097	26,216	37,406	3,596	149,879	2,238
	高 知	562,714	129,495	12,970	18,734	459	97,332	1,330
九 州	計	9,660,664	1,873,200	257,364	386,333	21,906	1,207,597	29,368
	福 岡	3,406,525	569,977	95,247	147,780	11,196	315,754	10,504
	佐 賀	681,902	134,900	18,561	26,827	1,309	88,203	2,025
	長 崎	953,921	183,922	19,127	28,592	574	135,629	4,330
	熊 本	1,390,799	281,302	36,333	61,879	1,825	181,265	3,725
	大 分	924,350	182,166	23,205	34,343	1,829	122,789	2,348
	宮 崎	948,378	209,278	27,819	34,927	1,892	144,640	2,089
	鹿児島	1,354,789	311,655	37,072	51,985	3,281	219,317	4,347
沖縄	沖 縄	1,161,515	207,015	28,978	39,085	3,014	135,938	3,814
資 料							国土交通省自動車局	

(注) 1. 車種の定義は、道路運送車両法施行規則参照。
　　　2. 特種(殊)用途車は軽自動車を含む。

車 保 有 車 両 数　（その２）

Registered by Prefecture　(No.2)

単位：両　(Unit : Vehicles)

乗　用　車　Passenger car				特種(殊)用途車 Special Purpose Vehicle	二 輪 車 Two-wheeled motor		
計 Total	普通 Ordinary	小型 Small	軽 Light		計 Total	小型 Small	軽 Light
8,118,065	2,745,875	2,510,618	2,861,572	226,030	559,853	240,726	319,127
808,088	238,972	223,293	345,823	18,312	38,266	19,099	19,167
1,006,090	332,697	308,415	364,978	28,613	62,975	33,290	29,685
2,789,692	1,027,987	929,850	831,855	85,182	236,501	95,131	141,370
652,417	193,773	196,420	262,224	14,584	31,941	15,042	16,899
543,830	131,578	141,061	271,191	16,022	32,758	11,497	21,261
2,317,948	820,868	711,579	785,501	63,317	157,412	66,667	90,745
4,209,025	1,120,226	1,224,258	1,864,541	112,301	186,721	91,495	95,226
346,551	81,830	99,769	164,952	9,664	10,461	5,549	4,912
410,056	89,645	122,353	198,058	12,032	12,216	5,958	6,258
1,164,802	312,540	327,750	524,512	31,686	52,456	27,192	25,264
1,465,193	423,231	427,503	614,459	39,103	78,604	36,932	41,672
822,423	212,980	246,883	362,560	19,816	32,984	15,864	17,120
2,196,099	545,210	606,597	1,044,292	61,734	104,186	50,272	53,914
457,783	118,823	132,228	206,732	11,771	18,505	9,562	8,943
592,958	154,896	164,782	273,280	15,962	28,240	13,716	14,524
747,441	181,687	202,373	363,381	21,890	35,580	16,567	19,013
397,917	89,804	107,214	200,899	12,111	21,861	10,427	11,434
7,198,281	1,890,026	2,090,259	3,217,996	195,021	364,794	179,870	184,924
2,619,042	797,545	797,718	1,023,779	63,403	143,599	73,779	69,820
508,919	125,384	135,901	247,634	13,508	22,550	13,150	9,400
700,517	152,280	185,351	362,886	19,311	45,841	16,655	29,186
1,039,171	269,045	296,334	473,792	28,514	38,087	24,057	14,030
695,245	176,382	201,572	317,291	17,317	27,274	13,847	13,427
678,281	163,105	189,969	325,207	19,640	39,090	16,650	22,440
957,106	206,285	283,414	467,407	33,328	48,353	21,732	26,621
871,074	159,679	251,770	459,625	21,399	58,213	19,657	38,556

（自動車保有車両数）

都 道 府 県 別 自 動

Number of Motor Vehicles

（令和3(2021)年3月31日現在）

運輸局別 運輸支局別		合 計 Sum Total	貨 物 車　Truck					バ ス Bus
			計 Total	普 通 Ordinary	小 型 Small	被牽引車 Trailer	軽 Light	
合 計		80,272,066	14,397,229	2,433,359	3,492,803	185,669	8,285,398	222,326
北海道	計	3,636,795	662,715	194,511	182,958	29,550	255,696	13,226
	札 幌	1,728,628	251,469	73,943	83,637	6,750	87,139	6,315
	函 館	171,181	53,357	12,782	12,202	470	27,903	1,035
	旭 川	498,395	95,382	26,092	27,095	1,459	40,736	1,897
	室 蘭	383,575	79,645	20,051	18,089	13,963	27,542	1,446
	釧 路	273,658	56,280	17,868	13,009	3,845	21,558	774
	帯 広	325,551	70,193	25,485	16,275	2,000	26,433	895
	北 見	255,807	56,389	18,290	12,651	1,063	24,385	864
東北	計	7,134,783	1,414,859	228,509	307,820	8,607	869,923	21,323
	青 森	1,003,353	212,733	33,524	46,071	1,083	132,055	3,662
	岩 手	1,030,341	224,568	36,537	44,973	955	142,103	3,360
	宮 城	1,706,936	295,165	57,802	77,305	3,392	156,666	4,775
	秋 田	806,363	170,222	20,516	29,072	609	120,025	2,166
	山 形	931,496	184,491	24,194	36,647	577	123,073	2,439
	福 島	1,656,294	327,680	55,936	73,752	1,991	196,001	4,921
関東	計	23,229,613	3,716,489	705,350	1,050,835	51,059	1,909,245	66,317
	茨 城	2,629,527	483,351	90,682	118,117	8,834	265,718	6,723
	栃 木	1,740,658	287,877	55,452	69,967	3,149	159,309	4,343
	群 馬	1,805,410	317,444	57,568	70,089	3,496	186,291	3,749
	埼 玉	4,162,440	632,000	138,589	178,025	5,047	310,339	10,088
	千 葉	3,686,414	609,767	115,313	171,718	8,519	314,217	11,651
	東 京	4,408,196	670,405	124,820	243,658	9,234	292,693	16,058
	神奈川	4,032,723	562,295	104,193	172,754	11,926	273,422	11,647
	山 梨	764,245	153,350	18,733	26,507	854	107,256	2,058
北陸信越	計	5,568,184	1,043,606	145,856	222,159	5,521	670,070	15,215
	新 潟	1,839,402	335,956	50,042	76,955	2,660	206,299	5,634
	富 山	901,347	145,788	25,750	36,351	1,080	82,607	1,919
	石 川	917,004	145,048	23,612	38,968	656	81,812	2,594
	長 野	1,910,431	416,814	46,452	69,885	1,125	299,352	5,068
中部	計	12,105,628	1,955,679	344,425	549,590	25,845	1,035,819	25,299
	福 井	671,579	122,620	17,939	25,686	1,222	77,773	1,843
	岐 阜	1,688,217	295,110	50,206	74,862	1,571	168,471	4,203
	静 岡	2,905,876	484,001	82,580	127,903	4,451	269,067	5,873
	愛 知	5,313,538	778,526	152,482	263,604	15,613	346,827	10,113
	三 重	1,526,418	275,422	41,218	57,535	2,988	173,681	3,267
資 料							国土交通省自動車局	

(注) 1. 車種の定義は、道路運送車両法施行規則参照。
2. 特種(殊)用途車は軽自動車を含む。

車 保 有 車 両 数 （その１）

Registered by Prefecture（No.1）

単位：両 （Unit：Vehicles）

乗　用　車　Passenger car				特種(殊)用途車 Special Purpose Vehicle	二 輪 車 Two-wheeled motor		
計 Total	普 通 Ordinary	小 型 Small	軽 Light		計 Total	小 型 Small	軽 Light
61,858,066	19,975,314	19,206,187	22,676,565	1,780,194	2,014,251	1,748,026	2,014,251
2,658,461	861,251	883,478	913,732	153,153	149,240	60,768	88,472
1,330,508	470,368	467,145	392,995	63,656	76,680	29,883	46,797
96,864	508	527	95,829	10,478	9,447	4,228	5,219
358,913	115,733	120,982	122,198	21,600	20,603	8,690	11,913
275,330	85,044	97,071	93,215	13,035	14,119	5,282	8,837
194,705	61,279	65,066	68,360	13,523	8,376	3,941	4,435
226,492	72,146	76,487	77,859	17,604	10,367	4,519	5,848
175,649	56,173	56,200	63,276	13,257	9,648	4,225	5,423
5,280,239	1,487,922	1,691,119	2,101,198	177,605	240,757	122,289	118,468
728,543	183,963	222,157	322,423	32,068	26,347	13,127	13,220
742,741	198,957	229,052	314,732	26,588	33,084	16,088	16,996
1,302,206	397,706	435,772	468,728	35,691	69,099	36,054	33,045
588,796	150,677	189,527	248,592	23,224	21,955	10,745	11,210
693,746	180,766	226,810	286,170	23,785	27,035	14,216	12,819
1,224,207	375,853	387,801	460,553	36,249	63,237	32,059	31,178
17,550,232	6,646,055	5,848,330	5,055,847	487,321	1,409,254	637,047	772,207
1,994,030	649,841	667,453	676,736	49,687	95,736	54,342	41,394
1,343,346	437,585	449,085	456,676	31,112	73,980	40,092	33,888
1,382,774	435,892	432,930	513,952	32,820	68,623	37,252	31,371
3,228,010	1,112,846	1,067,600	1,047,564	85,610	206,732	102,153	104,579
2,835,754	1,009,969	952,376	873,409	81,267	147,975	83,604	64,371
3,141,251	1,567,714	1,037,035	536,502	104,072	476,410	174,342	302,068
3,064,648	1,263,235	1,078,330	723,083	86,670	307,463	129,861	177,602
560,419	168,973	163,521	227,925	16,083	32,335	15,401	16,934
4,212,527	1,157,868	1,292,232	1,762,427	122,511	174,325	90,666	83,659
1,392,172	349,572	422,645	619,955	46,027	59,613	30,419	29,194
710,794	195,388	229,447	285,959	20,070	22,776	12,819	9,957
727,678	215,600	237,389	274,689	18,918	22,766	12,711	10,055
1,381,883	397,308	402,751	581,824	37,496	69,170	34,717	34,453
9,429,088	3,145,352	2,888,401	3,395,335	217,550	478,012	236,676	241,336
514,567	150,712	155,223	208,632	16,112	16,437	8,493	7,944
1,302,249	406,457	393,141	502,651	32,758	53,897	27,858	26,039
2,233,889	665,989	664,384	903,516	47,479	134,634	61,714	72,920
4,213,496	1,575,782	1,332,084	1,305,630	92,382	219,021	111,246	107,775
1,164,887	346,412	343,569	474,906	28,819	54,023	27,365	26,658

（自動車保有車両数）

都 道 府 県 別 自 動

Number of Motor Vehicles

（令和3(2021)年3月31日現在）

運輸局別 運輸支局別	合 計 Sum Total	貨 物 車 Truck					バ ス Bus
		計 Total	普 通 Ordinary	小 型 Small	被牽引車 Trailer	軽 Light	
近畿 計	10,364,785	1,860,674	302,641	449,832	26,224	1,081,977	29,334
滋 賀	587,762	176,053	28,221	33,891	993	112,948	2,576
京 都	1,341,472	236,075	35,298	55,107	1,020	144,650	4,634
大 阪	3,800,515	665,124	124,627	195,902	12,700	331,895	10,592
奈 良	836,445	133,685	20,636	26,873	671	85,505	2,115
和歌山	757,151	161,061	16,797	26,382	1,052	116,830	1,623
兵 庫	3,043,551	488,676	77,062	111,677	9,788	290,149	7,794
中国 計	5,562,006	1,028,517	146,152	192,543	7,293	682,529	13,154
鳥 取	467,730	98,811	11,215	13,273	347	73,976	1,149
島 根	554,872	117,764	13,096	16,392	300	87,976	1,654
岡 山	1,552,668	295,875	45,179	54,628	2,328	193,740	2,972
広 島	1,914,664	322,103	51,417	69,468	2,359	198,859	4,995
山 口	1,072,072	193,964	25,245	38,782	1,959	127,978	2,384
四国 計	3,003,898	627,494	76,689	109,571	6,040	435,194	6,649
徳 島	620,227	128,892	15,318	23,470	877	89,227	1,511
香 川	793,250	152,232	21,816	30,052	1,042	99,322	1,697
愛 媛	1,026,718	217,026	26,513	37,280	3,657	149,576	2,144
高 知	563,703	129,344	13,042	18,769	464	97,069	1,297
九州 計	9,697,303	1,876,378	260,774	387,069	22,366	1,206,169	28,189
福 岡	3,424,727	572,975	96,618	148,655	11,411	316,291	10,038
佐 賀	684,646	134,999	18,811	26,797	1,329	88,062	1,954
長 崎	956,888	184,101	19,281	28,533	598	135,689	4,201
熊 本	1,396,046	281,907	36,930	61,783	1,959	181,235	3,545
大 分	926,540	182,137	23,430	34,378	1,846	122,483	2,244
宮 崎	951,096	209,249	28,286	35,000	1,909	144,054	1,970
鹿児島	1,357,360	311,010	37,418	51,923	3,314	218,355	4,237
沖縄 沖 縄	1,168,544	209,432	29,452	39,426	3,164	137,390	3,620
資 料						国土交通省自動車局	

（注）1. 車種の定義は、道路運送車両法施行規則参照。
　　　2. 特種(殊)用途車は軽自動車を含む。

車 保 有 車 両 数 （その２）

Registered by Prefecture（No.2）

単位：両 （Unit : Vehicles）

乗 用 車 Passenger car				特種(殊)用途車 Special Purpose Vehicle	二 輪 車 Two-wheeled motor		
計 Total	普 通 Ordinary	小 型 Small	軽 Light		計 Total	小 型 Small	軽 Light
7,674,467	2,558,254	2,228,427	2,887,786	226,030	574,280	247,060	327,220
351,191	927	1,649	348,615	18,439	39,503	19,672	19,831
1,005,565	338,201	299,800	367,564	28,867	66,331	33,161	33,170
2,797,158	1,051,055	904,079	842,024	85,940	241,701	98,532	143,169
653,091	197,065	191,599	264,427	14,720	32,834	15,455	17,379
544,820	135,023	137,057	272,740	16,155	33,492	11,869	21,623
2,322,642	835,983	694,243	792,416	64,020	160,419	68,371	92,048
4,214,911	1,144,559	1,197,151	1,873,201	113,154	192,270	93,964	98,306
347,143	84,130	97,495	165,518	9,717	10,910	5,766	5,144
410,224	92,025	119,477	198,722	12,029	13,201	6,230	6,971
1,167,838	320,052	320,382	527,404	32,035	53,948	27,919	26,029
1,468,061	431,104	418,545	618,412	39,422	80,083	37,568	42,515
821,645	217,248	241,252	363,145	19,951	34,128	16,481	17,647
2,198,997	557,052	591,829	1,050,116	62,291	108,467	52,547	55,920
458,565	121,429	129,327	207,809	11,853	19,406	10,004	9,402
593,835	158,172	160,663	275,000	16,136	29,350	14,376	14,974
748,406	185,832	197,303	365,271	22,091	37,051	17,324	19,727
398,191	91,619	104,536	202,036	12,211	22,660	10,843	11,817
7,219,548	1,940,914	2,044,570	3,234,064	196,731	376,457	186,629	189,828
2,629,303	818,880	779,919	1,030,504	64,060	148,351	76,692	71,659
510,678	129,269	132,868	248,541	13,606	23,409	13,552	9,857
702,394	156,381	181,014	364,999	19,352	46,840	17,252	29,588
1,041,865	276,552	289,756	475,557	28,870	39,859	25,140	14,719
696,418	180,532	196,895	318,991	17,458	28,283	14,319	13,964
679,839	167,861	186,243	325,735	19,861	40,177	17,212	22,965
959,051	211,439	277,875	469,737	33,524	49,538	22,462	27,076
874,540	167,467	245,168	461,905	21,737	59,215	20,380	38,835

（自動車保有車両数）

使 用 燃 料 別 自
Number of Motor

年度末 At the End of Fiscal Year	ガ ソ リ ン　Gasoline				軽 油　Diesel Oil			
	貨物車 Truck	バ ス Bus	乗用車 Passenger Car	特種車 Special Purpose Vehicle	貨物車 Truck	バ ス Bus	乗用車 Passenger Car	特種車 Special Purpose Vehicle
S60 (1985)	4,175,746	20,819	24,235,681	138,749	4,054,522	209,931	1,311,044	447,560
H2 (1990)	2,861,420	7,600	29,239,819	140,516	5,875,304	238,226	2,994,439	628,170
H7 (1995)	2,181,867	3,266	33,890,861	198,029	6,545,835	239,585	4,923,782	804,376
H12 (2000)	1,940,000	2,242	37,794,496	393,132	6,014,672	232,883	4,253,971	993,912
H17 (2005)	2,077,938	4,995	40,103,671	329,504	4,894,975	225,288	2,125,545	903,063
H22 (2010)	1,954,448	9,039	37,593,625	300,163	4,059,731	215,695	905,357	819,910
H27 (2015)	1,900,391	14,635	32,685,115	296,500	3,910,656	213,834	854,585	828,887
H28 (2016)	1,902,718	15,634	31,732,607	299,426	3,918,155	215,986	952,511	840,166
H29 (2017)	1,902,036	16,489	30,688,342	301,736	3,923,812	215,044	1,062,588	849,597
H30 (2018)	1,898,900	17,367	29,524,543	304,365	3,946,296	213,630	1,196,701	856,347
R1 (2019)	1,885,010	18,105	28,412,653	308,886	3,968,588	210,889	1,318,396	862,023
R2 (2020)	1,871,116	18,408	27,468,661	312,919	3,991,443	201,860	1,436,830	868,761
資　料				(一財)自動車検査登録情報協会			(自動車保有車両数)	

(注) 1. 登録自動車(軽自動車及び小型二輪自動車を含まない。)のみを対象としている。

2. 貨物車の台数にはトレーラーを含まない。

車 種 別 新 車
Number of New Cars Sold

年 度 Fiscal Year	合　計 Total	増加率(%)	乗　用　車　Passenger				ト ラ ッ ク	
			計 Sum Total	普通車 Ordinary Car	小型 Small Size	軽四輪車 Light Motor	計 Sum Total	普 通 車 Ordinary Car
S45 (1970)	4,094,543	…	2,396,548	8,331	1,681,525	706,692	1,665,773	168,799
S50 (1975)	4,204,437	2.7	2,629,419	49,309	2,436,389	143,721	1,553,096	121,209
S55 (1980)	4,995,821	18.8	2,819,485	64,496	2,580,718	174,271	2,153,052	151,279
S60 (1985)	5,573,545	11.6	3,091,722	74,201	2,864,086	153,435	2,460,243	110,509
H2 (1990)	7,802,242	40.0	5,092,595	390,741	3,827,259	874,595	2,685,122	193,718
H7 (1995)	6,895,680	-11.6	4,465,452	899,560	2,633,289	932,603	2,412,620	171,494
H12 (2000)	5,973,439	-13.4	4,257,331	756,324	2,229,634	1,271,373	1,700,658	84,454
H17 (2005)	5,861,545	-1.9	4,755,369	1,256,385	2,081,711	1,417,273	1,088,316	199,975
H22 (2010)	4,601,135	-5.7	3,880,266	1,276,280	1,396,312	1,207,674	709,410	103,178
H26 (2014)	5,297,111	-6.9	4,453,510	1,337,957	1,354,706	1,760,847	831,464	168,307
H27 (2015)	4,937,734	-6.8	4,115,436	1,379,831	1,307,629	1,427,976	808,174	167,498
H28 (2016)	5,077,903	1.0	4,243,393	1,529,276	1,376,636	1,337,481	818,858	177,882
H29 (2017)	5,197,109	1.0	4,349,777	1,547,381	1,348,357	1,454,039	832,361	173,017
H30 (2018)	5,259,589	1.2	4,363,608	1,580,001	1,297,740	1,485,867	882,342	182,068
R1 (2019)	5,038,727	-4.2	4,173,186	1,516,153	1,217,551	1,439,482	852,328	178,074
R2 (2020)	4,656,632	-7.6	3,858,350	1,433,764	1,061,699	1,362,887	790,406	161,450
資　料							(一社)日本自動車工業会　データベース	

(注) 1. 2003年1月から、シャーシーベースからナンバーベースに変更になった(但し、軽自動車を除く)。

2. 特種用途車の大型消防車、ミキサー車等は貨物車に、乗用タイプのパトロールカー等は乗用車で集計している。

3. トレーラー、特殊車等を含まない。

動 車 保 有 車 両 数
Vehicles by Type of Fuel

単位：台（Unit：Cars）

L	P	G		電気		ハイブリッド	
貨物車	バス	乗用車	特種車		うち乗用車		うち乗用車
Truck	Bus	Passenger Car	Special Purpose Vehicle	Electric	Passenger Car	Hybrid	Passenger Car
7,749	8	300,434	7,868				
7,737	5	301,866	8,178				
7,272	3	287,661	8,501				
12,602	1	265,233	8,089				
21,868	117	262,425	10,510	306	(274)	256,668	(253,398)
20,764	172	225,148	10,963	4,672	(4,637)	1,417,995	(1,404,137)
15,055	186	191,221	9,315	63,483	(62,136)	5,581,573	(5,558,725)
13,732	179	184,813	8,745	75,022	(73,381)	6,568,955	(6,544,268)
12,104	177	173,435	8,275	92,874	(91,356)	7,539,090	(7,512,846)
10,553	168	159,274	7,583	107,434	(105,921)	8,484,944	(8,453,451)
9,428	151	144,177	5,898	118,881	(117,317)	9,326,570	(9,281,380)
8,304	136	130,172	6,284	125,580	(123,708)	10,127,282	(10,014,228)

販 売 台 数
by Type of Vehicle

単位：台（Unit：Cars）

Truck		バス Bus		
小型	軽四輪車	計	大型	小型
Small Size	Light Motor	Sum Total	Ordinary Car	Small Size
968,844	528,130	32,222	10,235	21,987
1,010,020	421,867	21,922	9,044	12,878
1,114,950	886,823	23,284	9,344	13,940
952,080	1,397,654	21,580	9,144	12,436
1,464,116	1,027,288	24,525	9,010	15,515
1,448,904	792,222	17,608	6,458	11,150
1,033,412	582,792	15,450	4,263	11,187
357,252	531,089	17,860	6,100	11,760
185,119	421,113	11,459	4,114	7,345
250,873	412,284	12,137	4,555	7,582
255,324	385,352	14,124	5,538	8,586
258,487	382,489	15,652	6,875	8,777
254,508	404,836	14,971	6,087	8,884
263,142	437,132	13,639	5,050	8,589
257,769	416,485	13,213	4,803	8,410
234,095	394,861	7,876	2,202	5,674

道 路 延 長

Road Length

単位：キロメートル（Unit：Kilometer）

年　度 Fiscal Year	合　　計 Total		高速自動車国道		一般道路　計	
	実延長	舗装済	実延長	舗装済	実延長	舗装済
S45（末）(1970)	1,023,646	187,333	649	649	1,022,936	186,624
S55（初）(1980)	1,113,388	510,904	2,579	2,579	1,110,808	508,325
H2（初）(1990)	1,114,697	771,746	4,661	4,661	1,110,037	767,085
H12（初）(2000)	1,166,340	892,928	6,617	6,617	1,159,723	886,311
H17（初）(2005)	1,192,972	942,407	7,383	7,383	1,185,590	935,023
H22（初）(2010)	1,210,252	973,234	7,803	7,803	1,202,449	965,431
H27（初）(2015)	1,220,724	997,750	8,652	8,652	1,212,071	989,098
H28（初）(2016)	1,222,319	1,002,489	8,776	8,776	1,213,543	993,713
H29（初）(2017)	1,223,887	1,005,711	8,796	8,796	1,215,952	996,916
H30（初）(2018)	1,224,766	1,008,728	8,923	8,923	1,215,843	999,805
H30（末）(2018)	1,226,489	1,011,812	9,021	9,021	1,217,468	1,002,791
R1（末）(2019)	1,227,422	1,014,109	9,050	9,050	1,218,372	1,005,059

年　度 Fiscal Year	一般国道		都道府県道		市町村道	
	実延長	舗装済	実延長	舗装済	実延長	舗装済
S45（末）(1970)	32,650	27,282	122,324	55,172	867,962	104,169
S55（初）(1980)	40,212	38,408	130,836	104,523	939,760	365,394
H2（初）(1990)	46,935	46,074	128,782	118,783	934,319	602,229
H12（初）(2000)	53,777	53,177	128,183	121,365	977,764	711,770
H17（初）(2005)	54,265	53,878	129,139	124,090	1,002,185	757,055
H22（初）(2010)	54,981	54,643	129,366	124,835	1,018,101	785,953
H27（初）(2015)	55,645	55,324	129,446	125,279	1,026,980	808,495
H28（初）(2016)	55,565	55,245	129,603	125,466	1,028,375	813,003
H29（初）(2017)	55,637	55,320	129,667	125,559	1,029,787	816,037
H30（初）(2018)	55,698	55,382	129,721	125,625	1,030,424	818,799
H30（末）(2018)	55,874	55,583	129,754	125,689	1,031,840	821,519
R1（末）(2019)	55,826	55,543	129,757	125,723	1,032,790	823,792
資料	国土交通省道路局（道路統計年報）					

（注）1.　「舗装済」の値には簡易舗装を含む。

　　　2.　東日本大震災の影響により、市町村道の一部に平成24年4月1日以前のデータを含む。

有 料 道 路 の 現 況
Toll Roads

高速道路 High Speed Highways

事 業 者 名	延 長 (km)			
	H29 (2017)年 4月1日時点	H30 (2018)年 4月1日時点	H31 (2019)年 3月31日時点	R2 (2020)年 3月31日時点
東・中・西日本高速道路(株)	8,265.0	8,346.1	8,432.8	8,469.2
首都高速道路(株)	310.7	320.1	320.1	327.2
阪神高速道路(株)	259.1	260.5	260.5	258.1
本州四国連絡高速道路(株)	172.9	172.9	172.9	172.9
名古屋高速道路公社	81.2	81.2	81.2	81.2
広島高速道路公社	25.0	25.0	25.0	25.0
福岡北九州高速道路公社	106.3	106.3	106.3	106.3
資 料	国土交通省 道路統計年報			

一般自動車道及び有料道路 Others Toll Roads

事 業 者 名		路 線 数		延 長 (km)	
		H31 (2019)年 3月31日時点	R2 (2020)年 3月31日時点	H31 (2019)年 3月31日時点	R2 (2020)年 3月31日時点
自動車道	一般自動車道	31	31	312.9	312.9
	専用自動車道	5	5	77.0	78.7
一般有料道路	東・中・西日本高速道路(株)	69	60	1,129.6	1,167.0
	地方道路公社	74	69	672.5	639.4
資 料		国土交通省 道路統計年報			

(注)専用自動車道は、R3(2021)年2月28日時点。

自 動 車 タ ー ミ ナ ル
Bus and Truck Terminals

(各年4月1日現在)

規 模	H31(2019)					R2(2020)				
	合計 Total	バスターミナル Bus Terminals			トラックターミナル Truck Terminals	合計 Total	バスターミナル Bus Terminals			トラックターミナル Truck Terminals
		計	一般	専用	一般		計	一般	専用	一般
(バース数)berth										
2～5	84	84	5	79	…	80	80	5	75	…
6～10	38	38	10	28	…	37	37	9	28	…
11～20	12	11	7	4	1	13	12	8	4	1
21～50	7	3	3	…	4	7	3	3	…	4
51～100	6	…	…	…	6	6	…	…	…	6
100以上	11	…	…	…	11	11	…	…	…	11
合計 Total	158	136	25	111	22	154	132	25	107	22
資 料	国土交通省 数字で見る自動車									

(注) 一般自動車ターミナルについては、免許したものであり未供用のターミナルを含む。

鋼　　船

Tonnage of

歴年(年央) Middle of Calendar Year	商　船（100トン以上） Merchant Ship					
	合　計 Sum Total		一般貨物船 Dry Cargo Vessels		客船・その他 Passenger Ships,other	
	隻数 No	総トン Ton	隻数 No	総トン Ton	隻数 No	総トン Ton
S40　(1965)	5,074	10,302	3,251	6,453	257	207
S45　(1970)	7,867	23,715	5,282	14,563	472	269
S50　(1975)	8,112	38,026	5,503	19,580	716	1,032
S55　(1980)	8,825	39,015	5,546	20,632	1,551	1,284
S60　(1985)	8,225	38,141	5,215	23,155	1,618	1,376
H2　(1990)	7,668	25,186	4,769	16,037	1,690	1,563
H7　(1995)	6,950	19,030	3,388	9,147	1,672	1,779
H12　(2000)	5,880	14,874	2,779	5,924	1,561	1,618
H17　(2005)	4,848	11,836	2,161	4,633	1,393	1,467
H22　(2010)	4,255	13,864	1,941	6,493	1,174	1,205
H25　(2013)	4,029	17,428	1,817	9,922	1,128	1,204
H26　(2014)	4,015	19,206	1,830	11,874	1,122	1,186
H27　(2015)	4,006	20,166	1,850	12,450	1,105	1,166
H28　(2016)	3,999	21,479	1,863	13,555	1,103	1,191
H29　(2017)	4,014	23,393	1,880	14,194	1,095	1,204
H30　(2018)	4,003	25,094	1,888	15,637	1,083	1,203
H31・R1　(2019)	4,039	27,108	1,910	16,653	1,086	1,190
R2　(2020)	4,069	26,915	1,918	16,727	1,092	1,229
資　　料	国土交通省					

(注)1. 商船船腹には、漁船、官庁船、捕鯨母船、その他特種船を含まない。ただし、内海定期交通船を含む。

　　2. 商船船腹の昭和48年以降は、日本船主協会「日本商船船腹統計」(各年年央)によっているので、昭和47年以前の数字とは接続しない。

　　3. 一般貨物船には、3000総トン以上の貨客船、3000総トン未満の貨客船を含む。

　　4. 外航船の40年以前は、(3000総トン以上)の数字である。

船　腹　量

Steel Vessels

単位：千トン (Unit : 1000 Gross Ton)

油　送　船		外　航　船　（2000総トン以上）（再掲） Oceangoing Vessels					
		合　計 Sum Total		一般貨物船 Dry Cargo Vessels		油　送　船 Oil Tanker	
Oil Tanker							
隻数 No	総トン Ton	隻数 No	総トン Ton	隻数 No	総トン Ton	隻数 No	総トン Ton
1,566	3,642	876	10,316	738	6,099	138	4,217
2,113	8,883	1,508	21,185	1,319	13,025	189	8,160
1,893	17,414	1,317	33,486	1,059	16,635	258	16,851
1,728	17,099	1,176	34,240	941	17,644	235	16,596
1,392	13,610	1,028	33,470	836	19,368	192	14,102
1,209	7,586	449	20,406	346	12,054	103	8,352
1,890	8,104	218	13,849	145	6,961	73	6,888
1,540	7,332	134	10,098	75	3,787	59	6,311
1,294	5,763	95	7,460	48	2,652	47	4,808
1,140	6,166	123	9,739	74	4,503	49	5,237
1,084	6,302	159	13,702	118	8,558	41	5,114
1,063	6,146	184	15,462	142	10,476	42	4,986
1,051	6,549	197	16,506	152	11,129	45	5,377
1,033	6,733	219	18,282	171	12,441	48	5,841
1,039	7,995	237	20,002	182	13,065	55	6,937
1,032	8,255	261	21,893	205	14,844	56	7,049
1,043	9,265	273	23,526	207	15,546	66	7,980
1,059	8,959	270	23,408	209	15,683	61	7,725

海事局外航課

造　船　設　備　の　現　状
Shipbuilding Eqipment

単位：基

区　分	建造設備（船台・建造ドック）Building dock					修繕設備（修繕ドック）Repairing dock				
	500～4999総トン(Tons)	5000～29999総トン(Tons)	30000～99999総トン(Tons)	100000～総トン以上(Tons)	合計 Sum Total	500～4999総トン(Tons)	5000～29999総トン(Tons)	30000～99999総トン(Tons)	100000～総トン以上(Tons)	合計 Sum Total
H7(1995)年4月	166	29	19	9	223	105	55	24	12	196
H12(2000)年4月	135	41	19	11	206	102	55	23	13	193
H17(2005)年4月	99	36	27	15	177	93	48	24	14	179
H19(2007)年4月	96	42	28	17	183	88	48	25	14	175
H20(2008)年4月	100	43	32	17	192	89	50	26	14	179
H21(2009)年4月	102	43	32	17	194	86	47	23	14	170
H22(2010)年4月	100	42	32	17	191	84	46	23	15	168
H23(2011)年4月	103	43	32	17	195	83	47	21	15	166
H24(2012)年4月	102	43	31	18	194	81	44	21	16	162
H26(2014)年4月	102	42	35	18	197	78	45	22	16	161
H27(2015)年4月	98	42	35	18	193	75	45	22	16	158
H28(2016)年4月	99	42	35	18	194	74	45	22	16	157
H29(2017)年4月	98	42	33	20	193	73	45	22	15	155
H30(2018)年4月	97	43	33	21	194	74	45	22	16	157
H31(2019)年4月	96	42	33	21	192	73	47	23	16	159

資　料　国土交通省海事局船舶産業課

（注）1. 修繕用引揚船台を除く
2. 造船法に基づく許可ベース。

港 湾 の 種 類 及 び 数
Classification of Ports and Harbors

（令和3(2021)年4月1日現在）

区 分 Category	総数 Total Number	管　理　者 Port Management Bodies					その他 (56条) Others
		都道府県 Prefectures	市町村 Munici- palities	港務局 Port Authonity	一　部 事務組合 Cooperative System	計 Total	
国際戦略港湾 Strategic International Container Port	5	1	4	…	…	5	…
国際拠点港湾 International Major Ports	18	11	4	…	3	18	…
重要港湾 Major Ports	102	82	16	1	3	102	…
地方港湾 Local Ports	868	504	303	…	…	807	61
小 計 Sub Total	993	598	327	1	6	932	61
漁港一種 Fishing Ports （Type Ⅰ）	2,047	276	1,771	…	…	2,047	…
漁港二種 Fishing Ports （Type Ⅱ）	525	331	194	…	…	525	…
漁港三種 Fishing Ports （Type Ⅲ）	101	96	5	…	…	101	…
漁港特定三種 Fishing Ports （Special Type Ⅲ）	13	12	1	…	…	13	…
漁港四種 Fishing Ports （Type Ⅳ）	99	99	0	…	…	99	…
小 計 Sub Total	2,785	814	1,971	…	…	2,785	…
合 計 Total	3,778	1,412	2,298	1	6	3,717	61
資 料	港湾…国土交通省港湾局　　　漁港…水産庁漁港漁場整備部計画課						

営業倉庫の倉庫面積及び倉庫容積
Space and Capacity of Warehouses

年度末 At the End of Fiscal Year	普 通 倉 庫 (Ordinary Warehouses)					冷蔵倉庫 Refrigeration Warehouses	水面倉庫 Pond Warehouses
	1・2・3 類倉庫	野積倉庫 Open Storage	貯蔵槽倉庫 Storehouse	危険品倉庫 Dangerous Goods			
				建 屋	タンク		
	1,000㎡	1,000㎡	1,000㎥	1,000㎡	1,000㎥	1,000㎥	1,000㎡
S35 (1960)	5,725	…	…	…	…	2,191	…
S40 (1965)	8,047	801	557	…	…	3,891	2,183
S45 (1970)	12,512	1,929	2,314	43	81	6,080	4,149
S50 (1975)	17,504	3,540	4,011	116	340	10,108	5,893
S55 (1980)	20,229	3,471	6,291	165	543	14,183	6,518
S60 (1985)	21,737	3,739	7,320	1,216	16,019	15,025	5,785
H2 (1990)	26,511	4,031	9,344	252	29,201	21,226	5,394
H7 (1995)	33,048	4,455	10,131	301	42,250	25,115	4,583
H12 (2000)	37,419	4,184	10,496	362	47,876	28,478	3,616
H16 (2004)	35,737	3,890	10,615	367	8,737	27,379	2,066
H17 (2005) r	36,197	4,117	9,073	416	9,658	27,518	1,875
H18 (2006)	37,976	4,084	9,259	409	5,871	25,144	1,796
H19 (2007)	38,672	4,326	9,274	421	9,115	26,840	1,796
H20 (2008)	37,923	4,131	8,985	394	9,254	26,948	1,836
H21 (2009)	38,388	3,977	8,883	377	9,083	24,404	1,817
H22 (2010)	40,425	4,096	9,616	477	9,765	29,338	829
H23 (2011)	41,690	3,882	10,590	485	10,628	29,226	743
H24 (2012)	41,171	3,609	10,539	466	9,960	30,647	476
H25 (2013)	38,453	3,891	8,322	470	8,545	27,546	476
H26 (2014)	38,792	3,269	8,037	464	9,365	27,244	372
H27 (2015)	46,178	4,338	10,693	517	10,869	31,046	509
H28 (2016)	47,746	3,710	10,521	525	9,152	31,930	491
H29 (2017)	52,283	3,972	10,480	552	9,323	34,906	491
H30 (2018)	54,558	4,048	10,500	577	10,171	32,913	428
資 料	国土交通白書(資料編)						

(注)1. 1・2・3類倉庫、野積倉庫、危険品倉庫(建屋)、水面倉庫は倉庫面積。貯蔵槽倉庫、危険品倉庫(タンク)、
　　冷蔵倉庫は倉庫容積である。
　　2. 昭和35年度の1・2・3類倉庫は、危険品倉庫(建屋)を含む。

登 録 航 空 機 数

Number of Registered Aircraft

種類 (Section)	暦年末 At the End of Calendar year	S45 (1970)	S55 (1980)	H2 (1990)	H12 (2000)	H22 (2010)	H27 (2015)	H29 (2017)	H30 (2018)	R1 (2019)	R2 (2020)
単発	ピストン Recipro	361	515	614	584	546	489	490	502	507	502
	ターボ・プロップ Turboprop	…	1	21	13	24	30	47	50	41	41
双発	ピストン Recipro	93	114	102	63	54	55	56	56	60	59
	ターボ・プロップ Turboprop	106	119	130	110	113	103	101	99	94	94
	ターボ・ジェット Turbojet	10	49	145	290	474	586	628	651	670	660
多発	ピストン Recipro	2	1	…	…	…	…	…	…	…	…
	ターボ・プロップ Turboprop	…	…	…	…	…	…	…	…	…	…
	ターボ・ジェット Turbojet	60	134	133	160	36	15	13	11	11	10
	B-747	3	47	97	131	34	13	11	9	8	8
	その他	4	…	3	3	2	2	2	2	3	3
回転翼	ピストン Recipro	249	241	245	193	181	173	169	168	160	161
	タービン Turbine	46	260	867	764	600	628	643	657	673	680
飛行船 Airship		…	1	5	1	1	1	1	1	1	1
滑空機 Glider		233	352	471	624	667	654	648	645	649	649
総計 Sum Total		1,160	1,796	2,733	2,802	2,696	2,734	2,796	2,840	r 2,866	2,857
資料		国土交通省航空局									

施設

鉄 道 運 転 事 故

Railway Accidents

年　度 Fiscal Year	列車衝突 (Collision)		列車脱線 (Derailment)		列車火災 (Fire)		踏切事故 (Crossing)	
	計 Total	うちJR	計 Total	うちJR	計 Total	うちJR	計	うちJR
	件	件	件	件	件	件	件	件
S55 (1980)	6	2	79	46	5	3	1,207	832
H2 (1990)	3	1	32	12	9	6	744	494
H12 (2000)	7	...	23	15	5	4	462	267
H17 (2005)	6	2	22	7	...	...	414	229
H22 (2010)	1	...	13	7	...	...	301	126
H25 (2013)	2	...	15	7	...	...	288	125
H26 (2014)	1	1	11	6	...	...	246	123
H27 (2015)	2	...	7	2	1	1	236	102
H28 (2016)	3	...	16	7	...	...	222	98
H29 (2017)	3	...	10	3	...	...	249	116
H30 (2018)	4	...	9	1	...	...	228	101
R1 (2019)	2	...	13	2	...	...	208	79
R2 (2020)	3	...	6	2	...	...	165	75

年　度 Fiscal Year	道路障害 (Road Obstacle)		人身障害 (Injury or Death)		物　損 (Damage)		運転事故件数 (Total)	
	計	うちJR	計	うちJR	計	うちJR	合計	うちJR
	件	件	件	件	件	件	件	件
S55 (1980)	418	...	548	413	...	...	2,263	1,296
H2 (1990)	134	...	384	286	2	1	1,308	800
H12 (2000)	96	...	332	199	6	4	931	489
H17 (2005)	41	...	368	213	6	4	857	455
H22 (2010)	91	...	463	251	3	3	872	387
H25 (2013)	55	...	421	248	9	3	790	383
H26 (2014)	48	...	449	263	3	2	758	395
H27 (2015)	63	...	416	249	2	2	727	356
H28 (2016)	43	...	429	233	2	2	715	340
H29 (2017)	32	...	368	198	8	5	670	322
H30 (2018)	23	...	367	196	7	3	638	301
R1 (2019)	38	...	351	186	3	3	615	270
R2 (2020)	25	...	283	154	1	1	483	232

年　度 Fiscal Year	死亡者数 (Deceased)	負傷者数 (Injured)
	人	人
S55 (1980)	574	989
H2 (1990)	423	606
H12 (2000)	312	376
H17 (2005)	444	953
H22 (2010)	353	357
H25 (2013)	276	455
H26 (2014)	287	420
H27 (2015)	286	339
H28 (2016)	307	337
H29 (2017)	278	277
H30 (2018)	252	283
R1 (2019)	254	358
R2 (2020)	236	180

資料　国土交通省鉄道局（鉄軌道輸送の安全に関わる情報）

事故・公害

道　路　交　通

Road Traffic

暦　年 Calendar Year	道路交通事故総計 Number of Road Traffic Accidents			死亡事故の類型別発生割合 Fatal Accidents			
	事故件数 Number of Accidents	死者数 Persons Deceased	負傷者数 Persons Injured	車対人 Car / Pedestrian Collision	車対 自転車 Car/ Bicycle	車対車 Car/ Collision	車単独 Car Only
	件	人	人	%	%	%	%
S35　(1960)	449,917	12,055	289,156	…	…	…	…
S45　(1970)	718,080	16,765	981,096	37.1	11.6	28.1	18.2
S55　(1980)	476,677	8,760	598,719	31.7	41.1		24.7
H2　(1990)	643,097	11,227	790,295	12.4	82.0		5.6
H12　(2000)	931,950	9,073	1,155,707	28.4	47.0		24.0
H17　(2005)	934,346	6,937	1,157,113	30.5	46.7		22.0
H22　(2010)	725,924	4,948	896,297	35.2	42.7		21.4
H23　(2011)	692,084	4,691	854,613	36.0	42.9		20.2
H24　(2012)	665,157	4,438	825,392	36.5	41.7		20.7
H25　(2013)	629,033	4,388	781,492	34.9	39.8		23.9
H26　(2014)	573,842	4,113	711,374	36.0	39.2		24.0
H27　(2015)	536,899	4,117	666,023	36.6	38.7		23.8
H28　(2016)	499,201	3,904	618,853	34.4	38.1		26.0
H29　(2017)	472,165	3,694	580,850	35.3	37.8		25.5
H30　(2018)	430,601	3,532	525,846	34.4	38.9		24.9
H31・R1　(2019)	381,237	3,215	461,775	35.2	37.0		26.0
R2　(2020)	309,178	2,839	369,476	33.8	35.1		29.6
R3　(2021)	305,425	2,636	361,768	34.4	37.4		26.6
資料							警察庁交通局

(注)1. 事故件数は、昭和41年以降の件数には物損事故を含まない。

　　2. 業種別事故件数と車種別事故件数は対象範囲が異なるため、合計は合わない。

事　故　（その１）

Accidents （No.1）

その他 Others	自動車が第一当事者となった事故（業種別） Mainly Caused by Car				特殊車 Special Purpose Vehicle
	自家用 （Private）		事業用 （Commercial）		
	乗用車 Passenger Car	貨物車 Motor Lorry	乗用車 Passenger Car	貨物車 Motor Lorry	
%	件	件	件	件	件
…	52,479	142,606	33,667	46,328	…
5.0	262,583	232,351	47,935	38,053	1,587
2.5	241,318	120,041	20,392	18,141	599
0.0	344,426	154,532	18,931	26,097	596
0.6	597,969	157,885	29,076	37,007	799
0.8	613,829	141,749	31,635	36,794	740
0.7	494,021	102,436	25,617	25,452	483
0.9	471,536	98,083	24,222	24,865	477
1.1	459,161	92,549	21,808	23,539	515
1.4	437,299	86,640	19,963	22,462	523
0.8	400,048	78,566	18,085	21,564	475
0.9	379,064	71,940	16,674	19,825	424
1.5	354,899	66,150	15,082	18,254	406
1.4	333,854	61,984	14,669	17,986	413
1.8	303,012	56,131	13,422	17,396	389
1.8	265,022	50,303	12,278	15,606	326
1.5	212,955	41,173	8,371	13,500	301
1.7	209,128	40,255	7,996	14,031	336

（交通事故統計年報）

3. 四捨五入の関係により、末尾の数字が合わない場合がある。

道 路 交 通
Road Traffic

暦 年 Calendar Year	自動車等が第一当事者となった事故（車種別）				
	計 Total		バ ス Bus		乗用車 Passenger
	事故件数 Number of accidents	死亡件数 Persons deceased	事故件数 Number of accidents	死亡件数 Persons deceased	事故件数 Number of accidents
	件	件	件	件	件
S35 (1960)	356,258	8,609	8,282	405	78,336
S45 (1970)	599,747	12,549	7,845	168	272,196
S55 (1980)	416,771	7,063	3,392	45	258,769
H2 (1990)	601,464	9,524	3,050	48	343,356
H12 (2000)	842,498	7,489	3,226	22	546,896
H17 (2005)	844,678	5,773	3,378	20	515,304
H22 (2010)	662,604	4,200	2,918	23	372,940
H23 (2011)	632,829	3,955	2,590	10	350,871
H24 (2012)	610,042	3,702	2,411	14	335,149
H25 (2013)	578,491	3,665	2,145	17	313,221
H26 (2014)	528,737	3,455	1,908	16	281,505
H27 (2015)	496,837	3,429	1,764	17	262,452
H28 (2016)	463,051	3,261	1,549	11	244,128
H29 (2017)	436,770	3,104	1,480	15	230,674
H30 (2018)	397,484	2,958	1,442	14	209,088
H31・R1 (2019)	r 350,128	2,679	r 1,279	13	183,283
R2 (2020)	278,284	2,406	906	11	145,955
R3 (2021)	273,287	2,189	866	9	143,476
資 料	警察庁交通局				

(注) 1. 事故件数は、昭和41年以降の件数には物損事故を含まない。

2. バス＝バスのみ、乗用車＝普通＋自動二輪、トラック（トレーラーは内数）＝大型＋準中型＋中型＋普通、
その他＝マイクロバス＋軽乗用＋軽貨物＋特殊＋ミニカー

事　故　（その2）

Accidents (Continued No.2)

(Mainly Caused by Car)

(普通)	トラック		その他	
Car	Turck		Others	
死亡件数	事故件数	死亡件数	事故件数	死亡件数
Persons deceased	Number of accidents	Persons deceased	Number of accidents	Persons deceased
件	件	件	件	件
1,056	191,980	5,484	77,660	1,664
5,499	220,093	5,274	99,613	1,608
4,307	108,151	2,130	46,459	581
4,438	180,629	2,944	74,429	2,094
4,182	117,889	1,503	174,487	1,782
2,943	105,446	1,146	220,550	1,664
1,959	69,796	781	216,950	1,437
1,798	67,394	725	211,974	1,422
1,706	63,452	681	209,030	1,301
1,651	59,663	629	203,462	1,368
1,487	55,303	651	190,021	1,301
1,570	50,875	560	181,746	1,282
1,431	46,797	523	170,577	1,296
1,378	44,507	504	160,109	1,207
1,269	41,545	499	145,409	1,176
1,151	36,579	457	128,987	1,058
987	29,704	421	101,719	987
887	29,443	406	99,502	887

（交通事故統計年報）

3. 業種別事故件数と車種別事故件数は対象範囲がないため、合計は合わない。

4. 四捨五入の関係により、末尾の数字が合わない場合がある。

海 難 事 故

Maritime Accidents

暦 年 Calendar Year	事 故 隻 数				死亡・行方 不明者数
	救助数 Number of Ships Salvaged	自力入港 Return by Own Power	全損行方不明 Missing	計 Total	Number of Missing and Deceased
	隻	隻	隻	隻	人
S45　(1970)	1,836	375	435	2,646	533
S55　(1980)	1,628	264	494	2,386	444
H2　(1990)	1,453	278	342	2,073	197
H12　(2000)	1,646	279	276	2,201	163
H17　(2005)	1,357	286	240	1,883	121
H22　(2010)	1,335	230	184	1,749	99
H23　(2011)	1,532	169	303	2,004	108
H24　(2012)	1,372	215	217	1,804	78
H25　(2013)	1,363	234	214	1,811	84
H26　(2014)	1,247	228	215	1,690	100
H27　(2015)	1,644	182	163	1,989	48
H28　(2016)	1,690	302	148	2,140	56
H29　(2017)	1,605	198	220	2,023	82
H30　(2018)	1,704	209	247	2,160	75
H31・R1　(2019)	1,679	261	218	2,158	64
R2　(2020)	1,588	222	176	1,986	97
資　料	海上保安庁(海上保安統計年報)				

(注) 本表は、救助されたものおよび海難発生時救助を必要としたと認められるもののみ。

航　空　事　故
Aircraft　Accidents

暦　年 Calendar Year		事　故　件　数				死者数 Persons Deceased	負傷者数 Persons Injured
		飛行機 Aircraft	回転翼機 Helicopters	滑空機 Glider	計 Total		
		件	件	件	件	人	人
S45	(1970)	18	25	4	47	22	40
S55	(1980)	16	22	3	41	11	25
H2	(1990)	23	18	7	48	44	59
H12	(2000)	11	12	5	28	9	27
H17	(2005)	9	7	7	23	16	20
H20	(2008)	11	3	3	17	5	10
H21	(2009)	9	7	3	19	9	45
H22	(2010)	6	4	2	12	17	3
H23	(2011)	10	3	1	14	6	12
H24	(2012)	13	4	1	18	1	25
H25	(2013)	6	3	2	11	2	14
H26	(2014)	11	1	5	17	2	29
H27	(2015)	15	4	8	27	10	42
H28	(2016)	8	2	4	14	8	5
H29	(2017)	13	6	2	21	22	9
H30	(2018)	10	3	1	14	11	6
H31・R1	(2019)	7	2	3	12	1	11
R2	(2020)	7	3	0	12	2	16
資　料		運輸安全委員会（運輸安全委員会年報）					

(注)1. 本表は、日本国内で発生した事故である。
　　2. 事故には、航空機内の病死等を含む。

事故・公害

業　種　別　月

Average Monthly

暦　年 Calendar Year		全　産　業 All Industries		製　造　業 Manufacturing		運　輸　業			
						運　輸　業 Transport		国　鉄 JNR	
		従業員数 Number of employees	給与額 Earnings	従業員数 Number of employees	給与額 Earnings	従業員数 Number of employees	給与額 Earnings	従業員数 Number of employees	給与額 Earnings
		千人	円	千人	円	千人	円	千人	円
S45	(1970)	15,599	75,670	8,151	71,447	1,811	83,319	403	95,385
S55	(1980)	18,859	263,386	7,238	244,571	1,813	279,037	...	...
H2	(1990)	39,478	329,443	11,538	321,802	2,637	374,217	...	...
H12	(2000)	43,538	355,474	10,024	371,452	2,901	383,701	...	...
H17	(2005)	43,266	334,910	8,595	380,885	2,638	355,908	...	...
H22	(2010)	44,356	317,321	8,280	362,340	2,647	333,882	...	...
H24	(2012)	45,997	314,126	8,065	372,072	3,235	335,547	...	...
H25	(2013)	46,460	314,048	7,993	372,459	3,217	342,763	...	...
H26	(2014)	47,262	319,175	7,983	383,644	3,267	343,523	...	...
H27	(2015)	47,770	315,856	8,022	376,864	3,299	343,310	...	...
H28	(2016)	48,765	317,862	8,058	379,581	3,325	343,261	...	...
H29	(2017)	50,031	319,453	8,102	385,458	3,381	347,639	...	...
H30	(2018)	r 49,807	323,547	8,000	392,305	3,109	356,665	...	...
H31・R1	(2019)	50,786	322,552	8,082	390,981	3,139	361,511	...	...
R2	(2020)	51,298	318,405	8,096	377,583	3,180	3,180	...	...
R3	(2021)	51,893	...	8,010	...	3,171	...	...	...
資　料								厚生労働省	

(注) 1. 従業員数は、厚生労働省「毎月勤労統計調査」を掲載。運輸業は「運輸業、郵便業」の数字である。

　　 2. 給与額は、厚生労働省「毎月勤労統計調査」第13表及び第16表の事業所規模5人以上から掲載。

平 均 給 与 額
Salary by Industry

Transport									
民営鉄道 Private Railways		公営鉄道 Municipality-operated Railways		道路旅客運送業 Road Passenger Transport		道路貨物運送業 Road Freight Transport		海 運 業 Shipping Business	
従業員数 Number of employees	給与額 Earnings	従業員数 Number of employees	給与額 Earnings	従業員数 Number of employees	給与額 Earnings	従業員数 Number of employees	給与額 Earnings	従業員数 Number of employees	給与額 Earnings
千人	円	千人	円	千人	円	千人	円	千人	円
87	86,637	25	111,661	597	76,423	452	76,497	130	95,839
462	293,555	...	...	554	258,307	461	256,457	102	318,715
324	461,385	...	...	627	352,369	1,151	332,650	66	414,068
248	574,938	...	...	590	306,502	1,515	335,997	44	488,614
227	552,655	...	...	537	267,702	1,440	304,781	36	474,245
208	550,572	...	...	528	240,784	1,365	296,424	...	488,328
...	547,371	...	...	...	247,621	...	297,311	...	484,990
...	560,659	...	...	...	249,006	...	297,232	...	484,793
...	562,059	...	...	...	255,701	...	294,104	...	503,047
...	558,034	...	...	...	269,132	...	302,938	...	502,523
...	549,475	...	...	...	272,694	...	302,963	...	500,449
...	572,521	...	...	...	280,528	...	306,770	...	471,267
...	586,388	...	...	...	284,713	...	300,803	...	474,011
...	565,738	...	...	...	285,996	...	305,299	...	484,957
...	534,114	...	...	...	270,002	...	306,271	...	462,439
...	...	...	...	...	...	...	...	...	438,193

（毎月勤労統計調査）

国土交通省
（船員労働統計調査）

3. 四捨五入の関係により末尾の数字が合わない場合がある。

4. 55年度以後の民営鉄道欄の数字は、「鉄道業」としての数字である。

船　員　給

Monthly Salary

暦年 Calendar Year	職員・部員平均 Average Salary of Officers and Ratings						職 現金給 Amount of	
	現金給与額 Amount of Salary			航海日当 (1ヶ月平均) Daily Navigation Allowance	その他の手当 (1ヶ月平均)	年間賞与その他特別に支払われた報酬		
	計 Total	きまって支給する給与 Basic Pay	特別に支払われた報酬 Special Pay				計 Total	きまって支給する給与 Basic Pay
S35 (1960)	30,950	23,034	7,916	6,338	...	...	41,895	31,368
S45 (1970)	95,839	78,104	17,735	11,208	...	...	117,136	96,686
S55 (1980)	318,715	285,563	33,152	15,475	...	...	365,726	328,297
H2 (1990)	414,068	376,180	37,888	20,475	...	...	452,287	412,591
H7 (1995)	478,369	447,539	30,830	22,590	25,686	...	524,373	487,596
H12 (2000)	488,614	443,668	44,946	24,074	33,227	...	524,238	473,418
H17 (2005)	474,245	428,893	45,352	22,260	34,922	...	503,543	448,827
H21 (2009)	483,805	426,129	57,676	21,234	32,876	...	525,286	454,987
H22 (2010)	488,328	423,142	65,186	21,091	31,720	...	530,759	425,571
H23 (2011)	495,308	420,257	75,051	20,765	32,034	...	538,494	450,796
H24 (2012)	484,990	424,081	60,909	20,902	33,595	...	527,173	455,373
H25 (2013)	484,793	433,220	51,573	20,664	38,504	...	522,581	460,792
H26 (2014)	503,047	434,313	68,734	20,248	38,147	...	545,006	461,710
H27 (2015)	502,523	432,226	70,297	20,149	40,195	...	551,406	467,156
H28 (2016)	500,449	440,202	60,247	23,411	33,577	...	539,718	469,690
H29 (2017)	471,267	435,544	35,723	19,750	38,085	...	518,691	474,261
H30 (2018)	474,011	434,042	39,969	21,434	38,507	...	539,379	488,196
R1 (2019)	484,957	432,304	52,653	22,029	38,805	...	553,287	486,862
R2 (2020)	462,439	430,049	32,390	24,443	48,953	...	522,395	485,523
R3 (2021)	438,193	438,193	...	21,372	46,430	677,604	495,257	495,527
資 料							国土交通省総合政策局	

(注) 1.「決まって支給する給与」とは、労働協約、就業規則等であらかじめ定められている支給条件、算定基準により乗船中支給される現金給与額。

2. 令和2年調査までの「特別に支払われる報酬」とは、賞与等のように支給条件、算定基準が協約、規則等に定められていないで現実に支払われた額、または定められていても非常にまれに支払われた現金給与額。

3.「航海日当」とは、乗船中旅費的な名目で支給される手当。

4.「その他の手当」とは、臨時的労働に対する手当および実費弁償等。

与　月　額
of Seamen

単位：円（Unit：Yen）

員 Officer				部　員 Rating					
与額 Salary 特別に支払われた報酬 Special Pay	航海日当 (1ヶ月平均) Daily Navigation Allowance	その他の手当 (1ヶ月平均)	年間賞与その他特別に支払われた報酬	現金給与額 Amount of Salary			航海日当 (1ヶ月平均) Daily Navigation Allowance	その他の手当 (1ヶ月平均)	年間賞与その他特別に支払われた報酬
				計 Total	きまって支給する給与 Basic Pay	特別に支払われた報酬 Special Pay			
10,527	8,114	...	...	25,230	18,682	6,548	5,559	...	...
20,450	12,387	...	...	82,245	66,293	15,952	10,591	...	...
37,429	16,675	...	...	278,952	249,271	29,681	14,688	...	...
39,696	22,582	...	...	366,400	330,904	35,496	18,058	...	...
36,777	25,370	29,474	...	409,147	387,266	21,881	18,859	21,265	...
50,820	26,042	36,601	...	418,269	384,928	33,341	20,700	28,182	...
54,716	24,035	39,874	...	401,318	379,288	22,030	18,370	24,886	...
70,299	23,687	35,727	...	375,131	350,567	24,564	18,060	27,473	...
78,188	22,436	35,340	...	379,222	347,525	31,697	17,786	24,662	...
87,698	22,482	34,814	...	382,235	340,351	41,884	16,536	26,075	...
71,800	22,643	37,580	...	377,239	344,188	33,051	16,704	25,831	...
61,789	22,397	41,757	...	381,552	357,950	23,602	16,300	31,345	...
83,296	21,508	42,035	...	390,765	361,016	29,749	17,180	29,460	...
84,250	21,505	45,047	...	377,204	342,698	34,506	16,675	29,175	...
70,028	25,215	35,410	...	385,667	354,044	31,623	18,268	29,313	...
44,430	20,900	39,470	...	352,994	338,968	14,026	17,001	25,927	...
51,183	23,084	43,435	...	314,757	302,069	12,688	16,925	27,474	...
66,425	23,861	42,391	...	325,739	305,105	20,634	17,325	29,906	...
36,872	27,023	52,042	...	317,386	295,817	21,569	17,426	42,079	...
...	22,835	50,429	769,777	305,252	305,252	...	16,954	36,061	462,507

情報政策課交通経済統計調査室　（船員労働統計）

5. 数値は、平成6年までは、3月、6月、9月、12月分の平均推計値、平成7年からは6月分の数値である。

6. 昭和51年3月分の調査から「汽船（鋼船）に乗り組む船員」についての調査と「帆船（木船）に乗り組む船員」についての調査を「船舶に乗り組む船員」についての調査に統合した。このため、改正前の「汽船」・「帆船」に乗り組む船員についての報酬等に関し、加重平均を行い統計の継続性に配慮した。

7. 令和3年調査より、6月1か月分の「特別に支払われた報酬」から、昨年1年間の「年間賞与その他特別に支払われた報酬」に集計項目を変更している。

船員有効求人倍率及び失業保険支給実績（月平均）

Active Ratio of Seaman's Job Openings to Applicants and Amount of Unemployment Insurance Paid (Monthly)

単位：人、千円(Unit : Persons, 1,000 Yen)

歴年 Calendar Year	有効求人数 Active Vacancies (人)	有効求職数 Active Applicants (人)	有効求人倍率 Active Vacancies/ Active Applicants (倍)	失業保険金受給者数 Number of Receivers (人)	失業保険金支給額 Amount of Payment (千円)	うち商船等 for Merchant Ships (千円)	うち漁船 for Fishing Boats (千円)
S55 (1980)	2,325	9,686	0.24	5,609	644,316	404,659	259,657
H2 (1990)	2,786	3,964	0.70	2,300	352,848	207,428	145,420
H12 (2000)	744	4,256	0.17	1,839	361,802	216,464	100,334
H17 (2005)	1,023	2,278	0.45	799	127,386	77,877	49,508
H22 (2010)	864	2,084	0.41	426	67,457	54,582	12,876
H26 (2014)	2,165	1,138	1.90	173	27,479	20,561	6,918
H27 (2015)	2,264	1,144	1.98	172	26,504	18,042	8,463
H28 (2016)	2,241	1,097	2.04	151	23,607	18,975	4,633
H29 (2017)	2,277	977	2.33	135	21,910	16,594	5,316
H30 (2018)	2,320	970	2.39	147	24,017	20,403	3,614
H31・R1 (2019)	2,466	972	2.54	138	22,378	19,387	2,991
R2 (2020)	2,457	997	2.47	150	26,758	21,456	5,302

資　料　国土交通省海事局 (船員職業安定年報)

(注) 60年1月より有効求人数および有効求職数が取扱件数から実数に変更された。

船 員 数

Number of Seamen

(各年10月1日現在)　　　　　　　　　　　　　　　　　　　　　　　　　単位：人(Persons)

		合　計 Total	外航船員 Oceangoing Ship	内航船員 Domestic Ship	漁業船員 Fishing Boat	その他 Others
S49	(1974)	277,644	56,833	71,269	128,831	20,711
S54	(1979)	238,133	40,908	62,280	116,931	18,014
S59	(1984)	213,252	33,044	60,837	100,939	18,432
H1	(1989)	160,283	11,167	55,899	76,295	16,922
H6	(1994)	131,417	8,781	52,906	51,073	18,657
H11	(1999)	102,452	5,573	38,716	37,192	20,971
H16	(2004)	82,892	3,008	30,708	29,099	20,077
H21	(2009)	71,261	2,187	29,228	24,320	15,526
H24	(2012)	66,001	2,208	27,219	21,060	15,514
H25	(2013)	65,084	2,263	26,854	20,359	15,608
H26	(2014)	63,950	2,271	27,073	19,849	14,757
H27	(2015)	64,284	2,237	27,490	19,075	15,482
H28	(2016)	64,351	2,188	27,639	19,055	15,469
H29	(2017)	64,073	2,221	27,844	18,530	15,478
H30	(2018)	63,853	2,093	28,142	17,940	15,678
R1	(2019)	63,796	2,174	28,435	17,469	15,718
R2	(2020)	64,034	2,200	28,595	16,866	16,373
資　料				海事局資料		

(注)1. 船員数は乗組員数と予備船員数を合計したものであり、我が国の船舶所有者に雇用されている船員である。

　　2. その他は引船、はしけ、官公署船等に乗り組む船員数である。

　　3. 船員数は外国人船員を除いた数字である。

海技従事者免許数
Number of Marine Technical Officers' Certificates

年度末現在(End of Fiscal Year) 単位：人(Unit：Persons)

資格区分	H29(2017)	H30(2018)	R1(2019)	R2(2020)
一級海技士（航海）	12,776	12,946	13,027	13,127
二級海技士（航海）	7,699	7,855	7,902	7,968
三級海技士（航海）	32,059	32,927	33,333	33,741
四級海技士（航海）	36,499	37,819	38,450	39,040
五級海技士（航海）	70,234	70,562	70,653	70,732
六級海技士（航海）	35,315	35,799	36,016	36,218
計	194,582	197,908	199,381	200,826
一級海技士（機関）	9,545	9,647	9,697	9,752
二級海技士（機関）	6,706	6,789	6,842	6,884
三級海技士（機関）	25,534	26,040	26,288	26,527
四級海技士（機関）	29,672	30,744	31,313	31,832
五級海技士（機関）	64,246	64,505	64,582	64,683
六級海技士（機関）	40,135	40,518	40,676	40,841
計	175,838	178,243	179,398	180,519
一級海技士（通信）	7,614	7,623	7,629	7,634
二級海技士（通信）	4,095	4,094	4,094	4,096
三級海技士（通信）	6,041	6,044	6,044	6,043
計	17,750	17,761	17,767	17,773
一級海技士（電子通信）	151	179	196	226
二級海技士（電子通信）	1,217	1,240	1,249	1,263
三級海技士（電子通信）	5,976	7,584	8,032	8,221
四級海技士（電子通信）	1,303	1,347	1,378	1,417
計	8,647	10,350	10,855	11,127
一級小型船舶操縦士＋特殊小型船舶操縦士	863,152	868,628	874,221	881,483
二級小型船舶操縦士＋特殊小型船舶操縦士	2,041,572	2,043,267	2,044,982	2,047,351
一級小型船舶操縦士のみ	127,106	136,230	146,042	158,540
二級小型船舶操縦士のみ	332,228	350,810	369,163	391,029
特殊小型船舶操縦士のみ	174,039	185,020	195,405	208,016
計	3,538,097	3,583,955	3,629,813	3,686,419
合 計	3,934,914	3,988,217	4,037,214	4,096,664
資 料	国土交通省海事局			

(注) 平成15年6月1日より小型船舶操縦士の資格体系が変更し、一級、二級、特殊の資格となった。
　　　なお、平成15年5月31日以前の一・二級は、一級＋特殊、三・四・五級は、二級＋特殊と見なされる。

外航海運における船員の推移

Changes in Number of Seaman in Oceangoing Shipping

(各年10月1日現在) 単位：人(Unit : Persons)

		職　員　（Officer）			部　員　（Rating）			合　計　（Total ）		
		乗組員	予備員	予備員率	乗組員	予備員	予備員率	乗組員	予備員	予備員率
		人	人	％	人	人	％	人	人	％
S45	(1970)	11,635	4,208	36.2	24,004	7,392	30.8	35,639	11,600	32.5
S55	(1980)	7,256	5,203	71.7	11,705	9,868	84.3	18,961	15,071	79.5
H2	(1990)	1,865	2,573	138.0	1,632	1,827	111.9	3,497	4,400	125.8
H12	(2000)	555	1,488	268.1	416	303	72.8	971	1,791	184.4
H17	(2005)	381	1,093	286.9	80	97	121.3	461	1,190	258.1
H20	(2008)	456	822	180.3	154	61	39.6	610	883	144.8
H21	(2009)	423	778	183.9	107	56	52.3	530	834	157.4
H22	(2010)	401	712	177.6	82	46	56.1	483	758	156.9
H23	(2011)	394	906	229.9	77	50	64.9	471	956	203.0
H24	(2012)	361	872	242.0	74	45	60.8	435	917	211.0
H26	(2014)	393	823	209.4	64	44	68.8	457	867	189.7
H27	(2015)	351	858	244.4	68	30	44.1	419	888	211.9
H28	(2016)	356	854	239.9	62	34	54.8	418	888	212.4
H29	(2017)	378	829	219.3	73	30	41.1	451	859	190.5
H30	(2018)	368	803	218.2	66	34	51.5	434	837	192.9
R1	(2019)	409	785	191.9	67	29	43.3	476	814	171.0
R2	(2020)	358	760	212.3	10	34	340.0	368	794	215.8
資　料		国土交通省海事局(船員需給総合調査結果報告書)								

(注) 1. 外航労務部会(外航盟外を含む。)に加盟している事業者に雇用されている船員数である。

　　2. 予備員率　＝　予備員数÷乗組員数×100

業種別平均年齢・平均勤続年数及び月間労働時間数（その１）

Average Ages of Employees, Years of Service and Monthly Working Hours by Industry

（令和2(2020)年） 区分 Classification	平均年齢 Average ages	平均勤続 Average Years of Service	労働時間数 Hours worked			
			計 Total	所定内 Scheduled	所定外 Non-Scheduled	
	歳	年	時間	時間	時間	％
全 産 業　All Industries	43.2	11.9	175	165	10	5.7
製 造 業　Manufacturing	43.0	14.5	174	164	10	5.7
運 輸 業　Transport	46.2	12.1	192	169	23	12.0
鉄 道 業　Railways	39.9	17.9	165	152	13	7.9
道路旅客運送業　Road passenger transport	54.1	11.9	183	162	21	11.5
道路貨物運送業　Road freight transport	46.7	11.1	202	174	28	13.9
水運業　Water Transport	43.2	13.1	192	177	15	7.8
航空運輸業　Air Transport	38.5	12.1	159	155	4	2.5
倉庫業　Warehousing	43.0	11.1	183	165	18	9.8
資　料			厚生労働省（賃金構造基本統計調査報告）			

（令和元(2019)年） 区分 Classification	平均年齢 Average ages	平均勤続 Average Years of Service	労働時間数 Hours worked			
			計 Total	所定内 Scheduled	所定外 Non-Scheduled	
	歳	年	時間	時間	時間	％
全 産 業　All Industries	43.1	12.4	173	160	13	7.5
製 造 業　Manufacturing	42.7	14.7	179	162	17	9.5
運 輸 業　Transport	46.4	12.0	193	166	27	14.0
鉄 道 業　Railways	39.9	17.5	166	150	16	9.6
道路旅客運送業　Road passenger transport	54.8	11.2	195	168	27	13.8
道路貨物運送業　Road freight transport	46.9	11.4	205	173	32	15.6
水運業　Water Transport	42.4	10.8	178	157	21	11.8
航空運輸業　Air Transport	38.1	10.1	154	149	5	3.2
倉庫業　Warehousing	43.1	10.3	187	163	24	12.8
資　料			厚生労働省（賃金構造基本統計調査報告）			

(注)1. 日本標準産業分類の改訂に伴い、運輸業に通信業は含まれていない。

2. 所定外率 ＝ 所定外 ÷ 計 × 100

業種別平均年齢・平均勤続年数及び月間労働時間数（その２）

Average Ages of Employees, Years of Service and Monthly Working Hours by Industry

労

働

(平成30(2018)年) 区分 Classification		平均年齢 Average ages	平均勤続 Average Years of Service	労働時間数 Hours worked			
				計 Total	所定内 Scheduled	所定外 Non-Scheduled	
		歳	年	時間	時間	時間	％
全　産　業	All Industries	42.9	12.4	177	164	13	7.3
製　造　業	Manufacturing	42.6	14.7	183	165	18	9.8
運　輸　業	Transport	46.7	12.2	196	168	28	14.3
鉄　道　業	Railways	40.3	17.8	170	153	17	10.0
道路旅客運送業	Road passenger transport	55.5	10.7	218	189	29	13.3
道路貨物運送業	Road freight transport	46.7	11.5	208	175	33	15.9
水運業	Water Transport	42.3	12.5	175	162	13	7.4
航空運輸業	Air Transport	39.4	13.1	157	153	4	2.5
倉庫業	Warehousing	43.4	12.0	190	168	22	11.6
資　料		厚生労働省（賃金構造基本統計調査報告）					

(平成29(2017)年) 区分 Classification		平均年齢 Average ages	平均勤続 Average Years of Service	労働時間数 Hours worked			
				計 Total	所定内 Scheduled	所定外 Non-Scheduled	
		歳	年	時間	時間	時間	％
全　産　業	All Industries	42.5	12.1	178	165	13	7.3
製　造　業	Manufacturing	42.4	14.5	184	166	18	9.8
運　輸　業	Transport	46.5	12.0	198	170	28	14.1
鉄　道　業	Railways	39.8	18.4	170	153	17	10.0
道路旅客運送業	Road passenger transport	54.4	10.8	194	169	25	12.9
道路貨物運送業	Road freight transport	46.4	11.2	210	176	34	16.2
水運業	Water Transport	42.7	12.0	171	157	14	8.2
航空運輸業	Air Transport	40.2	13.1	157	153	4	2.5
倉庫業	Warehousing	43.5	11.1	192	168	24	12.5
資　料		厚生労働省（賃金構造基本統計調査報告）					

(注)1. 日本標準産業分類の改訂に伴い、運輸業に通信業は含まれていない。

　2. 所定外率＝所定外÷計×100

航空従事者就労実態調査等
Existing Conditions of Civil Airmen on Actual Service

(令和2(2020)年 1月 1日現在)　　　　　　　　　　　　　　　単位：人(Unit：Persons)

資格 Qualification	区 分 Category	特定本邦航空運送事業 Scheduled Air Transport Business	特定本邦航空運送事業以外 Non Scheduled Air Transport Business Aerial Work Business	航空機製造及び整備事業関係 Aircraft Manufacturing and Maintenance Business	官公庁関係 Government and Public Agencies	報道関係 Press and News Reporting	その他 Others	計 Total
総 計 (Sum Total)		9,835	4,841	6,288	2,457	257	313	23,991
定期運送用操縦士 Airline Transport Pilot	飛	4,352	405	8	45	0	57	4,867
	回	0	15	0	3	0	0	18
旧上級事業用操縦士 Senior Commercial Pilot		0	0	0	2	0	0	2
事業用操縦士 Commercial Pilot	飛	2,221	676	35	244	35	5	3,216
	回	7	711	28	524	37	0	1,307
	滑	0	2	1	2	0	5	10
准定期運送用操縦士 Multi-crew Pilot	飛	222	0	0	0	0	0	222
計 (Total)		6,802	1,809	72	820	72	67	9,642
航空機関士 Flight Engineer		141	5	0	0	0	8	154
航空通信士 Flight Radio Operator		2	57	4	45	14	3	125
一等航空整備士 Aircraft Engineer Class1	飛	1,625	276	3,543	166	22	48	5,680
	回	1	325	44	334	18	3	725
	滑	305	308	473	66	11	39	1,202
二等航空整備士 Aircraft Engineer Class2	回	7	468	102	258	19	15	869
	滑	0	1	0	0	0	1	2
旧二等航空整備士 Aircraft Engineer Class2	飛	3	128	48	106	16	14	315
	回	1	405	44	272	27	18	767
	滑	0	0	0	0	0	0	0
旧三等航空整備士 Aircraft Engineer Class3	飛	69	323	174	89	24	40	719
	回	5	530	94	226	29	33	917
	滑	0	6	2	0	0	1	9
一等航空運航整備士 Aircraft Line Maintenance Mechanic Class1	飛	356	48	1,074	10	1	11	1,500
	回	0	3	1	35	0	0	39
二等航空運航整備士 Aircraft Line Maintenance Mechanic Class2	飛	97	57	320	8	1	3	486
	回	2	14	15	9	3	0	43
	滑	0	0	1	0	0	0	1
計 (Total)		2,471	2,892	5,935	1,579	171	226	13,274
航空工場整備士 Aircraft Factory Engineer		237	23	277	8	0	8	553
運航管理者 Aircraft Dispatcher		182	55	0	5	0	1	243
計器飛行証明 Instrument	飛	2,184	401	27	176	32	2	2,822
	回	0	207	14	273	31	0	525
操縦教育証明 Flight Instructor	飛	126	124	7	88	2	10	357
	回	0	62	7	51	0	0	120
	滑	1	0	1	1	0	3	6

資 料	国土交通省航空局監修(数字でみる航空)

(注)1.「飛」は飛行機、「回」は回転翼航空機、「滑」は滑空機を表す。
　　 2.計器飛行証明および操縦教育証明は、操縦士が保有している各証明の数で内数。
　　 3.外国人を除く。

運輸事業の資本金階級別会社数

Number of Transport Industries by Classified Amount of Capital

（平成26年7月1日現在）

資本金階級分類 Capital	全産業 All Industries	全運輸業 Transport Industries	鉄道業 Railways	道路旅客運送業 Road passenger transport	道路貨物運送業 Road freight transport	水運業 Shipping	航空運輸業 Aviation	倉庫業 Warehouses	運輸に付帯するサービス業 Other Services
計　　Total	1,750,071	55,187	332	8,228	36,221	2,182	123	2,753	5,348
	(100.00)	(3.15)	(0.02)	(0.47)	(2.07)	(0.12)	(0.01)	(0.16)	(0.31)
	(100.00)	(100.00)	(100.00)	(100.00)	(100.00)	(100.00)	(100.00)	(100.00)	(100.00)
300万円未満 Under 3mil.yen	109,009 (6.23)	1,489 (2.70)	4 (1.20)	294 (3.57)	860 (2.37)	59 (2.70)	2 (1.63)	67 (2.43)	203 (3.80)
300〜500万円未満 3mil.〜Under 5mil.yen	605,406 (34.59)	10,813 (19.59)	9 (2.71)	1,790 (21.75)	7,002 (19.33)	381 (17.46)	4 (3.25)	413 (15.00)	1,214 (22.70)
500〜1,000万円未満 5mil.〜Under 10mil.yen	224,896 (12.85)	8,713 (15.79)	10 (3.01)	1,151 (13.99)	6,617 (18.27)	288 (13.20)	3 (3.00)	145 (5.27)	499 (9.33)
1,000〜3,000万円未満 10mil.〜Under 30mil.yen	578,309 (33.04)	24,567 (44.52)	60 (18.07)	3,527 (42.87)	16,811 (46.41)	956 (43.81)	17 (13.82)	1,099 (39.92)	2,097 (39.21)
3,000〜5,000万円未満 30mil.〜Under 50mil.yen	71,154 (4.07)	3,597 (6.52)	25 (7.53)	642 (7.80)	2,066 (5.70)	169 (7.75)	15 (12.20)	269 (9.77)	411 (7.69)
5,000万円〜1億円未満 30mil.〜Under 100mil.yen	48,014 (2.74)	2,483 (4.50)	44 (13.25)	448 (5.44)	1,188 (3.28)	122 (5.59)	22 (17.89)	282 (10.24)	377 (7.05)
1〜3億円未満 100mil.〜Under 300mil.yen	16,125 (0.92)	874 (1.58)	60 (18.07)	126 (1.53)	269 (0.74)	76 (3.48)	19 (15.45)	140 (5.09)	184 (3.44)
3〜10億円未満 300mil.〜Under 1bil.yen	7,893 (0.45)	375 (0.68)	37 (11.14)	28 (0.34)	82 (0.23)	46 (2.11)	9 (7.32)	82 (2.98)	91 (1.70)
10〜50億円未満 1bil.〜5bil.yen	3,685 (0.21)	200 (0.36)	31 (9.34)	21 (0.26)	35 (0.10)	26 (1.19)	10 (8.13)	32 (1.16)	45 (0.84)
50億円以上 5bil. and over	2,234 (0.13)	107 (0.19)	41 (12.35)	1 (0.01)	15 (0.04)	5 (0.23)	8 (6.50)	14 (0.51)	23 (0.43)
資　　料	総務省統計局（平成26年経済センサス－基礎調査結果）								

(注)1. （　）内は百分率を示す。

　　2. 計欄の数値には資本金の不詳を含む。

　　3. 平成18年まで実施された「事業所・企業統計調査」は、平成21年より「経済センサス」に統合された。

J R 各 社 損 益
Change In Financial Profile of JR

（年度（Fiscal Year））

	JR北海道（Hokkaido）				H28(FY 2016)
	H28(FY 2016)	H29(FY 2017)	H30(FY 2018)	R1(FY 2019)	
営　業　収　益	89,444	89,770	88,512	87,564	2,049,197
鉄　道　業	83,215	83,694	81,875	80,902	1,969,987
自　動　車　業	…	…	…	…	151
そ の 他 の 兼 業	6,229	6,076	6,637	6,661	79,059
営　業　費	139,254	142,295	140,548	2,814	1,660,589
鉄　道　業	136,660	139,676	137,803	136,937	1,622,061
自　動　車　業	…	…	…	…	2,164
そ の 他 の 兼 業	2,594	2,619	2,745	2,814	36,364
営　業　損　益	△ 49,810	△ 52,524	△ 52,036	△ 52,188	388,609
営　業　外　収　益	35,416	33,159	32,832	32,561	27,516
営　業　外　費　用	4,491	610	652	842	74,509
経　常　損　益	△ 18,885	△ 19,976	△ 19,857	△ 20,469	341,616
特　別　利　益	14,628	9,177	1,297	19,308	52,477
固 定 資 産 売 却 益	172	3,544	429	631	11,617
そ　の　他	14,456	5,633	868	18,677	40,860
特　別　損　失	9,346	1,203	3,744	690	49,415
固 定 資 産 売 却 損	176	19	1	47	674
そ　の　他	9,170	1,184	3,743	643	48,741
税 引 前 損 益	△ 13,605	△ 12,002	△ 22,303	△ 1,851	344,678
法　人　税　等	△ 1,000	△ 1,035	△ 933	△ 1,085	86,255
当　期　損　益	△ 12,604	△ 10,967	△ 21,370	△ 765	243,347
前 期 繰 越 損 益	…	…	…	…	…
任 意 積 立 金 取 崩 額	…	…	…	…	…
当 期 末 処 分 損 益	…	…	…	…	…
利益金処分（任意積立金等）	…	…	…	…	…
次 期 繰 越 損 益	…	…	…	…	…
資　料					国土交通省鉄道局

状　況　の　推　移　（その1）

Group Companies（7 Companies）（No.1）

単位：百万円（Unit :Million Yen）

JR東日本 (East)			JR東海 (Central)			
H29(FY 2017)	H30(FY 2018)	R1(FY 2019)	H28(FY 2016)	H29(FY 2017)	H30(FY 2018)	R1(FY 2019)
2,073,675	2,093,189	2,041,252	1,380,771	1,427,444	1,464,886	1,436,997
1,991,174	2,008,428	1,949,575	1,371,907	1,414,884	1,452,005	1,422,209
147	148	148	…	…	…	…
82,354	84,613	91,529	8,864	12,560	12,881	14,788
1,678,542	1,701,312	1,747,175	784,950	802,150	797,141	813,947
1,636,517	1,655,996	1,695,480	779,971	793,542	788,754	805,475
1,993	2,233	2,397	…	…	…	…
40,032	43,083	49,297	4,979	8,608	8,387	8,472
396,132	391,877	294,077	595,821	557,690	667,746	623,050
32,679	30,498	31,636	7,550	8,301	10,440	10,580
68,867	67,523	65,577	62,082	85,949	88,080	93,627
358,943	354,853	260,136	541,290	547,646	590,105	520,003
29,873	76,132	60,828	2,609	12,649	4,082	2,596
291	5,288	4,816	349	2,705	1,102	460
29,582	70,844	56,011	2,260	9,944	2,980	2,136
35,791	77,502	103,532	2,748	10,704	3,989	2,656
147	178	1,188	169	375	276	265
35,644	77,324	102,344	2,579	10,329	3,713	2,391
353,025	353,482	217,432	541,151	549,592	590,197	539,943
86,115	79,787	53,624	151,746	172,962	179,710	164,165
247,086	251,166	159,054	381,899	384,411	414,045	378,843
…	…	…	…	…	…	…
…	…	…	…	…	…	…
…	…	…	…	…	…	…
…	…	…	…	…	…	…
…	…	…	…	…	…	…

（鉄道統計年報）

(年度(Fiscal Year))

	JR西日本 (West)				JR四国 (Shikoku)			
	H28(FY 2016)	H29(FY 2017)	H30(FY 2018)	R1(FY 2019)	H28(FY 2016)	H29(FY 2017)	H30(FY 2018)	R1(FY 2019)
営 業 収 益	956,104	976,277	980,907	961,905	28,901	30,909	29,108	28,036
鉄 道 業	928,867	947,876	951,546	8,931,842	27,270	27,802	26,191	26,060
自 動 車 業	…	…	…	…	…	…	…	…
その他の兼業	27,237	28,401	29,361	30,063	1,631	3,107	2,917	1,975
営 業 費	820,626	831,902	830,180	843,166	40,901	42,642	41,972	41,181
鉄 道 業	808,058	818,616	816,149	826,430	39,178	40,135	39,680	39,691
自 動 車 業	…	…	…	…	…	…	…	…
その他の兼業	12,568	13,286	14,031	15,736	1,723	2,507	2,292	1,490
営 業 損 益	135,478	144,375	150,727	119,739	△ 12,001	△ 11,733	△ 12,864	△ 13,146
営 業 外 収 益	6,163	6,211	7,531	7,549	10,952	11,701	11,833	11,817
営 業 外 費 用	23,169	21,931	21,768	20,334	983	472	612	723
経 常 損 益	118,471	128,654	136,489	106,954	△ 2,032	△ 504	△ 1,643	△ 2,051
特 別 利 益	18,362	29,882	27,601	20,978	6,468	5,321	5,537	14,224
固定資産売却益	1,678	271	840	1,861	121	34	208	30
そ の 他	16,684	29,611	26,761	19,117	6,347	5,287	5,329	14,193
特 別 損 失	34,934	39,093	48,257	22,128	3,490	5,887	4,575	10,149
固定資産売却損	50	151	546	132	13	7	…	…
そ の 他	34,884	38,942	47,711	21,996	3,477	5,880	4,575	19,117
税 引 前 損 益	101,899	119,443	115,833	105,801	946	△ 1,069	△ 681	105,804
法 人 税 等	29,316	32,291	32,855	25,196	△ 219	△ 145	△ 367	25,196
当 期 損 益	70,842	80,743	80,613	73,596	1,293	△ 654	△ 205	73,596
前 期 繰 越 損 益	…	…	…	…	…	…	…	…
任意積立金取崩額	…	…	…	…	…	…	…	…
当 期 末 処 分 損 益	…	…	…	…	…	…	…	…
利益金処分(任意積立金等)	…	…	…	…	…	…	…	…
次 期 繰 越 損 益	…	…	…	…	…	…	…	…
資 料	国土交通省鉄道局							

状 況 の 推 移 （その2）

Group Companies（7 Companies）（No.2）

単位：百万円（Unit：Million Yen）

JR九州 (Kyushu)				JR貨物 (Freight)			
H28(FY 2016)	H29(FY 2017)	H30(FY 2018)	R1(FY 2019)	H28(FY 2016)	H29(FY 2017)	H30(FY 2018)	R1(FY 2019)
212,214	219,726	221,918	214,893	154,660	158,290	155,832	161,003
164,976	171,301	172,210	165,204	136,934	141,140	135,506	142,917
...	...	...	...	...	...	...	...
47,238	48,425	49,708	49,688	17,726	17,150	20,326	18,086
168,724	172,980	176,190	180,494	143,757	147,424	151,399	152,498
139,896	143,079	145,443	145,115	136,407	140,539	141,753	141,753
...	...	...	...	...	...	...	...
28,828	29,901	30,747	35,379	7,350	6,885	9,646	7,053
43,491	46,746	45,728	35,398	10,904	10,866	4,432	8,505
5,118	6,219	9,618	7,344	675	546	506	367
1,077	695	1,564	1,157	2,693	2,304	1,930	16,081
47,531	52,271	53,782	40,585	8,886	9,108	3,009	7,191
30,267	15,342	18,366	34,600	10,729	3,010	5,385	1,128
133	1,337	776	2,427	129	288	98	6
30,134	14,005	17,590	32,173	10,600	2,722	5,287	1,122
34,550	17,719	19,354	40,900	2,115	1,336	9,571	2,995
29	14	20	8	...	...	394	...
34,521	17,705	19,334	40,892	2,115	1,336	9,177	2,995
43,248	49,893	52,794	34,284	17,501	10,782	△ 1,177	5,324
185	2,716	3,051	931	2,565	2,645	161	1,679
37,631	4,523	44,254	28,698	12,092	7,282	△ 982	3,921
...	...	...	...	...	...	...	...
...	...	...	...	...	...	...	...
...	...	...	...	...	...	...	...
...	...	...	...	...	...	...	...
...	...	...	...	...	...	...	...

（鉄道統計年報）

本邦船舶による収入 (Japanese Vessels)

年度／暦年 Fiscal Year／Calender Year		合計 (Grand Total)				輸出 (Exports)			
		計 Total	貨物収入 Freight Revenue of Cargo Carried		旅客収入 Freight Revenue of Passenger Carried	計 Total	貨物収入 Freight Revenue of Cargo Carried		出国旅客収入 Freight Revenue of Travelers departing
			一般貨物船 Dry Cargo Vessels	油送船 Oil Tanker			一般貨物船 Dry Cargo Vessels	油送船 Oil Tanker	
S40	(1965)	311,989	243,646	67,404	939	87,482	86,445	618	419
S45	(1970)	650,092	504,435	144,828	829	179,050	178,197	510	343
S50	(1975)	957,639	684,718	270,984	1,937	295,131	290,548	3,709	874
S55	(1980)	1,214,550	960,065	252,526	1,959	415,658	408,856	5,783	1,019
S60	(1985)	1,184,207	912,415	268,868	2,924	389,308	381,560	6,146	1,602
H2	(1990)	589,550	408,259	173,380	7,911	113,865	107,400	2,345	4,120
H7	(1995)	330,888	195,828	126,600	8,460	46,793	40,904	1,627	4,262
H12	(2000)	200,309	112,441	77,842	10,026	35,995	29,744	671	5,580
H17	(2005)	123,925	57,914	57,615	8,395	26,449	20,086	2,141	4,222
H22	(2010)	116,262	82,780	29,070	4,412	30,213	25,524	2,592	2,097
H23	(2011)	164,446	88,444	72,036	3,966	23,027	18,647	2,394	1,986
H24	(2012)	192,410	113,765	75,148	3,496	38,140	35,311	1,085	1,744
H25	(2013)	228,334	149,302	76,149	2,883	38,451	35,123	1,909	1,419
H26	(2014)	254,738	187,603	64,289	2,846	42,145	39,325	1,428	1,392
H27	(2015)	279,390	208,455	67,801	3,134	46,168	43,540	1,053	1,559
H28	(2016)	255,949	189,866	63,393	2,691	43,852	41,787	751	1,314
H29	(2017)	324,125	223,196	98,200	2,792	43,902	42,031	523	1,348
H30	(2018)	383,854	269,000	112,043	2,811	62,868	60,963	482	1,423
H31・R1	(2019)	369,179	274,937	92,213	2,029	69,458	67,905	544	1,009
R2	(2020)	340,297	285,128	54,887	282	50,646	50,155	357	134
資　料									国土交通省

(注)　平成13(2001)年から暦年ベースとなっている。

運 賃 収 入 （その 1 ）

Oceangoing Vessels （No.1）

単位：百万円(Unit : Million yen)

輸入 （Imports）				三国間 （Cross Trade ）			
計	貨物収入 Freight Revenue of Cargo Carried		入国旅客収入 Freight Revenue of Travelers entering	計	貨物収入 Freight Revenue of Cargo Carried		旅客収入 Freight Revenue of Passenger Carried
Total	一般貨物船 Dry Cargo Vessels	油送船 Oil Tanker		Total	一般貨物船 Dry Cargo Vessels	油送船 Oil Tanker	
199,435	137,729	61,286	420	25,072	19,472	5,500	100
398,802	283,751	114,663	388	72,240	42,487	29,655	98
549,531	333,107	215,364	1,060	112,977	41,063	51,911	3
670,695	454,209	215,546	940	128,197	97,000	31,197	0
642,864	413,822	227,760	1,282	152,035	117,033	34,962	40
390,564	225,140	161,633	3,791	85,121	75,719	9,402	0
235,438	109,341	121,899	4,198	48,657	45,583	3,074	0
132,502	55,413	72,643	4,446	31,812	27,284	4,528	0
79,666	24,102	51,392	4,172	1,786	13,725	4,081	0
54,353	27,998	24,040	2,315	31,696	29,258	2,438	0
103,062	36,459	64,693	1,910	38,357	33,338	4,949	70
114,327	42,476	70,098	1,752	39,943	35,978	3,965	0
126,401	53,097	71,841	1,464	63,482	61,082	2,400	0
140,620	78,536	60,630	1,454	71,973	69,742	2,231	0
157,302	92,628	63,009	1,575	76,027	72,288	3,739	0
141,178	80,697	59,104	1,377	70,919	67,381	3,538	0
185,391	89,146	94,864	1,381	94,832	92,019	2,813	0
214,845	103,609	109,848	1,388	106,141	104,428	1,713	0
183,769	93,588	89,161	1,020	115,952	113,444	2,508	0
157,090	106,239	50,703	148	132,561	128,734	3,827	0

海事局外航課

経

営

外航船舶運賃収入 （その２）

Freight Revenue of Oceangoing Vessels （No.2）

外国用船による収入(by the use of foreign Vessels)　単位：百万円(Unit : Million yen)

年度／暦年 Fiscal Year／ Calender Year	合 計 Grand Total		輸 出 Exports		輸 入 Imports		三国間 Cross Trade	
	計 Total	うち貨物船 Cargo Vessel	計 Total	うち貨物船 Cargo Vessel	計 Total	うち貨物船 Cargo Vessel	計 Total	うち貨物船 Cargo Vessel
S40　(1965)	67,747	49,030	11,821	11,821	53,738	35,210	2,188	1,999
S45　(1970)	261,427	216,737	5,548	55,487	178,905	141,314	27,035	19,936
S50　(1975)	852,953	692,894	297,538	297,067	436,544	319,952	118,872	75,876
S55　(1980)	1,460,807	1,246,540	595,350	594,655	638,233	464,144	227,223	187,740
S60　(1985)	1,231,430	1,069,475	529,788	527,290	425,555	310,716	276,087	231,451
H2　(1990)	1,482,813	1,284,148	469,508	461,526	666,305	508,772	347,000	313,851
H7　(1995)	1,307,146	1,097,593	313,215	297,845	650,839	495,969	343,093	303,779
H12　(2000)	1,436,608	1,185,175	342,928	330,302	634,175	467,564	459,505	387,309
H17　(2005)	2,093,927	1,779,561	473,339	452,538	709,393	526,820	910,990	799,999
H22　(2010)	2,306,721	2,099,061	431,653	402,620	668,986	553,948	1,206,082	1,142,493
H23　(2011)	2,273,561	1,967,664	463,070	443,224	738,855	544,775	1,071,636	979,665
H24　(2012)	2,404,994	2,116,527	483,805	472,331	706,286	505,677	1,214,903	1,138,519
H25　(2013)	2,789,054	2,503,209	585,856	565,089	785,785	604,677	1,417,413	1,333,443
H26　(2014)	3,184,094	2,848,160	658,870	634,629	841,409	630,554	1,683,815	1,582,977
H27　(2015)	2,989,380	2,680,151	667,090	649,203	760,761	560,914	1,561,529	1,470,034
H28　(2016)	2,476,349	2,200,891	564,962	540,821	639,744	486,751	1,271,643	1,167,716
H29　(2017)	2,670,450	2,398,873	571,188	551,710	649,008	493,524	1,450,254	1,353,639
H30　(2018)	2,868,344	2,572,289	617,590	595,027	828,876	649,616	1,421,878	1,327,646
H31・R1　(2019)	2,686,745	2,686,487	628,481	628,345	673,702	673,580	1,384,562	1,384,562
R2　(2020)	2,244,073	2,244,071	448,165	448,165	510,632	510,630	1,285,276	1,285,276
資 料	国土交通省海事局外航課							

(注)　平成13(2001)年から暦年ベースとなっている。

部 門 別 エ ネ ル ギ ー 消 費 量

Energy Consumption by Sector

単位：PJ（ペタジュール）

年度　(Fiscal Year)	H2(1990)	H12(2000)	H22(2010)	H30(2018)	R1(2019)	R2(2020)
一次エネルギー供給	20,202	23,600	23,200 r	19,720 r	19,132	17,965
国内産出	3,578	4,440	4,292 r	2,938 r	2,964	2,768
輸入	16,624	19,160	18,907 r	18,105 r	17,552	15,906
総供給	20,202	23,600	23,200 r	21,043 r	20,516	18,674
輸出	△ 350	△ 696	△ 1,216 r	△ 1,295 r	△ 1,357	△ 839
供給在庫変動（＋取崩／－積増）	△ 157	△ 165	174	△ 28 r	△ 26	129
国内供給（供給側）	19,695	22,740	22,157 r	19,720 r	19,132	17,965
国内供給（消費側）	19,718	22,679	21,979 r	19,694 r	19,087	18,116
エネルギー転換	△ 6,178	△ 7,024	△ 7,281 r	△ 6,471 r	△ 6,149	△ 6,034
最終エネルギー消費	13,540	15,655	14,698 r	13,223 r	12,938	12,082
企業・事業所他部門	8,809	9,744	9,239 r	8,320 r	8,116	7,483
製造業	6,350	6,541	6,381 r	5,799 r	5,629	5,098
農林水産鉱建設業	670	496	302 r	324 r	371	413
業務他（第三次産業）	1,789	2,706	2,556 r	2,197 r	2,116	1,972
家庭部門	1,683	2,142	2,174 r	1,831	1,820	1,908
運輸部門	3,048	3,769	3,285 r	3,071 r	3,002	2,692
旅客部門	1,549	2,227	2,005 r	1,821 r	1,772	1,517
乗用車	1,257	1,927	1,716 r	1,501 r	1,456	1,291
バス	74	74	67	60	58	43
鉄道	66	71	71	67	66	66
船舶	65	76	49	46	46	45
航空	88	135	115	136	136	62
貨物部門	1,499	1,541	1,280 r	1,250	1,230	1,175
貨物自動車／トラック	1,353	1,549	1,232 r	1,125	1,107	1,059
鉄道	6	5	5	4	4	4
船舶	127	134	103	102	101	97
航空	18	24	22	18	18	15
エネルギー利用（最終消費内訳）	12,028	13,881	12,961 r	11,609 r	11,354	10,653
非エネルギー利用（最終消費内訳）	1,512	1,774	1,737	1,613 r	1,584	1,430
企業・事業所他	1,472	1,740	1,703	1,575 r	1,546	1,395
家庭	0	0	0	0	0	0
運輸	41	34	34	39	38	35
資　料	資源エネルギー庁（総合エネルギー統計 エネルギーバランス表簡易表／固有単位表）					

（注）総合エネルギー統計の改訂（平成27年4月14日）により、部門区分が変更となり、1990年まで遡って数値が変更されている。

輸送機関別エネ

Energy Consumption by

年度 (Fiscal Year)				S45(1970)	S50(1975)	S55(1980)	S60(1985)	H2(1990)
鉄道	JR	電力	（百万kWh）	6,061	7,810	8,097	8,288	10,829
		軽油	（千kl）	660	695	637	402	333
		石炭	（千トン）	1,628	48	…	…	…
	民鉄	電力	（百万kWh）	4,048	4,413	4,930	5,523	6,490
		軽油	（千kl）	14	13	13	13	23
自動車	乗用車	自家用 軽油 （千kl）		…	…	…	…	3,300
		自家用 ガソリン （千kl）		11,150	17,896	26,145	27,753	32,863
		営業用 軽油 （千kl）		…	…	110	93	76
		営業用 ガソリン （千kl）		409	147	40	26	34
		営業用 LPG （千kl）		2,377	2,606	2,908	2,872	2,873
	トラック	自家用 軽油 （千kl）		4,092	5,098	7,925	9,556	13,038
		自家用 ガソリン （千kl）		8,914	8,557	9,123	6,418	11,310
		自家用 LPG （千kl）		…	…	…	…	…
		営業用 軽油 （千kl）		3,724	4,771	7,301	9,113	12,829
		営業用 ガソリン （千kl）		265	127	88	55	278
		営業用 CNG （千m³）		…	…	…	…	…
	バス	自家用 軽油 （千kl）		122	157	270	270	331
		自家用 ガソリン （千kl）		212	194	116	48	18
		営業用 軽油 （千kl）		1,167	1,222	1,287	1,287	1,316
		営業用 ガソリン （千kl）		0.6	…	…	…	…
内航海運	軽油 （千kl）			…	…	…	66	133
	A重油 （千kl）			1,772	2,422	2,064	1,204	1,602
	B重油 （千kl）			1,518	2,842	1,453	793	526
	C重油 （千kl）			704	1,484	2,251	1,924	2,446
外航海運	A重油 （千kl）			673	899	569	277	146
	B重油 （千kl）			113	45	33	…	…
	C重油 （千kl）			8,407	13,214	8,977	3,719	2,998
航空	国内ジェット燃料 （千kl）			851	1,634	2,379	2,280	2,780
	国際ジェット燃料 （千kl）			※ 372	※ 643	※ 937	1,174	1,872

資料　国土交通省総合政策局「自動車輸送統計年報」（平成21年度まで）、「自動車燃料報」、海事局資料、外航海運については舶用重油研究会資料より作成

（1）自動車の数値は、軽自動車による消費量を含む。
　自動車に関する数値は平成22年度から調査方法の変更を行ったため、過去の数値とは連続しない。
　ア）旅客車・自家用・ガソリンは「自家用バス」に限り、自動車輸送統計月報の年次計の数値による。
　イ）自動車の営業用旅客車以外のLPG車における数値については、営業用貨物車と見なす。
　ウ）自動車のCNG車における数値については、自家用貨物車と見なす。
（2）航空の数値は、航空ガソリンによる消費量を含まない。

ル ギ ー 消 費 量
Mode of Transportation

単位：百万kWh、千kl、千トン(Unit : Million kWh, 1000 kl, 1000 tons)

H7(1995)	H12(2000)	H17(2005)	H22(2010)	H27(2015)	H28(2016)	H29(2017)	H30(2018)	R1(2019)	R2(2020)
11,631	11,171	11,277	10,695	10,518	10,490	10,505	10,351	10,423	...
286	241	218	192	170	162	165	160	163	...
...	...	...	...	...	...	...	...	...	...
7,124	7,402	7,621	7,549	7,033	r 7,052	6,991	6,952	6,874	...
28	28	30	26	28	27	32	32	27	...
6,502	6,434	3,396	1,785	1,593	1,604	1,663	1,730	1,812	1,537
41,394	50,149	50,340	44,107	47,320	42,368	42,485	42,342	41,313	35,893
61	52	45	20	11	11	10	9	8	4
45	97	151	146	186	181	184	191	193	118
2,897	2,750	2,424	2,219	1,602	1,465	1,382	1,252	1,094	606
14,478	13,351	9,611	6,893	6,830	6,705	6,637	6,659	6,710	6,161
10,643	9,650	9,213	8,071	8,409	8,133	7,923	7,618	7,346	6,715
...	...	...	...	100	92	85	72	59	49
16,528	18,194	16,674	16,776	15,601	15,514	15,585	15,650	15,422	14,775
381	494	562	620	599	589	586	605	616	557
...	...	...	...	73	63	53	44	35	27
375	357	302	269	246	238	236	235	224	158
6	4	8	20	28	28	30	31	31	25
1,504	1,491	1,432	1,442	1,397	1,373	1,327	1,301	1,271	941
...	...	...	...	...	...	...	...	...	...
208	204	195	154	r 148	147	155	149	150	...
1,625	1,728	1,324	1,007	r 980	1,013	1,010	993	1,020	...
215	152	63	18	9	7	7	5	3	...
3,002	3,055	2,873	2,482	r 2,386	2,392	2,347	2,361	r 2,300	...
107	61	68	55	...	...	...	...	...	...
...	...	...	...	...	...	...	...	...	...
2,794	2,851	3,440	3,102	...	...	...	...	...	...
3,775	4,265	4,324	3,702	4,052	4,089	4,158	r 4,207	4,191	2,100
2,697	3,296	3,275	2,232	2,823	3,014	3,156	r 3,028	3,024	1,486

消費量統計年報」(平成22年度から)、「内航船舶輸送統計年報」、「航空輸送統計年報」、鉄道局「鉄道統計年

3) A重油比重0.86、C重油比重0.93とする。

4) 自動車に関する燃費は平成22年度より「自動車燃料消費量統計年報」による。なお、統計の調査変更により過去の数値とは
　連続しない。

5) 平成23年3月の東日本大震災の影響のため、自動車燃料消費量統計に基づく自動車の数値には、平成22年度については北海道
　運輸局、東北運輸局管内の3月分の数値、23年度については同じく4月分の数値は含まない(但しバスのうち営業用は除く)。

エネルギー

エネルギー価格指数（国内企業卸売物価指数）

Index of Energy Wholesale Price

平成27年平均＝100（2015 average＝100）

暦　年 Calendar Year	原油 （輸入） Crude Pertroleum	ガソリン Gasoline	ジェット 燃料油 Jet Fuel Oil	軽　油 Gas Oil	A重油 Heavy Fuel Oil,A	C重油 Heavy Fuel Oil,C	電　力 （業務用） Electric Power (Commercial)
H17　(2005)	86.2	88.9	84.2	84.0	81.7	77.8	75.7
H22　(2010)	105.7	95.7	104.3	99.7	99.7	100.7	75.8
H24　(2012)	139.1	106.8	131.8	120.4	124.3	127.9	84.8
H25　(2013)	163.5	114.1	143.0	134.6	137.5	144.6	91.5
H26　(2014)	167.5	120.2	150.9	144.2	147.1	152.5	100.5
H27　(2015)	100.0	100.0	100.0	100.0	100.0	100.0	100.0
H28　(2016)	68.4	87.9	76.3	80.2	78.8	72.4	90.9
H29　(2017)	92.6	98.1	93.7	100.2	103.8	93.3	94.3
H30　(2018)	122.8	108.9	116.3	126.9	131.9	116.9	99.6
H31・R1 (2019)	110.2	105.3	110.0	121.0	125.7	109.3	103.2
R2　(2020)	73.9	93.2	89.1	94.4	96.6	80.4	98.8
R3　(2021)	116.4	111.1	117.3	131.2	136.3	115.9	99.0

資　料	日本銀行（輸入物価指数、国内企業物価指数）

(注)1. 年平均の数値である。

　　2. 国内企業卸売物価については、消費税込みの価格で作成。

世界の主要経済・運輸指標

Transport Economic Indicators of the World

暦　年 Calendar Year	年央人口 推　計　値 Population Estimates	世界貿易額 Total Imports and Exports	
		輸出 Exports (FOB)	輸入 Imports (CIF)
	百万人 million Persons	億米ドル hundred million $	億米ドル hundred million $
1970	3,696	3,137	3,319
1980	4,453	19,951	20,484
1990	5,306	34,376	35,639
2000	6,123	60,423	62,196
2005	6,542	103,734	105,770
2010	6,957	151,022	152,751
2015	7,380	r 163,843	r 164,823
2017	7,548	174,823	177,328
2018	7,631	r 191,081	r 194,481
2019	7,714	r 185,855	r 188,702
2020	7,795	174,802	175,526
2021	7,875	...	...
資　料	国際連合(世界統計年鑑)		

諸 外 国 の 鉄 道 輸 送 量 （ 貨 物 ）

Volume of Railway Transportation by Country (Freight)

(Unit:million)

国 名 Country	貨 物 ト ン キ ロ　(Freight ton-km)										
	2010	2011	2012	2013	2014	2015	2016	2017	2018	2019	2020
日 本 Japan	20,398	19,998	20,471	21,071	21,029	21,519	21,265	21,663	19,369	19,993	18,340
アメリカ U.S.A	2,468,738	2,524,585	2,524,585	...	2,524,585	2,547,253	...	2,445,132	2,525,217	2,364,144	...
ブラジル Brazil	267,700	267,700	267,700	...	267,700	...	...	...	...	...	
中国 China	2,451,185	2,562,635	2,518,310	...	2,308,669	1,980,061	1,920,285	2,146,466	2,882,100	...	
インド India	600,548	625,723	625,723	...	665,810	681,696	...	654,285	...	...	
インドネシア Indonesia	7,166	7,166	7,166	...	7,166	...	...	...	...	15,573	
タ イ Thailand	3,161	2,562	2,455	...	2,455	...	...	...	...	...	
ベトナム Vietnam	3,901	4,101	3,959	...	3,959	4,125	3,190	3,574	3,989	...	
フランス France	22,840	23,242	31,616	...	24,598	33,116	...	...	107,920	...	
ドイツ Germany	105,794	111,980	105,894	...	74,818	72,913	...	70,614	...	113,114	
イギリス U.K	...	19,230	...	...	...	...	...	...	17,206	...	
イタリア Italy	12,037	11,545	11,249	...	10,322	10,267	...	9,969	9,478	21,309	
資 料	総務省統計局(世界の統計)										

(注)1. 日本は年度(Fiscal Year)実績

諸 外 国 の 鉄 道 輸 送 量 （ 旅 客 ）

Volume of Railway Transportation by Country (Passenger)

国 名 Country	旅 客 人 キ ロ　(Passenger-km)										
	2010	2011	2012	2013	2014	2015	2016	2017	2018	2019	2020
日 本 Japan	393,466	395,067	404,395	414,387	413,970	427,486	431,796	437,363	441,614	435,063	263,211
アメリカ U.S.A	9,518	9,518	9,518	...	10,331	10,519	10,492	10,660	10,239	31,963	...
ブラジル Brazil	...	...	...	...	...	15,877	15,648	15,807	...	...	...
中国 China	791,158	815,699	795,639	...	807,065	723,006	695,955	1,345,690	681,203	...	...
インド India	903,465	978,508	978,508	...	1,158,742	1,147,190	...	1,161,333	...	...	...
インドネシア Indonesia	...	20,283	20,283	...	20,283	...	...	25,654	28,002	...	...
タ イ Thailand	8,037	8,032	7,504	...	7,504	...	...	6,020	...	...	...
ベトナム Vietnam	4,378	4,571	4,558	...	4,558	4,234	3,416	3,657	3,542	...	...
フランス France	86,853	88,064	85,634	...	83,914	84,682	...	93,277	...	31,829	...
ドイツ Germany	78,582	79,228	80,210	...	79,340	79,257	74,740	77,500	98,000	...	...
イギリス U.K	55,019	62,729	64,324	...	62,297	2,900	...	...	80,526	...	...
イタリア Italy	44,535	40,554	38,676	...	39,798	39,290	39,290	39,016	55,493	...	...
資 料	総務省統計局(世界の統計)										

外国運輸統計

諸 外 国 の 民 間
International Scheduled

国 名	旅客人キロ(百万人キロ)		(Passenger-km : Millions Passenger-km)				
Country	1990	2000	2010	2017	2018	2019	2020
世界合計	1,893,099	3,017,350	4,753,984	7,707,118	8,257,635 r	8,676,650	2,990,002
World	(100.0)	(100.0)	(100.0)	(100.0)	(100.0)	(100.0)	(100.0)
日 本	100,501	174,149	137,927	191,538	197,830	204,188	66,233
Japan	(5.3)	(5.8)	(2.9)	(2.5)	(2.4)	(2.4)	(2.2)
アメリカ	735,189	1,110,635	1,284,300	1,551,965	1,627,875	1,698,805	608,724
U.S.A	(38.8)	(36.8)	(27.0)	(20.1)	(19.7)	(19.6)	(20.4)
ロシア(旧ソ連)	240,802	42,950	109,435	205,407	229,060 r	259,556	131,906
C.I.S	(12.7)	(1.4)	(2.3)	(2.7)	(2.8)	(3.0)	(4.4)
イギリス	104,999	170,687	226,419	323,349	356,465	344,592	75,331
U.K	(5.5)	(5.7)	(4.8)	(4.2)	(4.3)	(4.0)	(2.5)
フランス	52,912	113,438	137,283	192,910	201,955	210,880	69,374
France	(2.8)	(3.8)	(2.9)	(2.5)	(2.4)	(2.4)	(2.3)
カナダ	47,115	69,985	115,793	216,780	224,308	232,007	62,757
Canada	(2.5)	(2.3)	(2.4)	(2.8)	(2.7)	(2.7)	(2.1)
オーストラリア	40,797	81,689	99,859	155,093	159,061	161,600	42,170
Australia	(2.2)	(2.7)	(2.1)	(2.0)	(1.9)	(1.9)	(1.4)
ドイツ	42,387	114,124	201,567	248,024	242,054	250,462	53,329
Germany,F.R.	(2.2)	(3.8)	(4.2)	(3.2)	(2.9)	(2.9)	(1.8)
シンガポール	31,600	71,786	98,966	135,587	144,643	155,409	30,046
Singapore	(1.7)	(2.4)	(2.1)	(1.8)	(1.8)	(1.8)	(1.0)
ブラジル	28,500	45,812	90,474	123,096	134,841	135,078	58,124
Brazil	(1.5)	(1.5)	(1.9)	(1.6)	(1.6)	(1.6)	(1.9)
スペイン	24,157	52,427	86,931	119,074	130,914	145,472	39,851
Spain	(1.3)	(1.7)	(1.8)	(1.5)	(1.6)	(1.7)	(1.3)
オランダ	29,036	74,426	76,056	121,961	127,739	130,696	41,585
Netherlands	(1.5)	(2.5)	(1.6)	(1.6)	(1.5)	(1.5)	(1.4)
イタリア	23,599	44,389	43,539	44,755	47,961	52,030	11,396
Italy	(1.2)	(1.5)	(0.9)	(0.6)	(0.6)	(0.6)	(0.4)
韓 国	20,051	62,837	87,457	164,424	178,239	189,826	41,115
Korea	(1.1)	(2.1)	(1.8)	(2.1)	(2.2)	(2.2)	(1.4)
中 国	23,048	90,960	400,610	950,425	1,070,347	1,169,680	629,669
China	(1.2)	(3.0)	(8.4)	(12.3)	(13.0)	(13.5)	(21.1)
タ イ	19,757	42,236	64,556	119,169	132,748 r	136,173	33,518
Thailand	(1.0)	(1.4)	(1.4)	(1.5)	(1.6)	(1.6)	(1.1)
湾岸四国	…	36,067	262,540	582,171	599,179 r	628,994	177,938
Asia 4 Country	…	(1.2)	(5.5)	(7.6)	(7.3)	(7.2)	(6.0)
香 港	…	50,248	98,758	150,194	158,404	159,668	22,554
Hong Kong	…	(1.7)	(2.1)	(1.9)	(1.9)	(1.8)	(0.8)
資 料		ICAO加盟国輸送実績					

(注)1. 貨物には郵便物を含まない。なお、2004年より貨物の集計が異なるため、連続しない。

　　2. 世界及び各国の欄中( )内は、構成比である。

定 期 航 空 輸 送 量

Air Transport Services

貨物トンキロ（百万トンキロ）（Freight ton-km ： millions ton-km）						
1990	2000	2010	2017	2018	2019	2020
58,869	117,960	619,846	945,904	1,004,763	r 1,052,154	474,087
(100.0)	(100.0)	(100.0)	(100.0)	(100.0)	(100.0)	(100.0)
5,084	8,672	20,391	27,090	26,391	r 29,713	14,765
(8.6)	(7.4)	(3.3)	(2.9)	(2.6)	(2.8)	(3.1)
14,788	30,166	157,221	184,130	192,408	198,235	97,187
(25.1)	(25.6)	(25.4)	(19.5)	(19.1)	(18.8)	(20.5)
2,545	1,041	13,474	25,529	27,631	r 30,084	16,324
(4.3)	(0.9)	(2.2)	(2.7)	(2.8)	(2.9)	(3.4)
3,825	5,161	23,343	35,943	39,308	38,059	10,856
(6.5)	(4.4)	(3.8)	(3.8)	(3.9)	(3.6)	(2.3)
3,996	5,224	17,780	23,943	25,041	25,983	9,523
(6.8)	(4.4)	(2.9)	(2.5)	(2.5)	(2.5)	(2.0)
1,385	1,800	13,417	22,573	23,754	r 26,422	8,669
(2.4)	(1.5)	(2.2)	(2.4)	(2.4)	(2.5)	(1.8)
1,222	1,731	12,095	16,969	17,396	17,545	5,362
(2.1)	(1.5)	(2.0)	(1.8)	(1.7)	(1.7)	(1.1)
3,994	7,128	27,831	32,655	31,852	32,388	10,908
(6.8)	(6.0)	(4.5)	(3.5)	(3.2)	(3.1)	(2.3)
1,653	6,005	14,562	17,346	18,685	22,758	5,942
(2.8)	(5.1)	(2.3)	(1.8)	(1.9)	(2.2)	(1.3)
1,082	1,534	8,629	12,700	13,732	r 13,196	6,123
(1.8)	(1.3)	(1.4)	(1.3)	(1.4)	(1.3)	(1.3)
760	879	9,561	12,768	14,005	15,128	4,481
(1.3)	(0.7)	(1.5)	(1.3)	(1.4)	(1.4)	(0.9)
2,129	4,367	11,408	18,219	18,813	r 18,861	9,524
(3.6)	(3.7)	(1.8)	(1.9)	(1.9)	(1.8)	(2.0)
1,171	1,748	4,520	5,851	6,155	6,481	2,125
(2.0)	(1.5)	(0.7)	(0.6)	(0.6)	(0.6)	(0.4)
2,459	7,651	21,031	27,374	29,147	r 28,993	16,536
(4.2)	(6.5)	(3.4)	(2.9)	(2.9)	(2.8)	(3.5)
818	3,900	53,302	108,195	120,538	r 131,535	76,403
(1.4)	(3.3)	(8.6)	(11.4)	(12.0)	(12.5)	(16.1)
661	1,713	9,534	14,630	16,043	r 16,020	4,055
(1.1)	(1.5)	(1.5)	(1.5)	(1.6)	(1.5)	(0.9)
...	2,061	13,557	83,642	86,442	r 88,433	43,077
...	(1.7)	(2.2)	(8.8)	(8.6)	(8.4)	(9.1)
...	5,112	...	27,321	28,323	27,458	10,357
...	(4.3)	...	(2.9)	(2.8)	(2.6)	(2.2)

ICAO資料 (Annual Report of the Council)

3. 湾岸四国(Asia 4 Country)は、バーレーン、オマーン、カタール、アラブ首長国連邦(Bahrain, Oman, Qatar, United Arab Emirates)を示す。

諸 外 国 の 船 腹

Tonnage of Fleet by Country

国　名	1980		1990		2000		2010	
	隻数	総トン	隻数	総トン	隻数	総トン	隻数	総トン
Country	Number	G/T	Number	G/T	Number	G/T	Number	G/T
世界合計								
World	73,832	419,911	78,336	423,627	87,546	558,054	103,392	957,982
日　本								
Japan	10,568	40,960	10,000	27,078	8,012	15,257	6,150	16,858
アメリカ								
U.S.A	5,579	18,464	6,348	21,328	5,792	11,111	6,371	11,941
イギリス								
U.K	3,181	27,135	1,998	6,716	1,740	11,093	2,107	43,792
ノルウェー								
Norway	2,501	22,007	2,557	23,429	2,349	22,604	1,995	16,529
リベリア								
Liberia	2,401	80,285	1,688	54,700	1,557	51,451	2,726	106,708
イタリア								
Italy	1,739	11,096	1,616	7,991	1,457	9,049	1,649	17,044
パナマ								
Panama	4,090	24,191	4,748	39,298	6,184	114,382	7,986	201,264
フランス								
France	1,241	11,925	900	3,832	808	4,816	799	6,668
ドイツ								
Germany	1,906	8,356	1,179	4,301	994	6,552	931	15,283
ギリシャ								
Greece	3,922	39,472	1,814	20,522	1,529	26,402	1,433	40,795
ロシア								
Russia	8,279	23,444	7,383	26,737	4,755	10,486	3,485	7,711
資　料								国土交通省

保 有 量 （100総トン以上）

（Gross Tonnage above 100 tons）

2015		2018		2019		2020	
隻数	総トン	隻数	総トン	隻数	総トン	隻数	総トン
Number	G/T	Number	G/T	Number	G/T	Number	G/T
111,806	1,211,223	118,525	1,333,643	121,368	1,398,245	123,488	1,429,629
5,352	22,617	5,279	28,099	5,346	29,591	5,308	28,823
6,454	11,282	6,445	11,932	5,747	12,123	5,725	11,938
1,460	14,653	1,478	15,408	1,418	10,236	1,359	9,903
1,441	2,604	1,441	2,586	1,461	2,693	1,509	2,891
3,136	131,044	3,481	155,107	3,754	174,842	3,948	187,533
1,573	16,138	1,430	14,723	1,461	14,670	1,477	14,356
8,026	216,806	7,953	214,864	8,089	216,189	8,187	226,432
759	1,351	752	1,171	785	1,290	789	2,372
679	10,154	645	7,948	641	7,974	618	7,287
1,277	41,230	1,350	39,790	1,356	39,577	1,319	37,160
3,571	8,508	3,871	9,862	3,957	10,352	4,068	11,120

海事局資料

諸 外 国 の 造 船

Tonnage of Newly Launched Ships by

国　名 Country	1990		2000		2010		2015	
	隻数 Number	総トン G/T	隻数 Number	総トン G/T	隻数 Number	総トン G/T	隻数 Number	総トン G/T
世界合計 World	1,672	15,885	1,578	31,408	3,748	96,443	2,870	67,566
日　本 Japan	633	6,824	472	12,001	580	20,218	520	13,005
中　国 China	46	367	101	1,484	1,413	36,437	949	25,160
韓　国 Korea	110	3,460	197	12,218	526	31,698	358	23,272
アメリカ U.S.A	16	15	126	73	76	238	75	427
ブラジル Brazil	7	256	…	…	21	47	32	361
イギリス U.K	29	131	13	104	8	1	6	3
ドイツ Germany,F.R.	97	856	55	975	36	932	10	384
フランス France	26	60	19	200	8	258	5	4
イタリア Italy	27	372	27	537	34	634	6	219
スペイン Spain	97	363	91	460	56	288	27	38
ノルウェー Norway	40	80	26	109	12	21	22	54
オランダ Netherlands	65	163	96	296	29	128	35	108
ロシア(旧ソ連) Russia	142	367	19	83	30	180	14	47
資　料								国土交通省

竣　工　量　（100総トン以上）

Country (Gross Tonnage above 100 tons)

単位：千総トン (Unit：1000G/T)

2017		2018		2019		2020	
隻数	総トン	隻数	総トン	隻数	総トン	隻数	総トン
Number	G/T	Number	G/T	Number	G/T	Number	G/T
2,424	65,771	2,400	57,827	2,572	66,328	2,910	61,466
493	13,074	458	14,526	493	16,215	529	13,016
798	23,834	811	23,151	892	23,218	842	24,517
290	22,427	211	14,320	239	21,744	238	19,082
57	232	61	268	39	223	44	89
21	221	20	228	8	140	15	478
7	1	10	4	14	8	23	8
12	472	9	463	8	469	27	329
10	175	10	361	14	355	24	139
10	469	7	477	9	529	49	541
35	53	38	225	34	231	26	213
16	45	23	57	29	71	27	27
31	79	35	69	33	61	74	118
19	97	18	92	27	111	64	264

海事局資料

外国運輸統計

諸 外 国 の 自 動 車 保 有 台 数

Number of Motor Vehicles by Country

単位：千台 (Unit : thousands)

国　名 Country	乗用車　Passenger Cars							商用車　Commercial Vehicles						
	2000	2010	2015	2016	2017	2018	2019	2000	2010	2015	2016	2017	2018	2019
日　本 Japan	52,437	58,347	60,987	61,404	61,803	62,026	62,140	20,212	17,014	16,417	16,347	16,275	16,264	16,2
韓　国 Korea	7,837	13,632	16,562	17,338	18,035	18,677	19,129	3,327	4,310	4,428	4,465	4,494	4,526	4,50
中　国 P.R.China	4,179	61,241	140,959	162,782	184,644	194,395	212,395	7,163	15,976	20,656	21,719	30,956	36,825	41,48
インド India	5,150	14,858	28,836	32,450	35,890	31,889	34,504	2,390	8,955	15,675	11,325	10,630	24,577	26,82
オーストラリア Australia	10,000	12,269	13,549	14,079	14,275	14,504	14,679	2,528	3,083	3,593	3,853	4,038	4,131	4,24
アメリカ U.S.A.	133,621	118,947	122,322	123,308	124,141	122,828	121,231	87,853	119,179	141,872	147,014	151,878	158,671	165,65
カナダ Canada	16,832	20,121	22,068	22,410	22,678	23,137	23,600	739	933	1,147	1,144	1,168	1,194	1,22
メキシコ Mexico	10,281	20,973	26,379	28,182	30,089	31,523	33,008	4,569	9,454	10,642	10,926	11,222	11,676	11,86
ブラジル Brazil	12,906	25,541	35,471	35,758	36,190	36,880	37,720	2,562	6,524	7,272	7,334	7,408	7,559	7,75
アルゼンチン Argentine	5,056	7,605	11,003	11,042	10,690	10,903	11,067	1,551	2,511	3,305	3,400	3,419	3,506	3,57
南アフリカ South Africa	4,100	5,100	6,845	7,011	7,810	8,838	9,642	1,946	2,790	3,105	4,953	5,578	4,166	4,45
イギリス U.K	27,960	31,258	33,542	34,378	34,686	35,272	35,732	3,463	4,220	4,677	4,862	4,989	5,141	5,27
ドイツ Germany	43,773	42,302	45,071	45,804	46,475	47,096	47,715	3,534	2,782	3,161	3,280	3,618	3,752	3,88
フランス France	28,060	31,300	32,000	32,390	32,614	32,034	32,125	5,753	6,406	6,652	6,728	6,770	8,011	8,12
イタリア Italy	32,584	36,751	37,351	37,876	38,520	39,018	39,545	3,581	4,899	4,890	4,986	5,078	5,151	5,29
スペイン Spain	17,499	22,147	22,355	22,876	23,624	24,074	25,008	3,978	5,366	5,108	5,150	5,020	5,272	4,45
ロシア Russia	17,050	34,350	41,000	44,696	46,747	49,754	52,956	8,500	6,304	8,000	7,101	6,214	8,671	8,96
資　料	日本自動車会議所（自動車年鑑）													

(注) 1. 各年12月末現在の数値である。

　　 2. ドイツは1992年より統一ドイツの数値である。

　　 3. 旧ソ連は1993年よりCIS、2001年よりロシアの数値である。

諸 外 国 の 自 動 車 生 産 台 数
Number of Motor Vehicles Produced by Country

単位：千台（Unit：thousands）

国 名 Country	乗用車 Passenger Cars							商用車 Commercial Vehicles						
	2000	2010	2015	2017	2018	2019	2020	2000	2010	2015	2017	2018	2019	2020
日 本 Japan	8,359	8,307	7,831	8,348	8,359	8,329	6,960	1,781	1,319	1,448	1,343	1,370	1,356	1,108
韓 国 Korea	2,602	3,866	4,135	3,735	3,662	3,613	3,212	513	406	421	380	367	338	295
中 国 P.R.China	605	13,897	21,143	24,807	23,529	21,360	19,994	1,464	4,368	3,424	4,209	4,280	4,360	5,231
インド India	518	2,832	3,409	3,961	4,065	3,623	2,851	283	726	751	831	1,110	893	543
インドネシア Indonesia	257	497	824	982	1,056	1,046	551	36	206	274	236	288	241	140
タイ Thailand	97	554	761	818	877	795	538	315	1,090	1,149	1,170	1,291	1,218	889
オーストラリア Australia	324	205	160	--	--	--	--	23	39	13	--	6	6	5
アメリカ U.S.A.	5,542	2,731	4,163	3,033	2,796	2,513	1,926	7,258	5,031	7,943	8,157	8,519	8,367	6,896
カナダ Canada	1,551	967	889	751	656	461	328	1,411	1,101	1,395	1,443	1,370	1,455	1,049
メキシコ Mexico	1,279	1,386	1,968	1,907	1,581	1,383	967	656	956	1,597	2,188	2,520	2,604	2,209
ブラジル Brazil	1,352	2,585	2,018	2,307	2,387	2,448	1,609	330	797	411	429	493	496	405
アルゼンチン Argentine	239	508	309	204	209	108	93	101	208	218	270	258	206	164
南アフリカ South Africa	231	295	341	321	321	349	238	127	177	275	269	290	283	209
イギリス U.K	1,641	1,270	1,588	1,671	1,519	1,303	921	172	123	94	78	85	78	66
ドイツ Germany	5,132	5,552	5,708	5,646	5,120	4,661	3,515	395	354	325	--	--	--	227
フランス France	2,880	1,924	1,555	1,754	1,763	1,675	928	469	305	417	471	495	527	389
イタリア Italy	1,422	573	663	743	671	542	452	316	284	351	400	389	373	325
スペイン Spain	2,366	1,914	2,219	2,291	2,267	2,248	1,801	667	474	514	557	552	574	468
ロシア Russia	1,010	1,414	1,428	1,401	1,832	1,868	1,633	253	244	174	216	220	213	196

資 料　日本自動車会議所（自動車年鑑）

（注）1. イギリスを除いて、組立台数を含む。
　2. ドイツは1990年まで旧東ドイツを含まない。

250 外国運輸統計

諸 外 国 の 道 路 延 長

Road Length of Each Country

国 名 Country	調査年 Year	道路延長 Road Length	うち国道等 主要道路 National Highway	舗装率 Paved	1平方キロ メートルあたり 道路延長 Road Length per 1 square km	調査年 Year	道路投資年額 Yearly Investment for Road Construction
		千km Thousand km	千km Thousand km	%	km		百万米ドル Million US$
日 本 (注1) Japan	2017	352	60	…	0.96	…	…
韓 国 Korea	2017	102	19	92.81	1.05	2017	10,046
中 国 P.R.China	2017	4,773	242	79.50	0.51	2011	(注4) 219,902
インド India	2017	5,898	289	63.24	1.98	2012	7,698
オーストラリア Australia	2017	876	234	…	0.11	2017	(注4) 21,899
アメリカ U.S.A	2017	6,673	354	67.05	0.73	2016	(注4) 88,581
メキシコ Mexico	2017	329	51	53.20	0.17	2017	(注3) 3,173
ブラジル Brazil	2017	1,581	(注2) 76	15.55	0.19	2017	(注3) 4,203
アルゼンチン Argentine	2017	…	(注2) 40	…	…	2009	305
南アフリカ South Africa	2001	364	3	…	…	2017	(注4) 4,361
イギリス U.K	2017	423	53	100.00	1.75	2017	(注4) 14,243
イタリア Italy	2016	…	28	…	…	…	…
オランダ Netherlands	2017	185	13	75.41	5.50	2000	(注4) 1,469
ドイツ Germany	2017	643	51	…	1.84	…	…
フランス France	2017	1,103	21	100.00	2.02	2015	22,927
資 料	総務省(世界の統計)						

(注)1. 幅員5.5m以上のみ。
2. 高速道路及び幹線道路を除く。　3. 地方自治体の支出を除く。　4. 民間部門の支出を除く。

諸　外　国　の　観　光　外　客　受　入　数

Number of Tourists Arriving in Each Country

単位：千人(Unit : Thousands Persons)

国 名	Country	1980	1985	1990	1995	2000	2005	2010	2014	2015	2016	2017	2018	2019
日 本	Japan	844	2,102	1,879	3,345	4,757	6,728	8,611	13,413	19,737	24,039	28,691	31,192	32,182
韓 国	Korea	372	1,426	2,959	3,753	5,322	6,023	8,798	14,202	13,232	17,242	13,336	15,347	17,503
中 国	China	5,703	7,133	10,484	20,034	31,229	46,809	55,664	55,622	56,886	59,270	60,740	62,900	65,700
香 港	Hong Kong	1,748	3,370	5,933	10,200	8,814	14,773	20,085	27,770	26,686	26,553	27,885	29,263	23,752
台 湾	Taiwan	...	...	...	10,200	2,624	3,378	5,567	9,910	10,440	10,690	10,740	11,067	11,864
マカオ	Macao	...	...	...	...	5,197	9,014	11,926	14,566	14,308	15,704	17,255	18,493	18,633
タ イ	Thailand	1,847	2,438	5,299	6,952	9,579	11,567	15,936	24,810	29,923	32,588 r	35,483 r	38,178	39,797
マレーシア	Malasyia	800	2,933	7,446	7,469	10,222	16,431	24,577	27,437	25,721	26,757	25,948	25,832	26,101
シンガポール	Singapore	2,562	2,738	4,842	6,422	6,062	7,079	9,161	11,864 r	12,052	12,914 r	13,909	14,673	15,119
インドネシア	Indonesia	561	749	2,178	4,324	5,064	5,002	7,003	9,435	10,407	11,072	12,948	13,396	15,455
オーストラリア	Australia	905	1,139	2,215	3,726	4,931	5,499	5,790 r	6,884	7,444	8,269	8,815	9,246	9,466
カナダ	Canada	12,876	13,171	15,209	16,932	19,627	18,771	16,219	16,537 r	17,977	19,971	20,883	21,134	22,145
アメリカ	U.S.A.	22,500	25,829	39,772	43,318	51,237	49,206	60,010	75,022 r	77,465	76,407	76,941 r	79,746	79,256
メキシコ	Mexico	4,145	4,207	17,176	20,241	20,641	21,915	23,290	29,346	32,093	35,079	39,291 r	41,313	45,024
イギリス	U.K.	12,420	14,449	18,021	23,537	23,212	28,039 r	28,296	32,613	34,436	35,814	37,651	36,316	39,418
アイルランド	Ireland	2,258	2,536	3,666	4,821	6,646	7,333	7,134	8,813	9,528	10,100 r	10,338	10,926	10,951
スウェーデン	Sweden		853	...	2,310	...	...	4,951	10,522	...	6,559 r	7,054	7,440	...
フランス	France	30,100	36,748	53,157	60,033	77,190	74,988	77,648	83,701	84,452	82,700	86,918	89,400	...
ベルギー	Belgium	...	2,460	3,163	5,560	6,457	6,747	7,186	7,887	8,355	7,481	8,358 r	9,119	9,343
オランダ	Netherlands	2,784	3,329	5,795	6,574	10,003	10,012	10,883 r	13,926	15,007	15,828	17,924 r	18,781	20,128
ドイツ	Germany	11,122	12,686	17,045	14,847	18,983	21,500	26,875 r	33,005 r	34,971	35,595	37,452	38,881	39,563
スイス	Switzerland	8,873	11,900	13,200	11,500	7,821	7,229	8,628	9,158	9,305	10,402	11,133	11,715	11,818
イタリア	Italy	22,087	25,047	26,679	31,052	41,181	36,513	43,626	48,576	50,732	52,372	58,253 r	61,567	64,513
スペイン	Spain	23,403	27,477	34,300	34,917	46,403	55,914	52,677	64,939 r	68,519	75,315	81,869 r	82,808	83,509
ポルトガル	Portugal	2,730	4,989	8,020	9,511	5,599	5,769 r	6,832 r	9,277 r	10,140	18,200	21,200	22,800	24,600
オーストリア	Austria	13,879	15,168	19,011	17,173	17,982	19,952	22,004	25,291 r	26,728	28,121	29,460	30,816	31,884
ポーランド	Poland	5,664	2,749	3,400	19,215	17,400	15,200 r	12,470	16,000 r	16,728	17,463	18,400	19,623	21,155
クロアチア	Croatia	...	...	...	...	5,831	7,743	9,111	11,623	12,683	13,809	15,593	16,645	17,353
ギリシャ	Greece	4,796	6,574	8,873	10,130	13,096	14,765	15,007	22,033	23,599	24,799	27,194	30,123	31,348
トルコ	Turkey	865	2,230	4,799	7,083	9,586	20,273	31,364	39,811	39,478	30,289	37,601	45,768	51,192
ロシア	Russia	...	4,340	7,204	9,262	21,169	22,201	22,281 r	25,438 r	26,852	24,571	24,390	24,551	24,419
南アフリカ	South Africa	...	1,377	1,029	4,488	5,872	7,369	8,074	9,549	8,904	10,044	10,285	10,472	10,229

資 料	国連世界観光機関(UNWTO)

(注)2019年は2020年11月現在のデータ。2019年は暫定データ。

総 人 口　Population

単位：万人（Unit ：Ten Thousand Persons）

年（Calendar Year）			人 口	年（Calendar Year）			人 口	年（Calendar Year）			人 口
明治	5	(1872)	3,481	昭和	10	(1935)	6,925	平成	7	(1995)	12,557
	10	(1877)	3,587		15	(1940)	7,193		12	(2000)	12,693
	15	(1882)	3,726		20	(1945)	7,215		17	(2005)	12,777
	20	(1887)	3,870		25	(1950)	8,320		22	(2010)	12,806
	25	(1892)	4,051		30	(1955)	8,928		27	(2015)	12,709
	30	(1897)	4,240		35	(1960)	9,342		28	(2016)	12,693
	35	(1902)	4,496		40	(1965)	9,828		29	(2017)	12,671
	40	(1907)	4,742		45	(1970)	10,372		30	(2018)	12,644
大正	元	(1912)	5,058		50	(1975)	11,194	令和	元	(2019)	12,617
	9	(1920)	5,596		55	(1980)	11,706		2	(2020)	12,571
	14	(1925)	5,974		60	(1985)	12,105		3	(2021)	12,550
昭和	5	(1930)	6,445	平成	2	(1990)	12,361		4	(2022)	※ 12,519
資　料						「人口推計」（総務省統計局）（各年10月1日現在推計人口）					

（注）1. 明治5年〜大正5年は、内閣統計局の推計による各年1月1日現在の内地人口である。

　　　2. 大正9年以降は、各年10月1日現在の国勢調査による人口又は推計人口である。2022年は4月概算値。

日本の将来推計人口　Future Population Projections

単位：千人（Unit：Thousand Persons）

推計年 Year	平成29年推計					
	総人口 Total	年齢区分別人口　Age Groups　（%）				
		0〜14歳		15〜64歳		65歳以上
2022	124,310	14,702	(11.8)	73,130	(58.8)	36,479	(29.3)
2023	123,751	14,484	(11.7)	72,683	(58.7)	36,584	(29.6)
2024	123,161	14,276	(11.6)	72,181	(58.6)	36,704	(29.8)
2025	122,544	14,073	(11.5)	71,701	(58.5)	36,771	(30.0)
2030	119,125	13,212	(11.1)	68,754	(57.7)	37,160	(31.2)
2035	115,216	12,457	(10.8)	64,942	(56.4)	37,817	(32.8)
2040	110,919	11,936	(10.8)	59,777	(53.9)	39,206	(35.3)
2045	106,421	11,384	(10.7)	55,845	(52.5)	39,192	(36.8)
2050	101,923	10,767	(10.6)	52,750	(51.8)	38,406	(37.7)
2055	97,441	10,123	(10.4)	50,276	(51.6)	37,042	(38.0)
2060	92,840	9,508	(10.2)	47,928	(51.6)	35,403	(38.1)
2065	88,077	8,975	(10.2)	45,291	(51.4)	33,810	(38.4)
資　料	国立社会保障・人口問題研究所（日本の将来推計人口）					

（注）1. 出生中位（死亡中位）推計値である。

（注）2. 各年10月1日現在の総人口（日本における外国人を含む。）

都道府県別面積及び人口

Population and Areas of Each Prefecture

(各年10月1日現在)　　　　　　　　　　　　　単位：千人(Unit : Thousands Persons)

都道府県 Prefecture	面積 km² Area	人　口 Population		都道府県 Prefecture	面積 km² Area	人　口 Population	
	R3(2021)	R1(2019)	R2(2020)		R3(2021)	R1(2019)	R2(2020)
全国	377,975	126,167	126,146	三重	5,774	1,781	1,770
北海道	83,424	5,250	5,225	滋賀	4,017	1,414	1,414
				京都	4,612	2,583	2,578
青森	9,646	1,246	1,238	大阪	1,905	8,809	8,838
岩手	15,275	1,227	1,211	兵庫	8,401	5,466	5,465
宮城	7,282	2,306	2,302	奈良	3,691	1,330	1,324
秋田	11,638	966	960	和歌山	4,725	925	923
山形	9,323	1,078	1,068				
福島	13,784	1,846	1,833	鳥取	3,507	556	553
				島根	6,708	674	671
茨城	6,097	2,860	2,867	岡山	7,114	1,890	1,888
栃木	6,408	1,934	1,933	広島	8,480	2,804	2,800
群馬	6,362	1,942	1,939	山口	6,113	1,358	1,342
埼玉	3,798	7,350	7,345				
千葉	5,158	6,259	6,284	徳島	4,147	728	720
東京	2,194	13,921	14,048	香川	1,877	856	950
神奈川	2,416	9,198	9,237	愛媛	5,676	1,339	1,335
				高知	7,104	698	692
新潟	12,584	2,223	2,201				
富山	4,248	1,044	1,035	福岡	4,987	5,104	5,135
石川	4,186	1,138	1,133	佐賀	2,441	815	811
福井	4,191	768	767	長崎	4,131	1,327	1,312
山梨	4,465	811	810	熊本	7,409	1,748	1,738
長野	13,562	2,049	2,048	大分	6,341	1,135	1,124
				宮崎	7,735	1,073	1,070
岐阜	10,621	1,987	1,979	鹿児島	9,187	1,602	1,588
静岡	7,777	3,644	3,633				
愛知	5,173	7,552	7,542	沖縄	2,283	1,453	1,467

資　料	人口(総務省　人口推計)、面積(国土地理院　全国府県市区町村別面積調)

(注)面積は都道府県にまたがる境界未定地域 12,780km²を含む。

国 内 総 生 産（支出側、名 目）

Gross Domestic Product (At Current Prices)

実　数　　　　　　　　　　　　　　　　　　　　　　　　　　　　　　　（単位：10億円）

項　　　　　目	平成22年度	平成27年度	平成30年度	令和元年度	令和2年度
	2010	2015	2018	2019	2020
1．民間最終消費支出	286,108.6	299,839.2	305,131.0	304,240.3	
（1）家計最終消費支出	280,122.1	292,821.7	298,348.2	296,818.2	296,818.2
a．国内家計最終消費支出	279,065.5	294,087.1	300,783.7	299,145.1	299,145.1
b．居住者家計の海外での直接購入	2,000.5	1,635.8	1,894.6	1,802.1	1,802.1
c．(控除) 非居住者家計の国内での直接購入	943.9	2,901.1	4,330.0	4,129.0	4,129.0
（再掲）					
家計最終消費支出（除く持ち家の帰属家賃）	230,792.4	243,501.7	249,665.1	248,227.6	248,227.6
持ち家の帰属家賃	49,329.7	49,320.0	48,683.1	48,590.6	48,590.6
（2）対家計民間非営利団体最終消費支出	5,986.4	7,017.5	6,782.8	7,422.1	7,422.1
2．政府最終消費支出	97,753.9	106,285.5	109,099.0	111,714.7	111,714.7
（再掲）					
家計現実最終消費	343,708.2	364,796.8	372,195.2	372,879.8	372,879.8
政府現実最終消費	40,154.3	41,327.9	42,034.8	43,075.2	43,075.2
3．総資本形成	115,629.2	135,731.9	142,995.6	144,252.6	144,252.6
（1）総固定資本形成	114,581.3	134,380.2	140,692.6	142,215.1	142,215.1
a．民間	89,779.5	107,358.7	112,308.3	112,958.7	112,958.7
（a）住宅	17,239.7	20,396.3	20,530.7	21,381.9	21,381.9
（b）企業設備	72,539.8	86,962.4	91,777.6	91,576.7	91,576.7
b．公的	24,801.8	27,021.5	28,384.3	29,256.4	29,256.4
（a）住宅	502.8	808.1	639.6	571.7	571.7
（b）企業設備	5,971.9	6,401.3	6,780.8	6,609.8	6,609.8
（c）一般政府	18,327.1	19,812.1	20,964.0	22,075.0	22,075.0
（2）在庫変動	1,047.9	1,351.7	2,303.0	2,037.5	2,037.5
a．民間企業	1,105.8	1,402.7	2,374.2	2,042.9	2,042.9
（a）原材料	-80.9	288.9	610.7	281.2	281.2
（b）仕掛品	1,577.3	-175.8	388.8	627.3	627.3
（c）製品	14.6	15.1	550.6	743.7	743.7
（d）流通品	-405.2	1,274.5	824.0	390.6	390.6
b．公的	-58.0	-51.0	-71.2	-5.4	-5.4
（a）公的企業	-45.3	-3.6	11.1	30.9	30.9
（b）一般政府	-12.7	-47.4	-82.3	-36.3	-36.3
4．財貨・サービスの純輸出	5,380.5	-1,117.3	-397.7	-508.8	-508.8
（1）財貨・サービスの輸出	76,081.6	92,009.6	101,288.0	95,457.9	95,457.9
a．財貨の輸出	64,917.5	73,176.1	80,318.3	74,943.0	74,943.0
b．サービスの輸出（含む非居住者家計の国内での直接購入）	11,164.1	18,833.4	20,969.7	20,514.9	20,514.9
（2）(控除) 財貨・サービスの輸入	70,701.1	93,126.8	101,685.7	95,966.7	95,966.7
a．財貨の輸入	56,884.3	72,876.2	79,684.2	74,276.5	74,276.5
b．サービスの輸入（含む居住者家計の海外での直接購入）	13,816.8	20,250.6	22,001.6	21,690.2	21,690.2
5．国内総生産（支出側）(1+2+3+4)	504,872.1	540,739.4	556,827.9	559,698.8	559,698.8
（参考）海外からの所得の純受取	13,787.5	21,161.1	21,574.2	21,800.1	21,800.1
海外からの所得	18,014.7	30,213.6	33,854.2	34,254.8	34,254.8
（控除)海外に対する所得	4,227.2	9,052.5	12,280.0	12,454.7	12,454.7
国民総所得	518,659.6	561,900.4	578,402.1	581,498.8	581,498.8
（参考）国内需要	499,491.6	541,856.6	557,225.6	560,207.6	560,207.6
民間需要	376,993.9	408,600.6	419,813.4	419,241.9	419,241.9
公的需要	122,497.7	133,256.1	137,412.2	140,965.7	140,965.7
資　料			内閣府（国民経済計算）		

（注）　1．民間需要＝民間最終消費支出＋民間住宅＋民間企業設備＋民間在庫変動
　　　　　　公的需要＝政府最終消費支出＋公的固定資本形成＋公的在庫変動
　　　　2．国内需要＝民間需要＋公的需要
　　　　3．国民総所得＝国内総生産＋海外からの所得の純受取

国　内　総　生　産　（支出側、実質：連鎖方式）

Gross Domestic Product (At Constant Prices)

(2015暦年連鎖価格) 実数　　　　　　　　　　　　　　　　　　　　　　　　　　　（単位：10億円）

項　　目	平成22年度 2010	平成27年度 2015	平成30年度 2018	令和元年度 2019	令和2年度 2020
1．民間最終消費支出	290,497.6	299,996.7	302,686.5	299,812.6	
(1)家計最終消費支出	284,541.2	292,953.0	295,919.4	292,402.6	292,402.6
a. 国内家計最終消費支出	282,874.6	294,196.4	298,216.5	294,495.1	294,495.1
b. 居住者家計の海外での直接購入	3,023.4	1,658.6	1,957.7	1,931.0	1,931.0
c. (控除) 非居住者家計の国内での直接購入	988.7	2,901.4	4,254.4	4,032.6	4,032.6
(再掲)					
家計最終消費支出(除く持ち家の帰属家賃)	237,186.9	243,562.8	246,253.2	242,670.0	242,670.0
持ち家の帰属家賃	47,372.4	49,389.0	49,662.2	49,751.5	49,751.5
(2)対家計民間非営利団体最終消費支出	5,965.9	7,045.5	6,764.1	7,412.0	7,412.0
2．政府最終消費支出	98,057.5	106,261.5	108,687.9	110,851.0	110,851.0
(再掲)					
家計現実最終消費	348,260.5	364,952.0	370,007.3	368,455.5	368,455.5
政府現実最終消費	40,264.2	41,305.8	41,363.9	42,191.1	42,191.1
3．総資本形成	119,163.3	136,012.2	140,839.5	141,100.8	141,100.8
(1)総固定資本形成	118,023.4	134,590.2	138,563.4	138,963.0	138,963.0
a. 民間	91,891.1	107,504.2	110,945.0	110,918.4	110,918.4
(a)住宅	18,187.8	20,415.4	19,892.8	20,397.8	20,397.8
(b)企業設備	73,693.7	87,090.0	91,077.9	90,536.9	90,536.9
b. 公的	26,173.9	27,081.0	27,615.7	28,042.1	28,042.1
(a)住宅	533.6	809.9	620.9	544.1	544.1
(b)企業設備	6,152.8	6,414.4	6,640.7	6,413.9	6,413.9
(c)一般政府	19,481.9	19,855.6	20,354.3	21,082.9	21,082.9
(2)在庫変動	1,256.7	1,238.2	2,322.4	2,078.3	2,078.3
a. 民間企業	1,322.2	1,410.4	2,401.6	2,120.2	2,120.2
(a)原材料	-83.7	298.6	594.4	310.5	310.5
(b)仕掛品	1,614.7	-217.3	408.0	650.5	650.5
(c)製品	28.0	-1.3	556.4	747.1	747.1
(d)流通品	-287.0	1,419.3	830.2	414.1	414.1
b. 公的	-66.5	-60.0	-70.5	-9.7	-9.7
(a)公的企業	-46.5	-0.9	11.3	31.4	31.4
(b)一般政府	-20.6	-58.0	-80.1	-35.5	-35.5
4．財貨・サービスの純輸出	4,672.2	-2,882.8	2,663.0	1,223.6	1,223.6
(1)財貨・サービスの輸出	83,833.4	93,616.7	105,115.7	102,411.7	102,411.7
a. 財貨の輸出	71,141.9	74,454.2	83,636.9	81,307.1	81,307.1
b. サービスの輸出(含む非居住者家計の国内での直接購入)	12,630.6	19,163.1	21,473.8	21,111.3	21,111.3
(2)(控除)財貨・サービスの輸入	79,161.3	96,499.5	102,452.7	101,188.0	101,188.0
a. 財貨の輸入	63,489.6	76,054.3	80,469.8	79,360.3	79,360.3
b. サービスの輸入(含む居住者家計の海外での直接購入)	15,448.9	20,465.3	22,003.6	21,839.7	21,839.7
5．国内総生産(支出側)(1+2-3+4)	512,063.7	539,409.3	554,787.8	552,930.5	552,930.5
6．開差(5-(1+2+3(1)a(a)+3(1)a(b)+3(1)b+3(2)a+3(2)b+4))	-474.7	97.1	-167.2	-43.9	-43.9
(参考)　交易利得	1,316.7	1,862.9	-3,039.2	-1,758.1	-1,758.1
国内総所得	513,380.4	541,272.3	551,748.6	551,172.4	551,172.4
(参考) 海外からの所得の純受取	14,057.8	21,217.9	21,438.0	21,545.9	21,545.9
海外からの所得	18,335.7	30,244.7	33,569.3	33,771.7	33,771.7
(控除)海外に対する所得	4,277.9	9,026.8	12,131.3	12,225.8	12,225.8
国民総所得	527,438.2	562,490.1	573,186.6	572,718.3	572,718.3
(参考)国内需要	507,760.6	542,271.9	552,213.5	551,755.0	551,755.0
民間需要	383,600.3	409,000.9	415,999.8	412,893.0	412,893.0
公的需要	124,143.4	133,273.4	136,215.9	138,862.5	138,862.5
資　　料			内閣府（国民経済計算）		

(注)　1．財貨・サービスの純輸出は連鎖方式での計算ができないため、財貨・サービスの輸出－財貨・サービスの輸入により

　　　　求めている。このため寄与度とは符号が一致しない場合がある。

　　　2．国内総所得＝国内総生産＋交易利得

　　　3．国民総所得＝国内総所得＋海外からの所得の純受取

一世帯当たり年間の品目別支出金額、

Yearly Amount of Expenditures, Quantities and Average

暦　年 Calendar Year	消費支出 Living Expenditure	交　通 Public Transportation	鉄道運賃 Railway Fares	鉄道通学 定期代 Student's season tickets, Railway	鉄道通勤 定期代 Commuter's season tickets, Railway	バス代 Bus Fares	バス通学 定期代 Student's season tickets, Bus	バス通勤 定期代 Commuter's season tickets, Bus
S35　(1960)	375,639	7,647	2,707	1,394		...	1,204	
S45　(1970)	954,369	18,934	8,051	1,111	2,390	2,153	494	767
S55　(1980)	2,766,812	53,173	20,999	3,476	7,989	4,527	1,476	2,141
H2　(1990)	3,734,084	83,944	32,719	5,785	11,226	5,111	1,688	3,178
H12　(2000)	3,805,600	83,513	28,888	4,605	13,474	4,076	1,152	2,919
H22　(2010)	3,482,930	64,086	22,650	3,884	10,975	3,964	960	1,624
H27　(2015)	3,448,482	68,017	23,602	4,156	12,323	3,850	898	1,186
H29　(2017)	3,396,300	65,678	23,126	3,994	11,850	3,404	788	1,038
H30　(2018)	3,447,782	66,895	22,481	4,207	12,857	3,500	975	1,064
H31・R1　(2019)	3,520,547	73,217	24,418	4,053	14,086	3,424	998	1,297
R2　(2020)	3,335,114	37,502	9,703	2,164	11,697	1,758	477	782
R3　(2021)	3,348,287	40,417	11,101	2,872	11,241	1,677	608	1,087
資　料								総務省統計局

暦　年 Calendar Year	自動車 以外の 輸送機器 購　入 Other Vehicles	自転車 購　入 Bicycles	自動車等 維　持 Automotive Maintenance	ガソリン Gasoline 金額 Expense	数量(L) Quantity	自動車等 部　品 Automotive Parts	自動車等 関連用品 Articles Related to Private Transportation	自動車 整備費 Automotive Maintenance & Repairs
S35　(1960)	1,289		...	...	...	...	...	...
S45　(1970)	735	1,036	9,956	4,098	...	315	...	1,954
S55　(1980)	2,175	3,111	77,129	35,496	238	1,799	2,360	13,533
H2　(1990)	2,691	4,197	123,288	49,038	399	4,690	3,927	16,345
H12　(2000)	1,390	3,580	158,564	52,426	516	8,782	8,084	17,714
H22　(2010)	732	3,083	186,777	69,127	540	12,438	10,051	18,836
H27　(2015)	728	3,382	184,817	62,203	480	13,209	9,825	19,462
H29　(2017)	971	3,988	179,239	58,135	460	14,054	9,525	20,495
H30　(2018)	691	3,543	197,267	67,322	471	15,744	11,594	22,656
H31・R1　(2019)	1,540	4,268	202,721	66,293	480	17,601	12,647	24,915
R2　(2020)	2,086	4,078	187,763	52,096	407	16,293	13,355	26,885
R3　(2021)	931	4,168	196,803	59,446	406	17,065	13,283	26,578
資　料								総務省統計局

注)1. 平成12年(2000)以降は、農林漁家世帯を含む結果である。

　　2. 家計調査で平成19年(2007)まで使用していた「二人以上の世帯の全世帯(勤労者世帯＋勤労者以外の世帯)」の表記
　　　は廃止され、平成20年(2008)より「二人以上の世帯」となった。「総世帯(二人以上の世帯＋単身世帯)」とは異なる。

購入数量及び平均価格（二人以上の世帯）

Prices per Household (Two-or-more-person Households)

単位：円（Unit：Yen）

タクシー代 Taxi Fares	航空運賃 Airplane Fares	有料道路料 Highway Fares	他の交通 Others	自動車等関係費 Private Transportation	自動車等購入 Automobiles	自動車購入 Automobiles	
						金額 Expense	数量 Quantity
963		153		...	...	...	...
3,222	432	314		21,099	10,107	9,371	0.030
7,961	3,422	1,183		114,452	34,212	32,037	0.046
9,199	6,563	8,475		192,850	65,364	62,673	0.053
6,821	7,474	12,441	1,663	240,842	78,697	77,307	0.056
5,168	6,422	7,542	897	261,165	71,304	70,573	0.054
5,141	6,147	9,604	1,111	263,629	75,429	74,701	0.048
4,775	6,527	9,239	937	253,574	70,348	69,376	0.042
4,618	6,201	9,929	1,063	279,422	78,612	77,920	0.050
4,797	8,366	10,546	1,233	289,359	82,371	80,831	0.052
2,900	1,973	5,626	421	280,375	88,533	86,447	0.054
3,054	2,103	6,058	617	277,431	76,460	75,529	0.046

（家計調査年報）

駐車場借料 Rent,for Park	年極・月極 Yearly & Monthly Rent,for Park	他の自動車等関連サービス Other Services Related to Private Transportation	自動車等保険料 Automotive Insurance Premium	自賠責 Automotive Insurance Premium (compulsion)	宿泊料 Hotel Charger	パック旅行費 Package Tours	国内パック旅行費 Domestic
...	...	...	...	...	...		...
...	...	1,929	1,661	...	14,771		...
...	...	10,992	12,948	...	8,016	37,054	...
14,615	...	5,484	27,589	11,307	18,585	65,750	...
23,008	19,637	8,972	38,772	6,746	22,036	70,794	45,752
25,281	22,502	9,707	40,121	6,687	20,528	54,360	35,939
20,588	17,611	8,366	48,089	8,487	24,110	50,119	34,952
19,139	16,063	7,986	47,256	8,263	23,257	46,322	31,041
20,491	17,269	9,194	47,292	8,708	23,927	43,760	28,726
19,795	16,342	9,456	48,210	9,169	26,810	45,999	30,082
17,849	15,646	9,671	48,514	8,399	12,581	12,660	10,516
19,137	16,693	9,220	48,629	7,772	14,723	8,105	8,055

（家計調査年報）

3.　自動車保険料は、自賠責保険、任意保険、自動車保険料以外の輸送機器保険料の合計であるが、

　　昭和60年(1985)以前は、自動車保険料以外の輸送機器保険料は含まれていない。

わが国の輸出入貨物トン量

Volume of Export and Import in Tons

単位：千トン（Unit：Thousand Tons）

暦年 Calender Year	合計 (Total)		船 舶 (Shipping)		航 空 (Air Transport)	
	輸出 (Exports)	輸入 (Imports)	輸出 (Exports)	輸入 (Imports)	輸出 (Exports)	輸入 (Imports)
S45　(1970)	42,008	435,924	…	…	…	…
S55　(1980)	83,853	612,992	…	…	…	…
H2　(1990)	85,062	712,494	…	…	…	…
H7　(1995)	116,636	771,862	…	…	…	…
H12　(2000)	131,482	808,168	130,103	806,540	1,379	1,628
H17　(2005)	150,704	692,735	149,095	691,007	1,609	1,728
H22　(2010)	1,510	1,713	…	…	1,510	1,713
H24　(2012)	1,380	1,706	…	…	1,380	1,706
H25　(2013)	1,368	1,711	…	…	1,368	1,711
H26　(2014)	1,589	1,850	…	…	1,589	1,850
H27　(2015)	1,666	1,836	…	…	1,666	1,836
H28　(2016)	1,731	1,923	…	…	1,731	1,923
H29　(2017)	1,960	2,129	…	…	1,960	2,129
H30　(2018)	2,010	2,033	…	…	2,010	2,033
H31・R1　(2019)	1,736	1,977	…	…	1,736	1,977
R2　(2020)	1,430	1,723	…	…	1,430	1,723
R3　(2021)	1,920	2,071	…	…	1,920	2,071
資　料	財務省（貿易統計-国籍別船舶入港表（全国））					

（注）1. 船舶の2005年輸出入量は、2005年1月～10月分である。（「1965年の国際海上交通の簡易化に関する
　　　　条約」を実施するため、2005年11月1日より入出港届等の様式が変更され、本邦において船積、船卸する
　　　　貨物の数量が削除された。これに伴い、2005年11月分より船舶の輸出入貨物屯量の公表が廃止された。）
　　　2. 1998年以降のデータは、日本関税協会発行の外国貿易概況に代えて、財務省発表の国籍別船舶及び
　　　　航空機入港表のデータを掲載している。

交通経済統計要覧 2020（令和 2）年版

2022 年 7 月発行 　　　　　　　　　　　　　　価格 3,520 円（本体 3,200 円＋税 10%）

監　修	国土交通省総合政策局情報政策課
発行人	宿　利　正　史
発行所	一般財団法人運輸総合研究所
	〒105-0001　東京都港区虎ノ門 3 丁目 18 番 19 号
	電　話　03-5470-8410　　ＦＡＸ　03-5470-8411
	ＷＥＢ　https://www.jttri.or.jp/
印　刷	株式会社ワコープラネット

ISBN　978-4-910466-10-1 C0065　￥3200E